普通话与教师口语艺术训练手册

PUTONGHUA YU
JIAOSHI KOUYU YISHU
XUNLIAN SHOUCE

主 编　姜　岚

编 写　冯笑荻　孙玮敏　刘　莹
　　　　李润瑶　郑艳蕊　姜圣雪
　　　　姜　岚

创于1897　商务印书馆
The Commercial Press

图书在版编目(CIP)数据

普通话与教师口语艺术训练手册/姜岚主编.
北京:商务印书馆,2025.-- ISBN 978-7-100-24556-2

Ⅰ.H193.2

中国国家版本馆 CIP 数据核字第 2024AK0757 号

普通话与教师口语艺术训练手册

姜岚 主编

———————————————————

商 务 印 书 馆 出 版
(北 京 王 府 井 大 街 36 号 邮 政 编 码 100710)
商 务 印 书 馆 发 行
北 京 市 白 帆 印 务 有 限 公 司 印 刷
ISBN 978 - 7 - 100 - 24556 - 2

———————————————————

2025 年 3 月第 1 版 开本 787×1092 1/16
2025 年 3 月北京第 1 次印刷 印张 15¾
定价:45.00 元

目　录

上篇　普通话语音训练

上 篇

普通话语音训练

第一章　声母训练

一、什么是声母的发音部位？按照发音部位，可以把普通话的声母分为哪几类？

声母的发音部位是指发音时气流受到阻碍的部位。

按照发音部位，可以把普通话的声母分为七类，分别是：

（1）双唇音，由上唇和下唇阻塞气流而形成的音，共3个：b、p、m。

（2）唇齿音，由上齿和下唇接近阻碍气流而形成的音，只有1个：f。

（3）舌尖前音，由舌尖抵住或接近齿背阻碍气流而形成的音，共3个：z、c、s。

（4）舌尖中音，由舌尖抵住或接近上齿龈阻碍气流而形成的音，共4个：d、t、n、l。

（5）舌尖后音，由舌尖抵住或接近硬腭前部阻碍气流而形成的音，共4个：zh、ch、sh、r。

（6）舌面音，由舌面抵住或接近硬腭前部阻碍气流而形成的音，共3个：j、q、x。

（7）舌根音，由舌根抵住或接近软腭阻碍气流而形成的音，共3个：g、k、h。

二、什么是声母的发音方法？按照发音方法，可以从哪些角度给普通话声母分出哪些类？

声母的发音方法是指发音时喉头、口腔和鼻腔节制气流的方式和状况，包括成阻和除阻的方法、送气不送气以及声带是否颤动等三个方面。

1.根据构成阻碍和消除阻碍的不同方法，可将普通话声母分为五类。

（1）塞音。除阻阶段成声。构成阻碍的两个部位完全闭塞，软腭上升，堵塞鼻腔通道，气流经过口腔时冲破阻碍迸裂而出，爆发成声。共有6个：b、p、d、t、g、k。

（2）擦音。持阻阶段成声。构成阻碍的两个部位非常接近，留下窄缝，软腭上升，堵塞鼻腔通道，气流经过口腔时从窄缝挤出，摩擦成声。共有6个：f、h、x、s、sh、r。

（3）塞擦音。持阻阶段成声。构成阻碍的两个部位完全闭塞，软腭上升，堵塞鼻腔通道，气流经过口腔先把阻塞部位冲开一道窄缝，从窄缝中挤出，摩擦成声。共有6个：j、q、z、c、zh、ch。

（4）鼻音。持阻阶段成声。口腔里构成阻碍的两个部位完全闭塞，软腭下垂，打开鼻腔通道，气流颤动声带，从鼻腔通过。共有2个：m、n。

（5）边音。持阻阶段成声。舌尖与齿龈相接形成阻碍，舌头两边留有空隙，软腭上升，堵塞鼻腔通道，气流经过口腔，颤动声带，从舌头两边通过。只有1个：l。

2.根据发音时声带是否颤动可将声母分为两类。

（1）清音。声带不颤动，气流较强，发出的音不响亮。共有17个：b、p、f、d、t、g、k、h、j、q、x、zh、ch、sh、z、c、s。

（2）浊音。声带颤动，气流较弱，发出的音比较响亮。共有4个：m、n、l、r。

3.根据发音时气流的强弱（送气不送气）可将普通话声母中的塞音和塞擦音分为两类。

（1）送气音。发音时，用力喷出一口气，气流较强。共有6个：p、t、k、q、ch、c。

（2）不送气音。发音时，气流微弱较短，自然放出。共有6个：b、d、g、j、zh、z。

三、结合具体例子说明平、翘舌音声母的辨正方法主要有哪些。

平舌音，发音时舌尖与齿背构成阻碍，发出z、c、s；翘舌音，发音时舌尖翘起，接触或接近前硬腭，发出zh、ch、sh、r。

方法一：辨别发音特征差异，掌握发音要领。平、翘舌声母都是舌尖清、塞擦或擦音，区别在于z、c、s是舌尖前音，发音时舌尖抵住或靠近齿背；zh、ch、sh是舌尖后音，发音时舌尖翘起抵住或接近硬腭前部。发音时要注意舌头伸开、翘起的灵活度。

方法二：记少不记多。根据课本表2-5《zh、ch、sh与z、c、s对照辨音字表》，记熟数量较少的平舌音z、c、s声母字。如zh的声母字"只、值、止、志"和z的声母字"资、子、自"相互对照，熟记z的声母字从而熟悉易混淆的其他字词。

方法三：利用声韵拼合规律掌握字音。如韵母ua、uai、uang只拼翘舌音，"爪zhuǎ""拽zhuài""撞zhuàng"。

四、比较说明自己方言中的声母系统与普通话声母系统的异同。

以莱州话[①]为例，以下注音为国际音标。[②]

莱州话的声母系统和普通话声母系统之间的相同点：

莱州话和普通话中都包含21个辅音声母和1个零声母。根据辅音发音部位不同，都包括双唇音 [p] [pʻ] [m]，唇齿音 [f]，舌尖前音 [ts] [tsʻ] [s]，舌尖中音 [t] [tʻ] [n] [l]，舌尖后音 [tʂ] [tʂʻ] [ʂ]，舌面音 [tɕ] [tɕʻ] [ɕ] 和舌根音 [k] [kʻ] [x]。

莱州话的声母系统和普通话声母系统之间的不同点[③]：

（1）[n] 与齐齿呼、撮口呼相拼，实际音值为 [ɲ]。

（2）分尖团：尖音为 [ts] [tsʻ] [s]，团音为 [tɕ] [tɕʻ] [ɕ]。

（3）[tɕ] [tɕʻ] [ɕ] 的发音部位偏后，可以记作 [c] [cʻ] [ç]。

（4）部分 [tʂ] [tʂʻ] [ʂ] 卷舌不明显，近似 [tʃ] [tʃʻ] [ʃ]。

---

① 莱州市，又称掖县，属于山东省烟台市下辖县级市，位于山东半岛西北部。莱州话属于胶辽官话青莱片莱昌小片，参见钱曾怡主编《汉语官话方言研究》，齐鲁书社2010年，第11页。

② 汉语拼音是拼写普通话的注音工具，只能为普通话注音，不能为汉语方言、民族语言和其他语言注音，因此本书有些内容采用国际音标注音，并且使用方括号[ ]。

③ 参见亢世勇等《中国语言资源有声数据库·山东库调查手册·莱州》2015年调查版，第16页。

【训练与提高】

训练目标：掌握普通话21个辅音声母的分类、发音特点，能够读准常用汉字的声母，并在使用普通话的时候，找准和改正声母中存在的问题。

第一节　分类训练

一、唇音

b	兵败 bīngbài	把柄 bǎbǐng	斑驳 bānbó	保镖 bǎobiāo
	板报 bǎnbào	报表 bàobiǎo	冰雹 bīngbáo	褒贬 bāobiǎn
p	澎湃 péngpài	品牌 pǐnpái	泼皮 pōpí	跑偏 pǎopiān
	偏旁 piānpáng	批评 pīpíng	排片 páipiān	陪跑 péipǎo
m	门面 ménmiàn	梦寐 mèngmèi	命名 mìngmíng	名模 míngmó
	面目 miànmù	明眸 míngmóu	迷茫 mímáng	冒昧 màomèi
f	风范 fēngfàn	付费 fùfèi	非法 fēifǎ	夫妇 fūfù
	丰富 fēngfù	分发 fēnfā	非凡 fēifán	吩咐 fēnfù
b—p	比拼 bǐpīn	背叛 bèipàn	摆平 bǎipíng	般配 bānpèi
	标配 biāopèi	爆破 bàopò	鞭炮 biānpào	崩盘 bēngpán
b—m	避免 bìmiǎn	表明 biǎomíng	编码 biānmǎ	憋闷 biēmèn
	饱满 bǎomǎn	保密 bǎomì	保姆 bǎomǔ	摆明 bǎimíng
b—f	帮扶 bāngfú	爆发 bàofā	播放 bōfàng	迸发 bèngfā
	北方 běifāng	悲愤 bēifèn	报废 bàofèi	步伐 bùfá
p—b	旁边 pángbiān	普遍 pǔbiàn	排版 páibǎn	陪伴 péibàn
	磅礴 pángbó	拼搏 pīnbó	评比 píngbǐ	破败 pòbài
p—m	排名 páimíng	皮毛 pímáo	拼命 pīnmìng	碰面 pèngmiàn
p—f	派发 pàifā	频繁 pínfán	配方 pèifāng	排放 páifàng
	票房 piàofáng	匍匐 púfú	喷发 pēnfā	漂浮 piāofú
m—b	美白 měibái	明白 míngbai	目标 mùbiāo	麻痹 mábì
	棉布 miánbù	门板 ménbǎn	蒙蔽 méngbì	膜拜 móbài
m—p	名片 míngpiàn	毛坯 máopī	面庞 miànpáng	磨破 mópò
	冒泡 màopào	木牌 mùpái	慢跑 mànpǎo	门牌 ménpái
m—f	米饭 mǐfàn	冒犯 màofàn	密封 mìfēng	面粉 miànfěn
	美肤 měifū	魔方 mófāng	谋反 móufǎn	萌发 méngfā
f—b	方便 fāngbiàn	发表 fābiǎo	分布 fēnbù	腐败 fǔbài
	肺部 fèibù	封闭 fēngbì	佛宝 fóbǎo	诽谤 fěibàng
f—p	反派 fǎnpài	复盘 fùpán	封皮 fēngpí	饭票 fànpiào

	放炮 fàngpào	奉陪 fèngpéi	浮萍 fúpíng	风评 fēngpíng
f—m	奋勉 fènmiǎn	繁忙 fánmáng	粉末 fěnmò	丰满 fēngmǎn
	封面 fēngmiàn	父母 fùmǔ	佛门 fómén	分泌 fēnmì

二、舌尖中音

d	订单 dìngdān	督导 dūdǎo	蹲点 dūndiǎn	动荡 dòngdàng
	低调 dīdiào	单独 dāndú	调动 diàodòng	担当 dāndāng
t	甜筒 tiántǒng	淘汰 táotài	团体 tuántǐ	铁塔 tiětǎ
	图腾 túténg	推脱 tuītuō	通透 tōngtòu	疼痛 téngtòng
n	呢喃 nínán	泥淖 nínào	拿捏 nániē	忸怩 niǔní
	年年 niánnián	牛奶 niúnǎi	难弄 nánnòng	暖男 nuǎnnán
l	凌乱 língluàn	伦理 lúnlǐ	领略 lǐnglüè	流浪 liúlàng
	力量 lìliàng	联络 liánluò	流量 liúliàng	罗列 luóliè
d—t	独特 dútè	动态 dòngtài	冬天 dōngtiān	代替 dàitì
	地图 dìtú	顶替 dǐngtì	短途 duǎntú	歹徒 dǎitú
d—n	电脑 diànnǎo	叮咛 dīngníng	动脑 dòngnǎo	端倪 duānní
d—l	定量 dìngliàng	段落 duànluò	锻炼 duànliàn	栋梁 dòngliáng
	独立 dúlì	短路 duǎnlù	带领 dàilǐng	地理 dìlǐ
t—d	塔顶 tǎdǐng	坦荡 tǎndàng	堂弟 tángdì	停电 tíngdiàn
	推动 tuīdòng	同等 tóngděng	团队 tuánduì	特点 tèdiǎn
t—n	逃难 táonàn	体内 tǐnèi	停暖 tíngnuǎn	特浓 tènóng
	推拿 tuīná	调弄 tiáonòng	甜奶 tiánnǎi	甜腻 tiánnì
t—l	藤萝 téngluó	脱离 tuōlí	讨论 tǎolùn	套路 tàolù
	同类 tónglèi	推理 tuīlǐ	塔楼 tǎlóu	偷懒 tōulǎn
n—d	拿到 nádào	难道 nándào	拟定 nǐdìng	拧断 nǐngduàn
	暖冬 nuǎndōng	挪动 nuódòng	难点 nándiǎn	浓度 nóngdù
n—t	挠头 náotóu	怒涛 nùtāo	泥潭 nítán	凝听 níngtīng
	念头 niàntou	闹腾 nàoteng	奶糖 nǎitáng	难听 nántīng
n—l	逆流 nìliú	努力 nǔlì	能量 néngliàng	耐力 nàilì
	能力 nénglì	浓烈 nóngliè	凝练 níngliàn	凝露 nínglù
l—d	拉动 lādòng	懒惰 lǎnduò	朗读 lǎngdú	犁地 lídì
	领导 lǐngdǎo	论断 lùnduàn	劳动 láodòng	亮点 liàngdiǎn
l—t	聊天 liáotiān	类推 lèituī	流通 liútōng	楼梯 lóutī
	领土 lǐngtǔ	凉台 liángtái	露天 lùtiān	老套 lǎotào
l—n	岭南 lǐngnán	老年 lǎonián	留念 liúniàn	落难 luònàn
	冷暖 lěngnuǎn	笼内 lóngnèi	冷凝 lěngníng	靓女 liàngnǚ

三、舌尖前音

z	在座 zàizuò	咂嘴 zāzuǐ	自足 zìzú	做作 zuòzuo

c	措辞 cuòcí	璀璨 cuǐcàn	层次 céngcì	摧残 cuīcán
s	琐碎 suǒsuì	笋丝 sǔnsī	僧俗 sēngsú	色素 sèsù
z—c	紫菜 zǐcài	左侧 zuǒcè	再次 zàicì	遵从 zūncóng
	自测 zìcè	早操 zǎocāo	增仓 zēngcāng	暂存 zàncún
z—s	自私 zìsī	棕色 zōngsè	走散 zǒusàn	总算 zǒngsuàn
	子孙 zǐsūn	赠送 zèngsòng	子嗣 zǐsì	砸碎 zásuì
c—s	词素 císù	蚕丝 cánsī	葱丝 cōngsī	忖思 cǔnsī
	从俗 cóngsú	测算 cèsuàn	葱蒜 cōngsuàn	厕所 cèsuǒ
c—z	参杂 cānzá	操作 cāozuò	词组 cízǔ	存在 cúnzài
	测字 cèzì	嘈杂 cáozá	操纵 cāozòng	词藻 cízǎo
s—z	丧葬 sāngzàng	随葬 suízàng	散座 sǎnzuò	塑造 sùzào
	私自 sīzì	酸枣 suānzǎo	颂赞 sòngzàn	死罪 sǐzuì
s—c	饲草 sìcǎo	私藏 sīcáng	素菜 sùcài	宋词 sòngcí
	颂词 sòngcí	酸菜 suāncài	随从 suícóng	色彩 sècǎi

四、舌尖后音

zh	抓住 zhuāzhù	注重 zhùzhòng	斟酌 zhēnzhuó	真正 zhēnzhèng
	褶皱 zhězhòu	招致 zhāozhì	镇长 zhènzhǎng	征兆 zhēngzhào
ch	吃穿 chīchuān	传承 chuánchéng	抽搐 chōuchù	车窗 chēchuāng
	查重 cháchóng	惆怅 chóuchàng	出处 chūchù	长处 chángchù
sh	神圣 shénshèng	收拾 shōushi	硕士 shuòshì	时事 shíshì
	舒适 shūshì	师生 shīshēng	时尚 shíshàng	双手 shuāngshǒu
r	如若 rúruò	软弱 ruǎnruò	荣辱 róngrǔ	热熔 rèróng
	柔韧 róurèn	扰攘 rǎorǎng	仁人 rénrén	容融 róngróng
zh—ch	忠诚 zhōngchéng	追查 zhuīchá	遮丑 zhēchǒu	主持 zhǔchí
	侦查 zhēnchá	正常 zhèngcháng	支撑 zhīchēng	战场 zhànchǎng
zh—sh	助手 zhùshǒu	证书 zhèngshū	至少 zhìshǎo	正式 zhèngshì
	追杀 zhuīshā	中枢 zhōngshū	正事 zhèngshì	知识 zhīshi
zh—r	证人 zhèngrén	主人 zhǔrén	助燃 zhùrán	正如 zhèngrú
	灼热 zhuórè	重任 zhòngrèn	转让 zhuǎnràng	坠入 zhuìrù
ch—zh	查找 cházhǎo	产值 chǎnzhí	偿债 chángzhài	齿状 chǐzhuàng
	车展 chēzhǎn	城镇 chéngzhèn	出诊 chūzhěn	纯真 chúnzhēn
ch—sh	衬衫 chènshān	城市 chéngshì	出售 chūshòu	充实 chōngshí
	阐述 chǎnshù	诚实 chéngshí	畜生 chùsheng	长衫 chángshān
ch—r	出任 chūrèn	超人 cháorén	承让 chéngràng	春日 chūnrì
	传染 chuánrǎn	仇人 chóurén	纯然 chúnrán	承认 chéngrèn
sh—zh	砂纸 shāzhǐ	山寨 shānzhài	伤者 shāngzhě	实质 shízhì
	神智 shénzhì	升职 shēngzhí	烧制 shāozhì	硕壮 shuòzhuàng
sh—ch	审查 shěnchá	舒畅 shūchàng	顺产 shùnchǎn	烧柴 shāochái

	深沉 shēnchén	上传 shàngchuán	生产 shēngchǎn	树杈 shùchà
sh—r	水润 shuǐrùn	输入 shūrù	胜任 shèngrèn	释然 shìrán
	涮肉 shuànròu	爽然 shuǎngrán	湿润 shīrùn	烧热 shāorè
r—zh	染指 rǎnzhǐ	热衷 rèzhōng	忍者 rěnzhě	入住 rùzhù
	日志 rìzhì	任职 rènzhí	弱智 ruòzhì	睿智 ruìzhì
r—ch	日常 rìcháng	热场 rèchǎng	人称 rénchēng	热忱 rèchén
	润唇 rùnchún	冗长 rǒngcháng	如常 rúcháng	染厂 rǎnchǎng
r—sh	入睡 rùshuì	人士 rénshì	忍受 rěnshòu	弱势 ruòshì
	润湿 rùnshī	榕树 róngshù	饶恕 ráoshù	软式 ruǎnshì

五、舌面音

j	交际 jiāojì	接近 jiējìn	简洁 jiǎnjié	即将 jíjiāng
	借鉴 jièjiàn	拒绝 jùjué	禁忌 jìnjì	讲解 jiǎngjiě
q	前期 qiánqī	凄切 qīqiè	欠缺 qiànquē	齐全 qíquán
	秋千 qiūqiān	全球 quánqiú	缺勤 quēqín	情趣 qíngqù
x	休闲 xiūxián	选修 xuǎnxiū	馨香 xīnxiāng	详细 xiángxì
	形象 xíngxiàng	想象 xiǎngxiàng	宣泄 xuānxiè	学校 xuéxiào
j—q	卷曲 juǎnqū	加强 jiāqiáng	技巧 jìqiǎo	精确 jīngquè
	旧情 jiùqíng	军旗 jūnqí	郊区 jiāoqū	减轻 jiǎnqīng
j—x	捐献 juānxiàn	决心 juéxīn	假象 jiǎxiàng	局限 júxiàn
	教学 jiāoxué	军衔 jūnxián	界限 jièxiàn	吉祥 jíxiáng
q—j	前进 qiánjìn	强健 qiángjiàn	切忌 qièjì	群居 qúnjū
	敲击 qiāojī	全家 quánjiā	穷尽 qióngjìn	秋季 qiūjì
q—x	权限 quánxiàn	情绪 qíngxù	缺陷 quēxiàn	浅析 qiǎnxī
	趋向 qūxiàng	穷乡 qióngxiāng	球鞋 qiúxié	群星 qúnxīng
x—j	细节 xìjié	夏季 xiàjì	现金 xiànjīn	相机 xiàngjī
	胸肌 xiōngjī	休假 xiūjià	消极 xiāojí	衔接 xiánjiē
x—q	学情 xuéqíng	镶嵌 xiāngqiàn	学期 xuéqī	限期 xiànqī
	需求 xūqiú	泄气 xièqì	选取 xuǎnqǔ	校区 xiàoqū

六、舌根音

g	瓜果 guāguǒ	灌溉 guàngài	改过 gǎiguò	高管 gāoguǎn
	更改 gēnggǎi	公告 gōnggào	杠杆 gànggǎn	巩固 gǒnggù
k	困苦 kùnkǔ	苛刻 kēkè	空壳 kōngké	可控 kěkòng
	开课 kāikè	开阔 kāikuò	亏空 kuīkōng	扣款 kòukuǎn
h	火花 huǒhuā	会话 huìhuà	后悔 hòuhuǐ	混合 hùnhé
	祸害 huòhài	含糊 hánhu	回话 huíhuà	合伙 héhuǒ
k—g	开关 kāiguān	考官 kǎoguān	控告 kònggào	跨国 kuàguó
	空格 kònggé	宽广 kuānguǎng	考古 kǎogǔ	开工 kāigōng

g—k	公开 gōngkāi	挂靠 guàkào	观看 guānkàn	广阔 guǎngkuò
	概况 gàikuàng	赶快 gǎnkuài	管控 guǎnkòng	公款 gōngkuǎn
h—g	回顾 huígù	欢歌 huāngē	合格 hégé	横贯 héngguàn
	好感 hǎogǎn	行规 hángguī	怀古 huáigǔ	宏观 hóngguān
g—h	古话 gǔhuà	规划 guīhuà	工会 gōnghuì	国画 guóhuà
	更换 gēnghuàn	供货 gònghuò	光辉 guānghuī	归还 guīhuán
h—k	黑客 hēikè	惶恐 huángkǒng	汇款 huìkuǎn	回馈 huíkuì
	货款 huòkuǎn	回扣 huíkòu	画框 huàkuàng	烘烤 hōngkǎo
k—h	抗衡 kànghéng	科幻 kēhuàn	考核 kǎohé	口号 kǒuhào
	枯黄 kūhuáng	狂欢 kuánghuān	葵花 kuíhuā	困惑 kùnhuò

七、零声母

文雅 wényǎ	伟岸 wěi'àn	哀怨 āiyuàn	腌臜 āza
阴谋 yīnmóu	委婉 wěiwǎn	友谊 yǒuyì	屋檐 wūyán

第二节　对比训练

一、舌尖前音 z、c、s 和舌尖后音 zh、ch、sh

z—zh	作者 zuòzhě	最终 zuìzhōng	尊重 zūnzhòng	自主 zìzhǔ
	总账 zǒngzhàng	奏章 zòuzhāng	罪证 zuìzhèng	杂志 zázhì
c—ch	催产 cuīchǎn	促成 cùchéng	仓储 cāngchǔ	错处 cuòchù
	菜场 càichǎng	磁场 cíchǎng	擦窗 cāchuāng	测查 cèchá
s—sh	算术 suànshù	随身 suíshēn	损伤 sǔnshāng	琐事 suǒshì
	所属 suǒshǔ	随时 suíshí	碎石 suìshí	损失 sǔnshī
zh—z	振作 zhènzuò	正字 zhèngzì	铸造 zhùzào	壮族 Zhuàngzú
	准则 zhǔnzé	正则 zhèngzé	正宗 zhèngzōng	制作 zhìzuò
ch—c	成材 chéngcái	场次 chǎngcì	炒菜 chǎocài	冲刺 chōngcì
	揣测 chuǎicè	川菜 chuāncài	船舱 chuáncāng	春蚕 chūncán
sh—s	生涩 shēngsè	双色 shuāngsè	疏松 shūsōng	收缩 shōusuō
	输送 shūsòng	受损 shòusǔn	绳索 shéngsuǒ	上司 shàngsi
z—ch	尊称 zūnchēng	坐船 zuòchuán	增产 zēngchǎn	组成 zǔchéng
	总称 zǒngchēng	尊崇 zūnchóng	早春 zǎochūn	嘴唇 zuǐchún
z—sh	租售 zūshòu	总数 zǒngshù	早上 zǎoshang	自视 zìshì
	作诗 zuòshī	综述 zōngshù	杂耍 záshuǎ	钻石 zuànshí
c—zh	村庄 cūnzhuāng	材质 cáizhì	层状 céngzhuàng	餐桌 cānzhuō
	侧重 cèzhòng	粗壮 cūzhuàng	瓷砖 cízhuān	翠竹 cuìzhú
c—sh	测试 cèshì	仓鼠 cāngshǔ	从事 cóngshì	苍生 cāngshēng

	促使 cùshǐ	脆爽 cuìshuǎng	丛书 cóngshū	措施 cuòshī
s—zh	碎纸 suìzhǐ	四周 sìzhōu	所长 suǒzhǎng	散装 sǎnzhuāng
	算账 suànzhàng	耸峙 sǒngzhì	私账 sīzhàng	四肢 sìzhī
s—ch	速成 sùchéng	扫除 sǎochú	丝绸 sīchóu	塞车 sāichē
	酸楚 suānchǔ	俗称 súchēng	搜查 sōuchá	随处 suíchù
zh—c	榨菜 zhàcài	账册 zhàngcè	珍藏 zhēncáng	政策 zhèngcè
	制裁 zhìcái	转存 zhuǎncún	周村 zhōucūn	正餐 zhèngcān
zh—s	诊所 zhěnsuǒ	正赛 zhèngsài	长孙 zhǎngsūn	竹笋 zhúsǔn
	着色 zhuósè	追溯 zhuīsù	转速 zhuànsù	撞色 zhuàngsè
ch—z	插座 chāzuò	肠子 chángzi	趁早 chènzǎo	掺杂 chānzá
	创造 chuàngzào	重组 chóngzǔ	充足 chōngzú	出租 chūzū
ch—s	禅寺 chánsì	场所 chǎngsuǒ	称颂 chēngsòng	车速 chēsù
	春笋 chūnsǔn	重塑 chóngsù	初赛 chūsài	吃素 chīsù
sh—z	擅自 shànzì	数字 shùzì	水灾 shuǐzāi	涉足 shèzú
	顺嘴 shùnzuǐ	深造 shēnzào	失踪 shīzōng	师资 shīzī
sh—c	闪存 shǎncún	伤残 shāngcán	生菜 shēngcài	身材 shēncái
	双层 shuāngcéng	顺从 shùncóng	收藏 shōucáng	树丛 shùcóng

二、舌尖前音 z、c、s 和舌面音 j、q、x

z—j	宗教 zōngjiào	尊敬 zūnjìng	资金 zījīn	总结 zǒngjié
	再见 zàijiàn	总监 zǒngjiān	作家 zuòjiā	座机 zuòjī
z—q	灾情 zāiqíng	暂且 zànqiě	藏青 zàngqīng	赠券 zèngquàn
	醉拳 zuìquán	纵情 zòngqíng	增强 zēngqiáng	作曲 zuòqǔ
z—x	在校 zàixiào	遵循 zūnxún	祖先 zǔxiān	赞许 zànxǔ
	走向 zǒuxiàng	棕熊 zōngxióng	字形 zìxíng	糟心 zāoxīn
c—j	采集 cǎijí	餐具 cānjù	苍劲 cāngjìng	曾经 céngjīng
	促进 cùjìn	错觉 cuòjué	刺激 cìjī	参加 cānjiā
c—q	萃取 cuìqǔ	采取 cǎiqǔ	存钱 cúnqián	凑齐 còuqí
	从前 cóngqián	篡权 cuànquán	裁切 cáiqiē	凑巧 còuqiǎo
c—x	参选 cānxuǎn	促销 cùxiāo	脆响 cuìxiǎng	粗心 cūxīn
	存心 cúnxīn	词性 cíxìng	操心 cāoxīn	簇新 cùxīn
s—j	撒娇 sājiāo	三角 sānjiǎo	扫街 sǎojiē	塑胶 sùjiāo
	笋尖 sǔnjiān	耸肩 sǒngjiān	三甲 sānjiǎ	随机 suíjī
s—q	赛区 sàiqū	扫清 sǎoqīng	肃清 sùqīng	私情 sīqíng
	索取 suǒqǔ	搜求 sōuqiú	苏区 sūqū	诉求 sùqiú
s—x	随心 suíxīn	三峡 Sānxiá	私下 sīxià	缩小 suōxiǎo
	酸性 suānxìng	思想 sīxiǎng	索性 suǒxìng	搜寻 sōuxún
j—z	救灾 jiùzāi	句子 jùzi	家族 jiāzú	饺子 jiǎozi
	节奏 jiézòu	焦躁 jiāozào	佳作 jiāzuò	记载 jìzǎi

j—c	急促 jícù	家财 jiācái	检测 jiǎncè	酱菜 jiàngcài
	交错 jiāocuò	教材 jiàocái	精彩 jīngcǎi	举措 jǔcuò
j—s	加速 jiāsù	检索 jiǎnsuǒ	江苏 Jiāngsū	解散 jiěsàn
	居所 jūsuǒ	教唆 jiàosuō	决赛 juésài	结算 jiésuàn
q—z	起早 qǐzǎo	窃贼 qièzéi	签字 qiānzì	抢走 qiǎngzǒu
	求租 qiúzū	请坐 qǐngzuò	确凿 quèzáo	潜在 qiánzài
q—c	穹苍 qióngcāng	芹菜 qíncài	清仓 qīngcāng	全册 quáncè
	浅层 qiǎncéng	清脆 qīngcuì	憔悴 qiáocuì	情操 qíngcāo
q—s	掐算 qiāsuàn	遣散 qiǎnsàn	敲碎 qiāosuì	倾诉 qīngsù
	球赛 qiúsài	全速 quánsù	轻松 qīngsōng	清算 qīngsuàn
x—z	新增 xīnzēng	星座 xīngzuò	下载 xiàzǎi	西藏 Xīzàng
	殉葬 xùnzàng	协作 xiézuò	选择 xuǎnzé	修造 xiūzào
x—c	西餐 xīcān	贤才 xiáncái	相册 xiàngcè	修辞 xiūcí
	幸存 xìngcún	谢词 xiècí	续存 xùcún	凶残 xiōngcán
x—s	羞涩 xiūsè	心思 xīnsi	像素 xiàngsù	心塞 xīnsāi
	迅速 xùnsù	潇洒 xiāosǎ	兄嫂 xiōngsǎo	心碎 xīnsuì

三、舌尖后音 zh、ch、sh 和舌面音 j、q、x

zh—j	真假 zhēnjiǎ	逐渐 zhújiàn	中间 zhōngjiān	专家 zhuānjiā
	征集 zhēngjí	震惊 zhènjīng	拯救 zhěngjiù	重击 zhòngjī
zh—q	榨取 zhàqǔ	栈桥 zhànqiáo	掌权 zhǎngquán	真情 zhēnqíng
	职权 zhíquán	追求 zhuīqiú	之前 zhīqián	准确 zhǔnquè
zh—x	纸箱 zhǐxiāng	展现 zhǎnxiàn	彰显 zhāngxiǎn	中心 zhōngxīn
	政协 zhèngxié	锥形 zhuīxíng	准许 zhǔnxǔ	哲学 zhéxué
ch—j	产检 chǎnjiǎn	场景 chǎngjǐng	纯净 chúnjìng	冲剂 chōngjì
	川剧 chuānjù	车间 chējiān	承接 chéngjiē	处境 chǔjìng
ch—q	沉潜 chénqián	纯情 chúnqíng	重启 chóngqǐ	传奇 chuánqí
	拆迁 chāiqiān	澄清 chéngqīng	筹钱 chóuqián	出勤 chūqín
ch—x	畅想 chàngxiǎng	出现 chūxiàn	查询 cháxún	产销 chǎnxiāo
	车型 chēxíng	程序 chéngxù	创新 chuàngxīn	晨曦 chénxī
sh—j	时间 shíjiān	杀菌 shājūn	删减 shānjiǎn	商家 shāngjiā
	瞬间 shùnjiān	设计 shèjì	视觉 shìjué	数据 shùjù
sh—q	煽情 shānqíng	尚且 shàngqiě	神情 shénqíng	社区 shèqū
	书签 shūqiān	水枪 shuǐqiāng	申请 shēnqǐng	授权 shòuquán
sh—x	身形 shēnxíng	首先 shǒuxiān	赏析 shǎngxī	筛选 shāixuǎn
	顺序 shùnxù	水仙 shuǐxiān	设想 shèxiǎng	书信 shūxìn
j—zh	紧张 jǐnzhāng	精致 jīngzhì	借助 jièzhù	家长 jiāzhǎng
	简直 jiǎnzhí	纠正 jiūzhèng	建筑 jiànzhù	脚注 jiǎozhù
j—ch	家产 jiāchǎn	坚持 jiānchí	奖惩 jiǎngchéng	进程 jìnchéng

	经常 jīngcháng	纠缠 jiūchán	机场 jīchǎng	接触 jiēchù
j—sh	警示 jǐngshì	假设 jiǎshè	建设 jiànshè	技师 jìshī
	讲述 jiǎngshù	介绍 jièshào	军事 jūnshì	教师 jiàoshī
q—zh	欠债 qiànzhài	墙纸 qiángzhǐ	茄汁 qiézhī	其中 qízhōng
	群众 qúnzhòng	秋装 qiūzhuāng	强制 qiángzhì	敲诈 qiāozhà
q—ch	清除 qīngchú	球场 qiúchǎng	青春 qīngchūn	清楚 qīngchǔ
	群臣 qúnchén	全称 quánchēng	气场 qìchǎng	切除 qiēchú
q—sh	情书 qíngshū	洽商 qiàshāng	潜水 qiánshuǐ	寝室 qǐnshì
	秋收 qiūshōu	群山 qúnshān	轻声 qīngshēng	确实 quèshí
x—zh	心智 xīnzhì	刑侦 xíngzhēn	狭窄 xiázhǎi	限制 xiànzhì
	乡镇 xiāngzhèn	修筑 xiūzhù	勋章 xūnzhāng	现状 xiànzhuàng
x—ch	薪酬 xīnchóu	行车 xíngchē	献唱 xiànchàng	下厨 xiàchú
	香椿 xiāngchūn	羞耻 xiūchǐ	形成 xíngchéng	训斥 xùnchì
x—sh	欣赏 xīnshǎng	行驶 xíngshǐ	侠士 xiáshì	现实 xiànshí
	携手 xiéshǒu	巡视 xúnshì	修饰 xiūshì	学生 xuéshēng

四、边音 l 和鼻音 n

l—n	蓝鸟 lánniǎo	老年 lǎonián	留念 liúniàn	落难 luònàn
	岭南 Lǐngnán	理念 lǐniàn	两难 liǎngnán	遛鸟 liùniǎo
n—l	浓烈 nóngliè	能量 néngliàng	黏连 niánlián	农历 nónglì
	凝练 níngliàn	耐力 nàilì	逆流 nìliú	内陆 nèilù

五、擦音 f 和 h

f—h	奉还 fènghuán	分化 fēnhuà	符号 fúhào	废话 fèihuà
	发货 fāhuò	防火 fánghuǒ	封号 fēnghào	附和 fùhè
h—f	寒风 hánfēng	横幅 héngfú	划分 huàfēn	话费 huàfèi
	回复 huífù	回访 huífǎng	画风 huàfēng	耗费 hàofèi

六、零声母和 r 声母、l 声母

r—y	软硬 ruǎnyìng	人缘 rényuán	任用 rènyòng	荣耀 róngyào
	任意 rènyì	乳液 rǔyè	日元 rìyuán	冗余 rǒngyú
y—r	妖娆 yāoráo	印染 yìnrǎn	羊肉 yángròu	羽绒 yǔróng
	引燃 yǐnrán	圆润 yuánrùn	隐忍 yǐnrěn	嫣然 yānrán
r—l	蹂躏 róulìn	人力 rénlì	认领 rènlǐng	锐利 ruìlì
	熔炉 rónglú	日落 rìluò	软肋 ruǎnlèi	热络 rèluò
l—r	凌辱 língrǔ	羸弱 léiruò	留任 liúrèn	烈日 lièrì

第三节　综合训练

一、绕口令训练

（一）不同发音部位的声母绕口令训练

1.有关双唇音b、p、m的绕口令

（1）八百标兵

八百标兵奔北坡，炮兵并排北边跑。

炮兵怕把标兵碰，标兵怕碰炮兵炮。

（2）炮兵攻破

炮兵攻打八面坡，炮兵排排炮弹齐发射。

步兵逼近八面坡，歼敌八千八百八十多。

（3）白猫和白帽

白猫手里有一顶白帽，白兔手中有一把白毛。

白猫想拿手里的白帽，去换白兔手中的白毛，

白兔不愿拿手里的白毛，去换白猫手里的白帽。

（4）白猫和黑猫

白猫黑鼻子，黑猫白鼻子。

黑猫的白鼻子，碰破了白猫的黑鼻子。

白猫的黑鼻子破了，剥个秕谷壳补鼻子。

黑猫的白鼻子没破，就不必剥秕谷壳补鼻子。

（5）爸爸买布

爸爸抱宝宝，跑到布铺买布做长袍。

宝宝穿了布长袍不会跑，跑了八步就拉破了布长袍。

布长袍破了还要用布补，再跑到布铺买布补长袍。

（6）盆和饼

一平盆面，烙一平盆饼，

饼碰盆，盆碰饼。

2.有关唇齿音f的绕口令

（1）粉红女

粉红女发奋缝飞凤，女粉红反缝方法繁，

飞凤仿佛发放芬芳，方法非凡反复防范，

反缝方法仿佛飞凤，反复翻缝飞凤奋飞。

（2）理化和理发

我们要学理化，他们要学理发。理化理发要分清。

学会理化却不会理发，学会理发却不懂理化。

（3）范福伏法

范福犯法，法院传范福去法院服法，

范福不愿去法院服法，屡次犯法，

犯人范福被法警押到法院服法，

法庭审判犯人范福让其伏法。

（4）分水岭

分水岭边分水桥，分水桥边分水岭。

分水岭分水不分桥，分水桥分水不分岭。

分水桥是分水桥，分水岭是分水岭。

（5）凤凰山

凤凰山上放凤凰，凤凰山下凤凰唱。

碰见凤凰数凤凰，粉凤凰同黄凤凰。

（6）风吹灰飞

风吹灰飞，灰飞花上花堆灰。

风吹花灰灰飞去，灰在风里飞又飞。

3.有关舌尖前音z、c、s的绕口令

（1）早晨做早操

早晨早早起，早起做早操，

人人做早操，做操身体好。

（2）小四识字

小四学识字，老师一天教四十字，小四一天学四十字。

老师让小四一天学四小时，小四终于学会四十字。

（3）桑树和枣树

操场前面有三十三棵桑树，操场后面有四十四棵枣树。

张三把三十三棵桑树认作枣树，赵四把四十四棵枣树认作桑树。

（4）酸枣子

三哥三嫂子，借给我三斗三升酸枣子，

等我明年收了酸枣子，就如数还给三哥三嫂这三斗三升酸枣子。

（5）字词丝

桃子李子橘子柿子和榛子，栽满院子村子和寨子。

刀子斧子锯子锤子和尺子，做出桌子椅子和箱子。

名词动词数词量词和代词，连成语词诗词和唱词。

蚕丝生丝熟丝缫丝和纺丝，自制粗丝细丝天然丝。

4.有关舌尖中音d、t、n、l的绕口令

（1）打特盗

调到敌岛打特盗，特盗太刁投短刀。

挡推顶打短刀掉，踏盗得刀盗打倒。

（2）刘庄和柳庄

刘庄有个刘小柳，柳庄有个柳小妞。

刘小柳放奶牛，柳小妞路边种杨柳。

刘小柳的牛踩了柳小妞的柳，柳小妞的柳扎了刘小柳的牛。

（3）老谭卖炭

老谭挑着一担炭去炭摊卖炭，老杜挑着一担蛋去蛋摊卖蛋。

半道老杜招呼老谭聊起炭蛋，老谭耽搁了卖炭急得挑起炭担，

不料炭担撞着了老杜的蛋担，打破了一担蛋。

老谭没有卖成炭，老杜更是赔了蛋。

（4）小牛和老刘

小牛放学去打球，踢倒老刘一瓶油，

小牛回家取来油，向老刘道歉又赔油，

老刘不要小牛赔油，小牛硬要把油赔给老刘，

老刘夸小牛，小牛直摇头。

你猜老刘让小牛赔油，还是不让小牛赔油。

（5）蓝教练和吕教练

蓝教练是女教练，吕教练是男教练。

蓝教练不是男教练，吕教练不是女教练。

蓝楠是男篮主力，吕楠是女篮主力。

吕教练在男篮训练蓝楠，蓝教练在女篮训练吕楠。

（6）嘀嘟山

东有嘀嘟山，山有嘀嘟寺，

有个嘀嘟爷，上山去祈福。

手提嘀嘟油，腰里别葫芦，

嘴念嘀嘟经，三步一叩首。

嘀嘟梦醒嘀嘟屋，睁眼不见嘀嘟寺，

嘀嘟母鸡叫咕咕，嘀嘟老猪打呼噜。

5. 有关舌尖后音 zh、ch、sh 的绕口令

（1）史老师学时事

史老师，学时事，常学时事长知识。

时事学习看报纸，报纸登的是时事，

常看报纸要多思，心里装着天下事。

（2）认识和实践

认识从实践始，实践出真知，

知道就是知道，不知道就是不知道，

不要知道说不知道，也不要不知道装知道，

老老实实实事求是，一定要做到不折不扣的真知道。

（3）朱叔叔煮肉

　　朱叔叔煮熟了熟猪肉，迟叔叔炒熟了臭猪肉。

　　市上吃上了熟猪肉，人人都不吃臭猪肉。

（4）石狮子

　　公园有四排石狮子，每排是十四只大石狮子，

　　每只大石狮子背上是一只小石狮子，

　　每只大石狮子脚边是四只小石狮子，

　　史老师领四十四个学生去数石狮子，

　　你说共数出多少只大石狮子和多少只小石狮子?

6.有关舌面音 j、q、x 的绕口令

（1）锡匠和漆匠

　　七巷有个锡匠，西巷有个漆匠，

　　七巷的锡匠给西巷的漆匠的壶上锡，

　　西巷的漆匠给七巷的锡匠的家具上漆。

（2）吉吉买席

　　吉吉鸡鸣起去席市卖席，席市寂静吉吉奇，

　　稀奇稀奇真稀奇，难道今天不赶集?

（3）齐小喜与戚小七

　　齐小喜与戚小七是亲戚。

　　戚小七是戏迷向齐小喜学戏，

　　齐小喜要戚小七虚心学戏细心学习，

　　戚小七立雄心表决心学戏有信心。

（4）九十七

　　请将九十七卷极细极细的细丝线，

　　织成九十七个极小极小的小家雀。

　　九十七个极小极小的小家雀，

　　剪断九十七卷极细极细的细丝线，

　　飞向极峭极峭的悬崖下。

（5）气球轻

　　氢气球，气球轻，

　　轻轻气球轻擎起，

　　擎起球，心欢喜。

（6）七夕买席

　　七夕前夕买细席，细席要卖七块七。

　　细席编花不刷漆，就用西巷彩席篾。

7.有关舌根音g、k、h的绕口令

（1）哥过沟

　　哥挎瓜筐过宽沟，赶快过沟看怪狗。

　　光看怪狗瓜筐扣，瓜滚筐空哥怪狗。

（2）诗歌和木刻

　　诗人何贺，画家郭克，

　　一人写诗歌，一人刻木刻。

　　何贺帮郭克刻木刻，郭克帮何贺写诗歌。

　　二人共同搞创作，何贺写完了诗歌，郭克刻完了木刻。

（3）小胡和小花

　　胡家小胡过河捉蛤蟆，花家小花拎壶去浇花。

　　胡家小胡捉了五只花活蛤蟆去看花家小花浇花，

　　花家小花浇完红花黄花与小胡一起玩花活蛤蟆。

（4）鼓

　　老爷堂上一面鼓，鼓上一只皮老虎。

　　老虎抓破堂上的鼓，拿块破布补破鼓。

　　只见过破布补破裤，哪见过破布补破鼓？

（5）小花和小华

　　小花和小华，一同种庄稼。

　　小华种棉花，小花种西瓜。

　　小华的棉花开了花，小花的西瓜结了瓜。

　　小花找小华，商量瓜换花。

　　小花用瓜换了花，小华用花换了瓜。

（6）画花

　　小郭画了朵红花，小葛画了朵黄花。

　　小郭想拿他画的红花，换小葛画的黄花，

　　小葛把他的黄花，换了小郭画的红花。

8.有关r声母的绕口令

（1）日头

　　日头热，热日头，日头不热不是日头。

（2）晒日头

　　日头热，晒人肉，晒得心里好难受。

　　晒人肉，好难受，晒得头皮直发皱。

（3）豆和肉

　　肉炒豆，豆炒肉，肉是肉，豆是豆。

　　肉炒豆肉里有豆，豆炒肉豆里有肉。

（4）出日头

　　夏日无日日亦热，冬日有日日亦寒，

春日日出天渐暖，晒衣晒被晒褥单，
秋日天高复云淡，遥看红日迫西山。

（5）老饶染布
老饶下班去染布，染出布来做棉褥。
楼口儿有人拦住路，只许出来不许入。
"如若急着做棉褥，明日上午来送布。"
离开染店去买肉，回家热锅炖豆腐。

（二）声母对比的绕口令训练

1.舌尖前音z、c、s和舌尖后音zh、ch、sh对比

（1）四和十
四是四,十是十,
十四是十四,四十是四十,
不要把十四说成四十,
不要把四十说成十四。

（2）桑山砍桑
上桑山，砍山桑，
背着山桑下桑山。

（3）狮子
我说四个石狮子，你说十个纸狮子。
石狮子是死狮子，四个石狮子不能嘶。
纸狮子也是死狮子，十个纸狮子也不能撕。
狮子嘶，撕狮子，
死狮子，狮子尸，
要想说清这些字，
必须读准四、十、死、尸、狮、撕和嘶。

（4）练舌头
天上有个日头，地下有块石头，
嘴里有个舌头，手上有五个手指头。
不管是天上的热日头，地下的硬石头，
嘴里的软舌头，手上的手指头，
还是热日头，硬石头，软舌头，手指头，
反正都是练舌头。

2.舌尖前音z、c、s和舌面音j、q、x对比

司机和雌鸡
司机买雌鸡，仔细看雌鸡，
四只小雌鸡，叽叽好欢喜，
司机笑嘻嘻。

3.舌尖后音zh、ch、sh和舌面音j、q、x对比

巾金京津晴景

小金到北京看风景，小京到天津买纱巾，

看风景，用眼睛，还带一个望远镜；

买纱巾，带现金，到了天津把商店进。

买纱巾，用现金，看风景，用眼睛，

巾、金、京、津、晴、景都要读标准。

4.边音l和鼻音n对比

（1）牛郎和刘娘

牛郎年年恋刘娘，刘娘连连念牛郎，

牛郎恋刘娘，刘娘念牛郎，郎恋娘来娘念郎。

（2）刘有琉养牛

刘有琉养了九头小黄牛，

牛久楼养了六头小奶牛。

刘有琉牛久楼养的牛肥得流油，

牛久楼刘有琉为国家养好了奶牛和黄牛。

（3）老龙和老农

老龙恼怒闹老农，老农恼怒闹老龙，

农怒龙恼农更怒，龙恼农怒龙怕农。

5.擦音f和h对比

（1）买混纺

丰丰和芳芳，上街买混纺。

红混纺，粉混纺，黄混纺，灰混纺，

红花混纺做裙子，粉花混纺做衣裳。

红、粉、灰、黄花样多，五颜六色好混纺。

（2）瓦匠刷瓦房

黄瓦房，灰瓦房，粉瓦房，

瓦匠瓦房顶上刷瓦房。

冯瓦匠刷黄瓦房、粉瓦房，

黄瓦匠刷灰瓦房、黄瓦房。

黄、冯瓦匠刷好黄瓦房、灰瓦房、粉瓦房。

（3）画凤凰

方辉、黄飞学画凤凰，

方辉画了红凤凰、黄凤凰、灰凤凰。

黄飞画了粉红凤凰、花凤凰，

方辉、黄飞画的凤凰像活凤凰。

6.零声母和r、l的对比

（1）肉眼和右眼

　　肉眼不念右眼，仍然不念棱兰，

　　远山不念软山，入室不念浴室，

　　然后不念言后，日夜不念热夜，

　　假使念错了，语音就不准确。

（2）人和银

　　人是人，银是银，人银要分清。

　　银不是人，人不是银，发不清人银弄不清语音。

（3）肉和油

　　尤大嫂去买肉，冉大妈去买油，

　　尤大嫂买肉不买油，冉大妈买油不买肉。

　　俩人集上碰了头，

　　冉大妈请尤大嫂去她家喝蜂蜜白糖加香油。

二、诗歌训练

（一）古体诗

1.闻王昌龄左迁龙标遥有此寄（李白）

　　杨花落尽子规啼，闻道龙标过五溪。

　　我寄愁心与明月，随君直到夜郎西。

2.游山西村（陆游）

　　莫笑农家腊酒浑，丰年留客足鸡豚。

　　山重水复疑无路，柳暗花明又一村。

　　箫鼓追随春社近，衣冠简朴古风存。

　　从今若许闲乘月，拄杖无时夜叩门。

3.清明（杜牧）

　　清明时节雨纷纷，路上行人欲断魂。

　　借问酒家何处有？牧童遥指杏花村。

4.清平乐·村居（辛弃疾）

　　茅檐低小，溪上青青草。醉里吴音相媚好，白发谁家翁媪？

　　大儿锄豆溪东，中儿正织鸡笼。最喜小儿亡赖，溪头卧剥莲蓬。

5.泊秦淮（杜牧）

　　烟笼寒水月笼沙，夜泊秦淮近酒家。

　　商女不知亡国恨，隔江犹唱后庭花。

6. 雁门太守行（李贺）

黑云压城城欲摧，甲光向日金鳞开。

角声满天秋色里，塞上燕脂凝夜紫。

半卷红旗临易水，霜重鼓寒声不起。

报君黄金台上意，提携玉龙为君死。

7. 黄鹤楼（崔颢）

昔人已乘黄鹤去，此地空余黄鹤楼。

黄鹤一去不复返，白云千载空悠悠。

晴川历历汉阳树，芳草萋萋鹦鹉洲。

日暮乡关何处是？烟波江上使人愁。

8. 寻隐者不遇（贾岛）

松下问童子，言师采药去。

只在此山中，云深不知处。

9. 使至塞上（王维）

单车欲问边，属国过居延。

征蓬出汉塞，归雁入胡天。

大漠孤烟直，长河落日圆。

萧关逢候骑，都护在燕然。

10. 破阵子·为陈同甫赋壮词以寄之（辛弃疾）

醉里挑灯看剑，梦回吹角连营。八百里分麾下炙，五十弦翻塞外声。沙场秋点兵。

马作的卢飞快，弓如霹雳弦惊。了却君王天下事，赢得生前身后名。可怜白发生！

11. 野望（王绩）

东皋薄暮望，徙倚欲何依。

树树皆秋色，山山唯落晖。

牧人驱犊返，猎马带禽归。

相顾无相识，长歌怀采薇。

12. 山居秋暝（王维）

空山新雨后，天气晚来秋。

明月松间照，清泉石上流。

竹喧归浣女，莲动下渔舟。

随意春芳歇，王孙自可留。

（二）现代诗

1. 云游（徐志摩）

那天你翩翩的在空际云游，
自在，轻盈，你本不想停留
在天的那方或地的那角，
你的愉快是无拦阻的逍遥。
你更不经意在卑微的地面
有一流涧水，虽则你的明艳
在过路时点染了他的空灵，
使他惊醒，将你的倩影抱紧。

他抱紧的只是绵密的忧愁，
因为美不能在风光中静止；
他要，你已飞度万重的山头，
去更阔大的湖海投射影子！
他在为你消瘦，那一流涧水，
在无能的盼望，盼望你飞回！

2. 烦忧（戴望舒）

说是寂寞的秋的清愁，
说是辽远的海的相思。
假如有人问我的烦忧，
我不敢说出你的名字。

我不敢说出你的名字，
假如有人问我的烦忧。
说是辽远的海的相思，
说是寂寞的秋的清愁。

3. 祖国啊，我亲爱的祖国（舒婷）

我是你河边上破旧的老水车，
数百年来纺着疲惫的歌；
我是你额上熏黑的矿灯，
照你在历史的隧洞里蜗行摸索；
我是干瘪的稻穗；是失修的路基；
是淤滩上的驳船
把纤绳深深
勒进你的肩膊；
——祖国啊！

我是贫困，
我是悲哀。
我是你祖祖辈辈
痛苦的希望啊，
是"飞天"袖间
千百年来未落到地面的花朵；
——祖国啊！

我是你簇新的理想，
刚从神话的蛛网里挣脱；
我是你雪被下古莲的胚芽；
我是你挂着眼泪的笑涡；
我是新刷出的雪白的起跑线；
是绯红的黎明
正在喷薄；
——祖国啊！

我是你十亿分之一，
是你九百六十万平方的总和；
你以伤痕累累的乳房
喂养了
迷惘的我、深思的我、沸腾的我；
那就从我的血肉之躯上
去取得
你的富饶、你的荣光、你的自由；
——祖国啊！
我亲爱的祖国！

4.一切（北岛）

一切都是命运
一切都是烟云
一切都是没有结局的开始
一切都是稍纵即逝的追寻
一切欢乐都没有微笑
一切苦难都没有泪痕
一切语言都是重复
一切交往都是初逢
一切爱情都在心里
一切往事都在梦中

一切希望都带着注释
一切信仰都带着呻吟
一切爆发都有片刻的宁静
一切死亡都有冗长的回声

5.热爱生命（汪国真）
我不去想
是否能够成功
既然选择了远方
便只顾风雨兼程

我不去想
能否赢得爱情
既然钟情于玫瑰
就勇敢地吐露真诚

我不去想
身后会不会袭来寒风冷雨
既然目标是地平线
留给世界的只能是背影

我不去想
未来是平坦还是泥泞
只要热爱生命
一切，都在意料之中

6.梦（鲁迅）
很多的梦，趁黄昏起哄，
前梦才挤却大前梦，
后梦又赶走了前梦。
去的前梦黑如墨，
在的后梦墨一般黑；
去的在的仿佛都说：
"看我真好颜色。"
颜色许好，暗里不知；
而且不知道，说话的是谁？

暗里不知，身热头痛。
你来你来，明白的梦。

三、短文训练

1.语言，也就是说话，好像是极其稀松平常的事儿。可是仔细想想，实在是一件了不起的大事。正是因为说话跟吃饭、走路一样的平常，人们才不去想它究竟是怎么回事儿。其实这三件事儿都是极不平常的，都是使人类不同于别的动物的特征。

记得在小学里读书的时候，班上有一位"能文"的大师兄，在一篇作文的开头写下这么两句："鹦鹉能言，不离于禽；猩猩能言，不离于兽。"我们看了都非常佩服。后来知道这两句是有来历的，只是字句有些出入。又过了若干年，才知道这两句话都有问题。鹦鹉能学人说话，可只是作为现成的公式来说，不会加以变化。只有人们说话是从具体情况出发，情况一变，话也跟着变。

西方学者拿黑猩猩做实验，它们能学会极其有限的一点儿符号语言，可是学不会把它变成有声语言。人类语言之所以能够"随机应变"，在于一方面能把语音分析成若干音素，又把这些音素组合成音节，再把音节连缀起来。另一方面，又能分析外界事物及其变化，形成无数的"意念"，一一配以语音，然后综合运用，表达各种复杂的意思。一句话，人类语言的特点就在于能用变化无穷的语音，表达变化无穷的意义。这是任何其他动物办不到的。

——节选自吕叔湘《人类的语言》

2.故乡靠海，八月是台风季节。桂花一开，母亲就开始担心了："可别来台风啊！"母亲每天都要在前后院子走一回，嘴里念着："只要不来台风，我就可以收几大箩。送一箩给胡家老爷爷，送一箩给毛家老婆婆，他们两家糕饼做得多。"

桂花盛开的时候，不说香飘十里，至少前后左右十几家邻居，没有不浸在桂花香里的。桂花成熟时，就应当"摇"。摇下来的桂花，朵朵完整、新鲜。如果让它开过了，落在泥土里，尤其是被风雨吹落，比摇下来的香味就差多了。

摇花对我来说是件大事，我总是缠着母亲问："妈，怎么还不摇桂花呢？"母亲说："还早呢，花开的时间太短，摇不下来的。"可是母亲一看天上布满阴云，就知道要来台风了，赶紧叫大家提前摇桂花。这下，我可乐了，帮大人抱着桂花树，使劲地摇。摇哇摇，桂花纷纷落下来，我们满头满身都是桂花。我喊着："啊！真像下雨，好香的雨呀！"

桂花摇落以后，挑去小枝小叶，晒上几天太阳，收在铁盒子里，可以加在茶叶里泡茶，过年时还可以做糕饼。全年，整个村子都浸在桂花的香气里。

——节选自琦君《桂花雨》

3.在清水田里，时有一只两只白鹭站着钓鱼，整个的田便成了一幅嵌在玻璃框里的画。田的大小好像是有心人为白鹭设计的镜匣。

晴天的清晨，每每看见它孤独地站立于小树的绝顶，看来像是不安稳，而它却很悠然。这是别的鸟很难表现的一种嗜好。人们说它是在望哨，可它真是在望哨吗？

黄昏的空中偶见白鹭的低飞，更是乡居生活中的一种恩惠。那是清澄的形象化，而且具有生命了。

或许有人会感到美中不足，白鹭不会唱歌。但是白鹭本身不就是一首很优美的歌吗？

——不，歌未免太铿锵了。

白鹭实在是一首诗，一首韵在骨子里的散文诗。

——节选自郭沫若《白鹭》

4.立春过后，大地渐渐从沉睡中苏醒过来。冰雪融化，草木萌发，各种花次第开放。再过两个月，燕子翩然归来。不久，布谷鸟也来了。于是转入炎热的夏季，这是植物孕育果实的时期。到了秋天，果实成熟，植物的叶子渐渐变黄，在秋风中簌簌地落下来。北雁南飞，活跃在田间草际的昆虫也都销声匿迹。到处呈现一片衰草连天的景象，准备迎接风雪载途的寒冬。在地球上温带和亚热带区域里，年年如是，周而复始。

几千年来，劳动人民注意了草木荣枯、候鸟去来等自然现象同气候的关系，据以安排农事。杏花开了，就好像大自然在传语要赶快耕地；桃花开了，又好像在暗示要赶快种谷子。布谷鸟开始唱歌，劳动人民懂得它在唱什么："阿公阿婆，割麦插禾。"这样看来，花香鸟语，草长莺飞，都是大自然的语言。

这些自然现象，我国古代劳动人民称它为物候。物候知识在我国起源很早。古代流传下来的许多农谚就包含了丰富的物候知识。到了近代，利用物候知识来研究农业生产，已经发展为一门科学，就是物候学。物候学记录植物的生长荣枯，动物的养育往来，如桃花开、燕子来等自然现象，从而了解随着时节推移的气候变化和这种变化对动植物的影响。

——节选自竺可桢《大自然的语言》

5.在浩瀚无垠的沙漠里，有一片美丽的绿洲，绿洲里藏着一颗闪光的珍珠。这颗珍珠就是敦煌莫高窟。它坐落在我国甘肃省敦煌市三危山和鸣沙山的怀抱中。

鸣沙山东麓是平均高度为十七米的崖壁。在一千六百多米长的崖壁上，凿有大小洞窟七百余个，形成了规模宏伟的石窟群。其中四百九十二个洞窟中，共有彩色塑像两千一百余尊，各种壁画共四万五千多平方米。莫高窟是我国古代无数艺术匠师留给人类的珍贵文化遗产。

莫高窟的彩塑，每一尊都是一件精美的艺术品。最大的有九层楼那么高，最小的还不如一个手掌大。这些彩塑个性鲜明，神态各异。有慈眉善目的菩萨，有威风凛凛的天王，还有强壮勇猛的力士……

莫高窟壁画的内容丰富多彩，有的是描绘古代劳动人民打猎、捕鱼、耕田、收割的情景，有的是描绘人们奏乐、舞蹈、演杂技的场面，还有的是描绘大自然的美丽风光。其中最引人注目的是飞天。壁画上的飞天，有的臂挎花篮，采摘鲜花；有的反弹琵琶，轻拨银弦；有的倒悬身子，自天而降；有的彩带飘拂，漫天遨游；有的舒展着双臂，翩翩起舞。看着这些精美动人的壁画，就像走进了灿烂辉煌的艺术殿堂。

——节选自《莫高窟》

6.有的人在工作、学习中缺乏耐性和韧性，他们一旦碰了钉子，走了弯路，就开始怀疑自己是否有研究才能。其实，我可以告诉大家，许多有名的科学家和作家，都是经过很多次失败，走过很多弯路才成功的。有人看见一个作家写出一本好小说，或者看见一个科学家发表几篇有分量的论文，便仰慕不已，很想自己能够信手拈来，妙手成章，一觉醒来，誉满天下。其实，成功的作品和论文只不过是作家、学者们整个创作和研究中的极小部分，甚至数量上还不及失败作品的十分之一。大家看到的只是他们成功的作品，而失败的作品是不会公开发表出来的。

要知道，一个科学家在攻克科学堡垒的长征中，失败的次数和经验，远比成功的经验要丰富、深刻得多。失败虽然不是什么令人快乐的事情，但也绝不应该因此气馁。在进行研究时，研究方向不正确，走了些岔路，白费了许多精力，这也是常有的事。但不要紧，可以再调换方向进行研究。更重要的是要善于吸取失败的教训，总结已有的经验，再继续前进。

根据我自己的体会，所谓天才，就是坚持不断的努力。有些人也许觉得我在数学方面有什么天分，其实从我身上是找不到这种天分的。我读小学时，因为成绩不好，没有拿到毕业证书，只拿到一张修业证书。初中一年级时，我的数学也是经常补考才及格的。但是说来奇怪，从初中二年级以后，我就发生了一个根本转变，因为我认识到既然我的资质差些，我应该多用点时间来学习。别人学一小时，我就学两小时，这样，我的数学成绩得以不断提高。

一直到现在我也贯彻这个原则：别人看一篇东西要三小时，我就花三个半小时。经过长期积累，就多少可以看出成绩来。并且在基本技巧烂熟之后，往往能够一个钟头就看懂一篇人家看十天半月也解不透的文章。所以，前一段时间的加倍努力，在后一段时间能收到预想不到的效果。

是的，聪明在于学习，天才在于积累。

——节选自华罗庚《聪明在于学习，天才在于积累》

第二章　韵母训练

一、按照结构和"四呼"，可以把普通话的韵母分为哪几类？

1.按音素构成分

（1）单韵母（单元音韵母），由一个元音构成，共10个：ɑ、o、e、ê、i、u、ü、-i（前）、-i（后）、er。

（2）复韵母（复合元音韵母），由两或三个元音构成，共13个：ɑi、ei、ɑo、ou、iɑ、ie、uɑ、uo、üe、iɑo、iou、uɑi、uei。

（3）鼻韵母（鼻辅音韵母），由元音加鼻辅音韵尾构成，共16个：ɑn、en、in、ün、iɑn、uɑn、üɑn、uen、ɑng、eng、ing、ong、iɑng、iong、uɑng、ueng。

2.按开头元音分（四呼）

（1）开口呼韵母，指没有韵头，韵腹不是i、u、ü的韵母，共15个：ɑ、o、e、ê、-i（前）、-i（后）、er、ɑi、ei、ɑo、ou、ɑn、en、ɑng、eng。

（2）齐齿呼韵母，指韵头或韵腹是i的韵母，共9个：i、iɑ、ie、iɑo、iou、in、iɑn、ing、iɑng。

（3）合口呼韵母，指韵头或韵腹是u的韵母，共10个：u、uɑ、uo、uɑi、uei、uɑn、uen、uɑng、ueng、ong。

（4）撮口呼韵母，指韵头或韵腹是ü的韵母，共5个：ü、üe、ün、üɑn、iong。

二、一个完整的韵母分为几部分？韵母不可缺少的组成部分是什么？

完整的韵母包括韵头、韵腹和韵尾三部分，其中不可缺少的组成部分是韵腹（也叫主要元音）。

三、元音的发音受哪些因素的影响？绘制元音舌位图，标出普通话七个舌面元音的位置，并准确描述七个舌面元音的发音情况。

元音的发音受舌位的高低、前后和唇形的圆展影响（图2-1）。

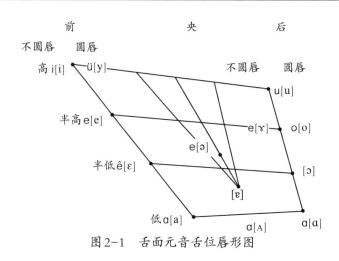

图2-1　舌面元音舌位唇形图

七个舌面元音的发音情况如下。

ɑ：舌面、央、低、不圆唇（自然唇）元音。发音时口大开，舌位低，舌头居中，唇形自然，声带振动。

o：舌面、后、半高、圆唇元音。发音时口半开，舌头后缩，舌位半高，唇拢圆，声带振动。

e：舌面、后、半高、不圆唇元音。发音时口半开，舌头后缩，舌位半高，唇自然展开，声带振动。

ê：舌面、前、半低、不圆唇元音。发音时口半开，舌头前伸，舌位半低，嘴角向两边展开，声带振动。

i：舌面、前、高、不圆唇元音。发音时，上下牙齿接近，唇形呈扁平状，舌头前伸抵住下齿背，舌面前部上升接近硬腭，但不摩擦，声带振动。

u：舌面、后、高、圆唇元音。发音时，嘴唇拢圆，留一小孔，舌头后缩，使舌根尽量接近软腭，声带振动。

ü：舌面、前、高、圆唇元音。发音时，嘴唇拢圆，留一小孔，舌头前伸抵住下齿背，舌头前部上升接近硬腭，声带振动。

四、声母r和韵母-i（后）的发音有什么不同？

声母r是舌尖后浊擦音，韵母-i（后）是舌尖后高不圆唇元音。r发音时舌尖翘起，接近硬腭前部，留出窄缝，气流从窄缝中挤出，摩擦成声，声带颤动。-i（后）发音时舌尖翘起接近硬腭前部，留出窄缝，气流通过窄缝时不发生摩擦，嘴唇向左右展开，声带振动。

-i（后）的发音可用音节ri进行引导。发ri音节时，继续延长音节发音，同时振动声带，消除摩擦，就是标准的舌尖元音-i（后）。

二者发音的区别就在于r发音时气流从窄缝中挤出，摩擦成声，而-i（后）发音时气流通过时不发生摩擦。

五、简要说明单韵母、复韵母发音的不同点。

单韵母是由一个元音构成的韵母，单韵母的发音就是单元音的发音，没有动程。复韵母是由两或三个元音构成的韵母，复韵母的发音有动程。二者发音绝然不同。

1.单韵母发音时要保持舌位和唇形始终不发生变化，而复韵母发音过程中舌位和唇形要连续移动变化。复韵母发音时，舌头从一个单元音的发音状态向另一个单元音的发音状态过渡，舌位和唇形发生相应的变动。这种变动是快速滑动，气流不能中断，听起来像一个整体。

2.复韵母包含的几个元音中只有一个主要元音，即韵腹。韵腹的发音最响亮、最清晰，音长最长，发音较重；其他元音则较短、较轻、较模糊。

六、复韵母、鼻韵母发音的相同点和不同点是什么？

复韵母是由两或三个元音复合而成的韵母，鼻韵母是由一或两个元音加一个鼻辅音韵尾（n或ng）构成的韵母。

相同点：二者都由多个音素构成；二者发音时都有舌位和唇形的移动过程。

不同点：构成复韵母的音素都是元音，而构成鼻韵母的音素既有元音又有辅音；复韵母发音时舌位和唇形的移动是由一个单元音向另一个单元音的发音状态滑动，而鼻韵母发音时舌位和唇形的移动是由元音向鼻辅音的滑动，以鼻辅音收尾。

七、在发音上如何区分带有n和ng的韵母？

带有n的韵母是前鼻韵母，带有ng的韵母是后鼻韵母。

前鼻韵母发音时，先发元音，紧接着软腭下垂，打开鼻腔通道，舌尖逐渐上移，抵住上齿龈发n音，气流从鼻腔出来，并使鼻音色彩逐渐加重，待整个韵母发音完毕后再解除阻碍。

后鼻韵母发音时，先发元音，紧接着软腭下垂，打开鼻腔通道，舌根逐渐上移，抵住软腭发ng音，并使鼻音色彩逐渐加重，待整个韵母发音完毕后再解除阻碍。

二者的区别就在于带有n的韵母是舌尖上移抵住上齿龈，带有ng的韵母是舌根上移抵住软腭。

八、举例说明你所处方言区的方言在韵母的发音上与普通话有哪些相同点和不同点。

以莱州话为例，以下方括号中为国际音标注音。

莱州话有37个韵母，其中单元音韵母12个：[ɿ] [ʅ] [i] [u] [y] [ɚ] [a] [ə] [ɛ] [ɔ] [ã] [ẽ]；复元音韵母18个：[ia] [ua] [iə] [uə] [yə] [iɔ] [ei] [uei] [ia] [uɛ] [əu] [iəu] [iã] [uã] [yã] [iẽ] [uẽ] [yẽ]；鼻韵母7个：[aŋ] [iaŋ] [uaŋ] [uŋ] [əŋ] [iŋ] [yŋ]。

普通话有39个韵母，其中单元音韵母10个：[ɿ] [ʅ] [i] [u] [y] [a] [ɛ] [ɤ] [o] [ɚ]；复元音韵母13个：[ai] [ei] [au] [ou] [iʌ] [iɛ] [uʌ] [uo] [yɛ] [iau] [iou] [uai] [uei]；鼻韵母16个：[an] [ian] [uan] [yan] [ən] [in] [uən] [yn] [aŋ] [iaŋ] [uaŋ] [əŋ] [iŋ] [uəŋ] [uŋ] [yŋ]。

莱州话与普通话在韵母发音上的相同点：

韵母发音时都受到舌位、唇形的影响。都包含单元音韵母[ɿ] [ʅ] [i] [u] [y] [ɚ] [a] [ɛ]，复元音韵母[ei] [uei] [iɛ]，和鼻韵母[aŋ] [iaŋ] [uaŋ] [uŋ] [əŋ] [iŋ] [yŋ]。

莱州话与普通话在韵母发音上的不同点：

1. 莱州话中单元音韵母[o]与[p] [pʻ] [m]相拼时，发音近似于[ə]。

2. 复元音韵母[iʌ] [uʌ]在莱州话中后一个元音发音时舌位靠前，近似[ia] [ua]。

3. 复元音韵母[ai] [uai]在莱州话中发音时，实际音值接近[ɛ] [uɛ]。

4. 复元音韵母[ɑu] [ou] [iɑu]在莱州话中的实际音值近似于[ɔ] [əu] [iɔ]。

5. 韵母[u]与[tʂ] [tʂh] [ʂ]相拼，在莱州话中实际音值接近[ʯ]。①

6. 莱州话有鼻化韵母[iã] [uã] [yã] [iẽ] [uẽ] [yẽ]，普通话没有鼻化韵母。

九、下面每组字，在你的方言里是否同音？请给每个字注音并朗读。

以莱州话为例。下列每组字方言与普通话发音均不同，在莱州话中发音情况如下（采用国际音标注音）：②

第1组		第2组		第3组	
邓	动	赞	攒	里	旅
təŋ53[3]	tuŋ53	tsã53	tsã53	li55	ly55
疼	同	灿	窜	你	女
tʻəŋ53	tʻuŋ53	tsʻã53	tsʻã213	ŋi55	ŋy55
能	农	三	酸	饥	居
nəŋ53	nuŋ53	sã213	sã213/suã213	tɕi213	tɕy213
棱	聋	单	端	移	鱼
ləŋ53	luŋ53	tã213	tɑŋ213	Øi53	Øy53
庚	公	摊	湍	起	曲
kəŋ53	kuŋ53	tʻã213	tʻã213	tɕʻi55	tɕʻy55
赠	纵	岚	峦	细	序
tsəŋ53	tsuŋ53	lã53	lã53	si213	sy213
横	红	谭	团	气	去
xəŋ53	xuŋ53	tʻã53	tʻã53	tɕʻi213	tɕʻy213
证	仲	淡	断		
tʂəŋ213	tʂuŋ53	tã53	tã53		
撑	冲	烂	乱		
tʂʻəŋ213	tʂʻuŋ213	lã53	lã53/lã213		
僧	松	战	赚		
səŋ213	suŋ53	tʂã213	tʂʻã53		

① 参见亢世勇等《中国语言资源有声数据库·山东库调查手册·莱州》2015年调查版，第16页。
② 参见亢世勇等《中国语言资源有声数据库·山东库调查手册·莱州》2015年调查版，第18—32页。
③ 数字表示该字在莱州话中的调值，参考资料同上。

第4组		第5组		第6组	
兴	凶	改	给	反	访
ɕiŋ53	ɕyŋ213	kɛ55	kei55	fã55	faŋ55
英	庸	派	配	寒	航
Øiŋ213	Øyŋ213	p'ɛ213	p'ei213	xã53	xaŋ53
晴	琼	拜	背	潭	塘
ts'iŋ53	tɕ'yŋ53	pɛ213	pei53	t'ã53	t'aŋ53
景	炯	考	扣	申	声
tsiŋ55	tɕyŋ53	k'ɔ55	k'əur213	ʂẽ213	ʂəŋ213
兵	宾	稻	豆	真	争
piŋ213	piẽ213	tɔ53	təu53	tʂẽ213	tʂəŋ213
静	近	牢	楼	陈	程
tsiŋ53	tɕiẽ55	lɔ53	ləu53	tʂ'ẽ53	tʂ'əŋ53
平	贫	脚	九	人	仍
p'iŋ53	p'iẽ53	tɕyə55	tɕiəu55	Øiẽ53	Øiŋ53
清	亲				
ts'iŋ213	ts'iẽ213				
星	心				
siŋ213	siẽ213				
硬	印				
Øiŋ53	Øiẽ213				

十、指出下列词语的韵母。

词语	拼音	韵母1	韵母2
呼吸	hūxī	u	i
迟到	chídào	-i（后）	ao
基本	jīběn	i	en
灯塔	dēngtǎ	eng	a
挖去	wāqù	ua	ü
抵押	dǐyā	i	ia
次序	cìxù	-i（前）	ü
袋子	dàizi	ai	-i（前）
播音	bōyīn	o	in
陡坡	dǒupō	ou	o

续表

词语	拼音	韵母1	韵母2
灯笼	dēnglong	eng	ong
诚恳	chéngkěn	eng	en
语句	yǔjù	ü	ü
安然	ānrán	an	an
弱点	ruòdiǎn	uo	ian
摇曳	yáoyè	iao	ie
亲近	qīnjìn	in	in
情境	qíngjìng	ing	ing
钻探	zuāntàn	uan	an
接洽	jiēqià	ie	ia

【训练与提高】

训练目标：掌握普通话39个韵母的分类、发音特点和结构，能够读准常用汉字的韵母，并在使用普通话的时候，找准和改正自己在韵母发音中存在的问题。

第一节　分类训练

一、单韵母训练

a	吧嗒 bādā	打蜡 dǎlà	旮旯 gālá	发达 fādá
	砝码 fǎmǎ	哈达 hǎdá	咔嚓 kāchā	邋遢 lāta
o	勃勃 bóbó	磨破 mópò	嬷嬷 mómó	默默 mòmò
e	车辙 chēzhé	隔阂 géhé	合辙 hézhé	呵责 hēzé
	合格 hégé	褐色 hèsè	乐得 lèdé	和乐 hélè
i	砥砺 dǐlì	弟媳 dìxí	地基 dìjī	次第 cìdì
	积习 jīxí	荸荠 bíqi	极地 jídì	气息 qìxī
u	步幅 bùfú	土布 tǔbù	不足 bùzú	粗布 cūbù
	出入 chūrù	住处 zhùchù	服务 fúwù	附录 fùlù
ü	居于 jūyú	旅居 lǚjū	屈居 qūjū	语句 yǔjù
-i（前）	私自 sīzì	四次 sìcì	刺字 cìzì	自此 zìcǐ
-i（后）	支持 zhīchí	试纸 shìzhǐ	迟滞 chízhì	事实 shìshí
er	而后 érhòu	儿女 érnǚ	普洱 pǔ'ěr	耳机 ěrjī

二、复韵母训练

ai	开赛 kāisài	再来 zàilái	爱才 àicái	海外 hǎiwài
ei	贝类 bèilèi	北美 Běi Měi	卑微 bēiwēi	美味 měiwèi
ao	宝宝 bǎobao	盗号 dàohào	造谣 zàoyáo	牢靠 láokào
ou	抖擞 dǒusǒu	筹谋 chóumóu	佝偻 gōulóu	后头 hòutou
ia	下架 xiàjià	加价 jiājià	家家 jiājiā	压下 yāxià
ie	喋喋 diédié	姐姐 jiějie	业界 yèjiè	趔趄 lièqie
ua	花滑 huāhuá	画画儿 huàhuàr	娃娃 wáwa	耍滑 shuǎhuá
uo	落锁 luòsuǒ	我国 wǒguó	活络 huóluò	躲过 duǒguò
üe	绝学 juéxué	缺血 quēxuè	雀跃 quèyuè	约略 yuēlüè
iao	料峭 liàoqiào	皎皎 jiǎoqiǎo	小庙 xiǎomiào	药效 yàoxiào
iou	求救 qiújiù	秋游 qiūyóu	有求 yǒuqiú	优秀 yōuxiù
uai	外快 wàikuài	摔坏 shuāihuài	乖乖 guāiguāi	怀揣 huáichuāi
uei	葳蕤 wēiruí	垂危 chuíwēi	摧毁 cuīhuǐ	队徽 duìhuī

三、鼻韵母训练

an	盘缠 pánchan	斑斓 bānlán	黯然 ànrán	暗淡 àndàn
	蹒跚 pánshān	但凡 dànfán	摊贩 tānfàn	泛滥 fànlàn
en	根本 gēnběn	分神 fēnshén	审慎 shěnshèn	愤懑 fènmèn
in	濒临 bīnlín	姻亲 yīnqīn	近亲 jìnqīn	临近 línjìn
ün	逡巡 qūnxún	竣工 jùngōng	驯顺 xùnshùn	菌群 jūnqún
ian	渐变 jiànbiàn	惦念 diànniàn	垫钱 diànqián	便笺 biànjiān
	检验 jiǎnyàn	敛钱 liǎnqián	脸面 liǎnmiàn	黏连 niánlián
uan	断腕 duànwàn	专款 zhuānkuǎn	宦官 huànguān	万贯 wànguàn
üan	渊源 yuānyuán	权限 quánxiàn	眷恋 juànliàn	圆圈 yuánquān
uen	唇纹 chúnwén	馄饨 húntun	混沌 hùndùn	温吞 wēntūn
ang	徜徉 chángyáng	锒铛 lángdāng	荡漾 dàngyàng	浪荡 làngdàng
eng	升腾 shēngténg	猛增 měngzēng	成声 chéngshēng	增生 zēngshēng
	生冷 shēnglěng	承蒙 chéngméng	蹭蹬 cèngdèng	封城 fēngchéng
ing	叮铃 dīnglíng	兴兵 xīngbīng	伶俜 língpīng	倾听 qīngtīng
	精灵 jīnglíng	领兵 lǐngbīng	命名 mìngmíng	命令 mìnglìng
ong	轰动 hōngdòng	倥侗 kōngtóng	隆冬 lóngdōng	送终 sòngzhōng
iang	响亮 xiǎngliàng	奖项 jiǎngxiàng	想象 xiǎngxiàng	良将 liángjiàng
iong	窘境 jiǒngjìng	兄弟 xiōngdì	穷困 qióngkùn	勇敢 yǒnggǎn
uang	往往 wǎngwǎng	广创 guǎngchuàng	惶惶 huánghuáng	窗框 chuāngkuàng
ueng	渔翁 yúwēng	嗡嗡 wēngwēng	蓊茸 wěngróng	小瓮 xiǎowèng

第二节　对比训练

一、对比朗读下列各组韵母，注意发音的区别

1. i—ü　　　　　2. ie—üe　　　　3. ai—ei　　　　4. ao—ou—uo
5. ua—uo　　　　6. iao—iou—ou　7. uai—uei　　　8. an—ang
9. en—eng—ong　10. in—en—un—ün　11. en—in—ing　12. uan—uang
13. uen—ueng—ong　14. ün—iong　　15. ian—üan—üang　16. an—uan

二、相近韵母词语训练

i—ü	名义 míngyì—名誉 míngyù	雨季 yǔjì—雨具 yǔjù
	办理 bànlǐ—伴侣 bànlǚ	实际 shíjì—实据 shíjù
	书籍 shūjí—书局 shūjú	大姨 dàyí—大鱼 dàyú
	里程 lǐchéng—旅程 lǚchéng	得意 déyì—德育 déyù
ie—üe	夜光 yèguāng—月光 yuèguāng	捷径 jiéjìng—绝境 juéjìng
	叶脉 yèmài—血脉 xuèmài	开解 kāijiě—开掘 kāijué
	玉洁 yùjié—玉珏 yùjué	截断 jiéduàn—决断 juéduàn
	切口 qiēkǒu—缺口 quēkǒu	猎取 lièqǔ—掠取 lüèqǔ
ai—ei	排场 páichǎng—赔偿 péicháng	小麦 xiǎomài—小妹 xiǎomèi
	安排 ānpái—安培 ānpéi	百部 bǎibù—北部 běibù
	衰败 shuāibài—衰惫 shuāibèi	奈何 nàihé—内河 nèihé
	败类 bàilèi—贝类 bèilèi	骇客 hàikè—黑客 hēikè
ao—ou	刀子 dāozi—兜子 dōuzi	倒流 dàoliú—逗留 dòuliú
	羔子 gāozi—钩子 gōuzi	告辞 gàocí—构词 gòucí
	豪门 háomén—侯门 hóumén	拷问 kǎowèn—叩问 kòuwèn
	靠边 kàobiān—寇边 kòubiān	牢房 láofáng—楼房 lóufáng
ua—uo	进化 jìnhuà—进货 jìnhuò	挂失 guàshī—过失 guòshī
	挂账 guàzhàng—过账 guòzhàng	划扣 huákòu—活扣 huókòu
	刷花 shuāhuā—说话 shuōhuà	夸大 kuādà—扩大 kuòdà
	抓弄 zhuānòng—捉弄 zhuōnòng	爪子 zhuǎzi—桌子 zhuōzi
iao—iou	药片 yàopiàn—诱骗 yòupiàn	耀眼 yàoyǎn—右眼 yòuyǎn
	生效 shēngxiào—生锈 shēngxiù	角楼 jiǎolóu—酒楼 jiǔlóu
	胶结 jiāojié—纠结 jiūjié	针脚 zhēnjiǎo—针灸 zhēnjiǔ
	教学 jiàoxué—就学 jiùxué	鸟头 niǎotóu—扭头 niùtóu
uai—uei	铁拐 tiěguǎi—铁轨 tiěguǐ	坏话 huàihuà—会话 huìhuà
	槐花 huáihuā—回话 huíhuà	行坏 xínghuài—行贿 xínghuì
	摔着 shuāizhe—睡着 shuìzháo	歪曲 wāiqū—委屈 wěiqū

	意外 yìwài—意味 yìwèi	在外 zàiwài—在位 zàiwèi
an—ang	担心 dānxīn—当心 dāngxīn	弹词 táncí—搪瓷 tángcí
	竿子 gānzi—缸子 gāngzi	施展 shīzhǎn—师长 shīzhǎng
	黯然 ànrán—盎然 àngrán	扳手 bānshou—帮手 bāngshou
	班助 bānzhù—帮助 bāngzhù	板子 bǎnzi—膀子 bǎngzi
en—eng	瓜分 guāfēn—刮风 guāfēng	绅士 shēnshì—声势 shēngshì
	人参 rénshēn—人生 rénshēng	诊治 zhěnzhì—整治 zhěngzhì
	时针 shízhēn—时政 shízhèng	上身 shàngshēn—上升 shàngshēng
	渗水 shènshuǐ—圣水 shèngshuǐ	伸张 shēnzhāng—声张 shēngzhāng
in—ing	亲生 qīnshēng—轻声 qīngshēng	金质 jīnzhì—精致 jīngzhì
	亲近 qīnjìn—倾尽 qīngjìn	平心 píngxīn—平行 píngxíng
	金银 jīnyín—经营 jīngyíng	领进 lǐngjìn—灵境 língjìng
	摈弃 bìnqì—摒弃 bìngqì	今年 jīnnián—经年 jīngnián
ian—iang	坚硬 jiānyìng—僵硬 jiāngyìng	大连 Dàlián—大娘 dàniáng
	繁衍 fányǎn—放眼 fàngyǎn	试验 shìyàn—式样 shìyàng
	鲜花 xiānhuā—香花 xiānghuā	溅落 jiànluò—降落 jiàngluò
	清廉 qīnglián—清凉 qīngliáng	新年 xīnnián—新娘 xīnniáng
uan—uang	传单 chuándān—床单 chuángdān	感官 gǎnguān—感光 gǎnguāng
	开关 kāiguān—开光 kāiguāng	唤醒 huànxǐng—晃醒 huàngxǐng
	鱼丸 yúwán—渔网 yúwǎng	晚来 wǎnlái—往来 wǎnglái
	茶砖 cházhuān—茶庄 cházhuāng	专修 zhuānxiū—装修 zhuāngxiū
uen—ong	存钱 cúnqián—从前 cóngqián	余温 yúwēn—鱼虫 yúchóng
	炖肉 dùnròu—冻肉 dòngròu	回春 huíchūn—回冲 huíchōng
	自存 zìcún—自从 zìcóng	孙竹 sūnzhú—松竹 sōngzhú
	囤货 túnhuò—通货 tōnghuò	水准 shuǐzhǔn—水肿 shuǐzhǒng
ün—iong	勋章 xūnzhāng—胸章 xiōngzhāng	熏鸡 xūnjī—胸肌 xiōngjī
	应允 yīngyǔn—英勇 yīngyǒng	晕机 yùnjī—用机 yòngjī
in—ün	金子 jīnzi—菌子 jùnzi	电信 diànxìn—电讯 diànxùn
	中心 zhōngxīn—中旬 zhōngxún	信息 xìnxī—讯息 xùnxī
ian—üan	前面 qiánmiàn—全面 quánmiàn	燕子 yànzi—院子 yuànzi
	建议 jiànyì—倦意 juànyì	方言 fāngyán—方圆 fāngyuán
	眼见 yǎnjiàn—远见 yuǎnjiàn	挑眼 tiāoyǎn—挑选 tiāoxuǎn
	签字 qiānzì—圈子 quānzi	潜力 qiánlì—全力 quánlì
an—en	战士 zhànshì—阵势 zhènshì	竿子 gānzi—根子 gēnzi
	翻开 fānkāi—分开 fēnkāi	寒冷 hánlěng—很冷 hěnlěng
	基板 jībǎn—基本 jīběn	发饭 fāfàn—发奋 fāfèn
	干净 gānjìng—根茎 gēnjìng	伤寒 shānghán—伤痕 shānghén
ang—eng	升堂 shēngtáng—升腾 shēngténg	常年 chángnián—成年 chéngnián
	场院 chángyuàn—城院 chéngyuàn	北方 běifāng—北风 běifēng

	清朗 qīnglǎng—清冷 qīnglěng	庞大 pángdà—膨大 péngdà
	查账 cházhàng—查证 cházhèng	仗义 zhàngyì—正义 zhèngyì
ian—in	湖边 húbiān—湖滨 húbīn	外编 wàibiān—外宾 wàibīn
	坚持 jiānchí—矜持 jīnchí	渐染 jiānrǎn—浸染 jìnrǎn
	夹剪 jiájiǎn—夹紧 jiájǐn	谏言 jiànyán—禁言 jìnyán
	自荐 zìjiàn—自尽 zìjìn	连着 liánzhe—拎着 līnzhe
iang—ing	讲价 jiǎngjià—井架 jǐngjià	房梁 fángliáng—房陵 fánglíng
	良性 liángxìng—灵性 língxìng	公粮 gōngliáng—工龄 gōnglíng
	长枪 chángqiāng—长青 chángqīng	受降 shòuxiáng—受刑 shòuxíng
	反响 fǎnxiǎng—反省 fǎnxǐng	阳光 yángguāng—荧光 yíngguāng
e—uo	大哥 dàgē—大锅 dàguō	出阁 chūgé—出国 chūguó
	课件 kèjiàn—扩建 kuòjiàn	褐色 hèsè—货色 huòsè
	得胜 déshèng—夺胜 duóshèng	饿倒 èdǎo—卧倒 wòdǎo
	赫然 hèrán—豁然 huòrán	个账 gèzhàng—过账 guòzhàng
an—uan	担水 dānshuǐ—端水 duānshuǐ	面谈 miàntán—面团 miàntuán
	滥用 lànyòng—乱用 luànyòng	失散 shīsàn—失算 shīsuàn
	三类 sānlèi—酸类 suānlèi	坐禅 zuòchán—坐船 zuòchuán
	谗言 chányán—传言 chuányán	开单 kāidān—开端 kāiduān
eng—ong	腾飞 téngfēi—同飞 tóngfēi	正视 zhèngshì—重视 zhòngshì
	成败 chéngbài—崇拜 chóngbài	吭气 kēngqì—空气 kōngqì
	龙灯 lóngdēng—隆冬 lóngdōng	承当 chéngdāng—充当 chōngdāng
	未曾 wèicéng—未从 wèicóng	打更 dǎgēng—打工 dǎgōng

三、辨正训练

1. 读准 e、o、uo

恶果 èguǒ	合伙 héhuǒ	热火 rèhuǒ	各国 gèguó	俄国 Éguó	波折 bōzhé
薄荷 bòhe	撮合 cuōhe	错车 cuòchē	国策 guócè	国歌 guógē	火车 huǒchē
作者 zuòzhě	课桌 kèzhuō	错愕 cuò'è	货色 huòsè	折合 zhéhé	笸箩 pǒluo
破格 pògé	瑟缩 sèsuō	德国 Déguó	裸色 luǒsè	破获 pòhuò	车座 chēzuò

2. 读准 i、ü

地区 dìqū	依据 yījù	意趣 yìqù	急需 jíxū	崎岖 qíqū	唏嘘 xīxū
思虑 sīlǜ	自律 zìlǜ	自居 zìjū	抑郁 yìyù	地狱 dìyù	词句 cíjù
体恤 tǐxù	律师 lǜshī	女士 nǚshì	蓄力 xùlì	句子 jùzi	鱼籽 yúzǐ
雨丝 yǔsī	屡次 lǚcì	氯气 lǜqì	狙击 jūjī	举例 jǔlì	续集 xùjí

3. 读准 ia、ua

挂花 guàhuā	加价 jiājià	花褂 huāguà	牙刷 yáshuā	假话 jiǎhuà	掐花 qiāhuā
下挂 xiàguà	瓜架 guājià	刮下 guāxià	抓虾 zhuāxiā	下家 xiàjiā	加压 jiāyā

虾滑 xiāhuá	下洼 xiàwā	话匣 huàxiá	掐架 qiājià	假花 jiǎhuā	鸭架 yājià
抓鸭 zhuāyā	夏花 xiàhuā	抓瞎 zhuāxiā	胯下 kuàxià	压花 yāhuā	鸭爪 yāzhuǎ

4. 读准 ie、üe

缺血 quēxuě	月夜 yuèyè	铁屑 tiěxiè	斜街 xiéjiē	结节 jiéjié	些许 xiēxǔ
爵爷 juéyé	学界 xuéjiè	歇业 xiēyè	决裂 juéliè	夜雀 yèquè	铁血 tiěxuè
喋血 diéxuè	略略 lüèlüè	约略 yuēlüè	裂解 lièjiě	颞叶 nièyè	节约 jiéyuē
趔趄 lièqie	解穴 jiěxué	节略 jiélüè	解约 jiěyuē	学姐 xuéjiě	缺血 quēxuě

5. 读准 ao、ou、iao、iou

熬药 áoyào	骄傲 jiāo'ào	奥妙 àomiào	照耀 zhàoyào	佳肴 jiāyáo	友好 yǒuhǎo
报酬 bàochou	周到 zhōudào	吵闹 chǎonào	交好 jiāohǎo	号角 hàojiǎo	老旧 lǎojiù
药油 yàoyóu	手脚 shǒujiǎo	郊游 jiāoyóu	凑巧 còuqiǎo	药效 yàoxiào	修造 xiūzào
巧妙 qiǎomiào	逍遥 xiāoyáo	少校 shàoxiào	烤焦 kǎojiāo	老窖 lǎojiào	求教 qiújiào

6. 读准 ai、ei、uai、uei

追怀 zhuīhuái	嘴快 zuǐkuài	鬼怪 guǐguài	挣踹 zhèngchuài	海带 hǎidài	泪水 lèishuǐ
对外 duìwài	归队 guīduì	亏待 kuīdài	摧毁 cuīhuǐ	外快 wàikuài	百倍 bǎibèi
格外 géwài	白菜 báicài	晒台 shàitái	外汇 wàihuì	美味 měiwèi	带队 dàiduì
对垒 duìlěi	怪味 guàiwèi	暌违 kuíwéi	徘徊 páihuái	外来 wàilái	诡怪 guǐguài

7. 读准 an、ian、uan、üan

安闲 ānxián	贪钱 tānqián	难关 nánguān	懒汉 lǎnhàn	烂漫 lànmàn	安全 ānquán
暗恋 ànliàn	案件 ànjiàn	暗淡 àndàn	斑斓 bānlán	半天 bàntiān	黯然 ànrán
感叹 gǎntàn	看见 kànjiàn	汗衫 hànshān	盘缠 pánchan	产前 chǎnqián	肝胆 gāndǎn
渐变 jiànbiàn	便饭 biànfàn	惦念 diànniàn	橄榄 gǎnlǎn	干练 gànliàn	赞叹 zàntàn

8. 读准 ang、iang、uang

厂长 chǎngzhǎng	商场 shāngchǎng	帮忙 bāngmáng	苍凉 cāngliáng	沧桑 cāngsāng	
怅惘 chàngwǎng	创伤 chuāngshāng	闯荡 chuǎngdàng	上当 shàngdàng	徜徉 chángyáng	
芳香 fāngxiāng	想象 xiǎngxiàng	像样 xiàngyàng	慌张 huāngzhāng	账房 zhàngfáng	
香肠 xiāngcháng	强项 qiángxiàng	方向 fāngxiàng	银铛 lángdāng	苍茫 cāngmáng	

9. 读准 en、eng

人生 rénshēng	成本 chéngběn	成分 chéngfèn	城镇 chéngzhèn	胜任 shèngrèn	
正门 zhèngmén	证人 zhèngrén	深层 shēncéng	僧人 sēngrén	坑人 kēngrén	
横亘 hénggèn	封门 fēngmén	风闻 fēngwén	根本 gēnběn	涔涔 céncén	

奉承 fèngcheng   捧哏 pěnggén   更正 gēngzhèng   吭声 kēngshēng   愤懑 fènmèn

10. 读准 in、ing

心情 xīnqíng   进行 jìnxíng   民兵 mínbīng   近景 jìnjǐng   听信 tīngxìn
精心 jīngxīn   平民 píngmín   影音 yǐngyīn   领巾 lǐngjīn   倾心 qīngxīn
病因 bìngyīn   定亲 dìngqīn   精进 jīngjìn   新兴 xīnxīng   迎亲 yíngqīn
警龄 jǐnglíng   冰凌 bīnglíng   亲兵 qīnbīng   秉性 bǐngxìng   精进 jīngjìn

11. 读准 uen、ueng、ong

温存 wēncún   冬笋 dōngsǔn   混沌 hùndùn   困顿 kùndùn   拥趸 yōngdǔn
隆冬 lóngdōng   动婚 dònghūn   遵从 zūncóng   功勋 gōngxūn   公允 gōngyǔn
轰动 hōngdòng   混充 hùnchōng   空洞 kōngdòng   昆仑 Kūnlún   恐龙 kǒnglóng
笼统 lǒngtǒng   轮空 lúnkōng   农工 nónggōng   军容 jūnróng   通融 tōngróng

12. 读准 in、ün、ing、ong、iong

运营 yùnyíng   英雄 yīngxióng   窘境 jiǒngjìng   汹涌 xiōngyǒng   从军 cóngjūn
群情 qúnqíng   熏人 xūnrén   琼林 qiónglín   穹窿 qióinglóng   寻衅 xúnxìn
运隆 yùnlóng   拢共 lǒnggòng   心胸 xīnxiōng   胸襟 xiōngjīn   吟咏 yínyǒng
雍容 yōngróng   竣工 jùngōng   用功 yònggōng   臃肿 yōngzhǒng   云涌 yúnyǒng

第三节　综合训练

一、绕口令训练（注意读清读准提示的韵母）

（一）单韵母练习

1. 关于 a、e、o、u 的绕口令训练

（1）八只小白兔

八只小白兔，住在八棱八角八座屋。

八个小孩要逮八只小白兔，

吓得小白兔，不敢再住八棱八角八座屋。（a）

（2）鹅唱歌

村前一条河，河里有群鹅，

渴了来喝水，饿了就唱歌。（e）

（3）鹅过河

哥哥弟弟坡前坐，

坡上卧着一只鹅，

坡下流着一条河。

　　哥哥说：宽宽的河。

　　弟弟说：肥肥的鹅。

　　鹅要过河，河要渡鹅。

　　不知是鹅渡河，还是河渡鹅。（e、o）

（4）山中事

　　山上五棵树，架上五壶醋，

　　林中五只鹿，箱里五条裤。

　　伐了山上的树，搬下架上的醋，

　　射死林中的鹿，取出箱中的裤。（u）

2. 关于i、ü的绕口令训练

（1）阿姨摘果子

　　一二三，三二一，一二三四五六七。

　　七个阿姨来摘果，七个花篮儿手中提。

　　七棵树上结七样儿，苹果、桃儿、石榴、柿子，李子、栗子、梨。（i）

（2）渠养鱼

　　大渠养大鱼不养小鱼，小渠养小鱼不养大鱼。

　　一天天下雨，下了一天雨。

　　大渠水流进小渠，小渠水流进大渠。

　　大渠里有了小鱼不见大鱼，小渠里有了大鱼不见小鱼。（ü）

（3）雨天穿雨衣

　　这天天下雨。

　　体育局穿绿雨衣的女小吕，去找穿绿运动衣的女老李。

　　穿绿雨衣的女小吕，没找到穿绿运动衣的女老李；

　　穿绿运动衣的女老李，也没见着穿绿雨衣的女小吕。（i、ü）

3. 关于ai、ei、uai、uei的绕口令练习

（1）海带和白菜

　　艾白凯买来海带和白菜，泡开海带切白菜，

　　摆好白菜切海带，艾白凯爱吃海带拌白菜。（ai）

（2）妹子和被子

　　妹子盖被子，被子盖妹子。

　　妹子要盖被子，被子盖住妹子。

　　妹子盖被子是被子盖妹子，

　　被子盖妹子是妹子盖被子。（ei）

（3）黑黑和灰灰

　　黑黑和灰灰，两人去推水。

　　黑黑推水，灰灰帮黑黑；

　　灰灰推水，黑黑帮灰灰。（ei、uei）

（4）姐妹去收麦

　　　大妹和小妹，一起去收麦。

　　　大妹割小麦，小妹割大麦。

　　　大妹帮小妹挑大麦，小妹帮大妹捆小麦。

　　　大妹小妹收完麦，高高兴兴去打麦。（ai、ei）

（5）孩子和鞋子

　　　孩子是孩子，鞋子是鞋子，

　　　孩子不是鞋子，鞋子不是孩子。

　　　是孩子穿鞋子，不是鞋子穿孩子。

　　　谁分不清鞋子和孩子，

　　　谁就念不准孩子和鞋子。（ai、ie）

（6）腿和嘴

　　　嘴说腿，腿说嘴，

　　　嘴说腿爱跑腿，腿说嘴爱卖嘴。

　　　光动嘴不动腿，光动腿不动嘴，

　　　不如不长腿和嘴。（uei）

（7）锤锤锤

　　　炉东有个锤快锤，

　　　炉西有个锤锤快，

　　　两人炉前来比赛，

　　　不知是锤快锤比锤锤快锤得快，

　　　还是锤锤快比锤快锤锤得快。（uai、uei）

4.关于ao、ou、ua、uo的绕口令练习

（1）草帽

　　　隔着墙头扔草帽，

　　　也不知草帽套老头儿，

　　　也不知老头儿套草帽。（ao）

（2）卖瓜又卖花

　　　王婆卖瓜又卖花，一边卖来一边夸。

　　　又夸花，又夸瓜，夸瓜大，大夸花，

　　　瓜大花大笑哈哈。（ua）

（3）毛毛和猫猫

　　　毛毛有一顶红帽，猫猫有一身灰毛。

　　　毛毛要猫猫的灰毛，猫猫要毛毛的红帽。

　　　毛毛把红帽交给猫猫，猫猫给毛毛几根灰毛。（ao）

（4）分果果

　　　多多和哥哥，坐下分果果。

　　　哥哥让多多，多多让哥哥。

都说要小个，外婆乐呵呵。（uo、e）
（5）大奔拉尾巴耳朵狗
南边来了他大大伯子家的大奔拉尾巴耳朵狗，
北边来了他二大伯子家的二奔拉尾巴耳朵狗。
他大大伯子家的大奔拉尾巴耳朵狗，
咬了他二大伯子家的二奔拉尾巴耳朵狗一口；
他二大伯子家的二奔拉尾巴耳朵狗，
也咬了他大大伯子家的大奔拉尾巴耳朵狗一口。
不知是他大大伯子家的大奔拉尾巴耳朵狗，
先咬了他二大伯子家的二奔拉尾巴耳朵狗；
还是他二大伯子家的二奔拉尾巴耳朵狗，
先咬了他大大伯子家的大奔拉尾巴耳朵狗。（ou）
（6）说说颠倒话
忽听门外人咬狗，拿起门来开开手，
拾起狗来打砖头，又被砖头咬了手，
从来不说颠倒话，口袋驮着骡子走。（ou、uo）
（7）狗和猴
桥东走来一条狗，桥西走来一只猴。
行到桥心相碰头，彼此匆匆跑回头。
猴跑几步望望狗，狗跑几步望望猴。
不知是猴怕狗，还是狗怕猴。（ou）
（8）鹅和河
坡上立着一只鹅，坡下就是一条河。
宽宽的河，肥肥的鹅。
鹅要过河，河要渡鹅。
不知是鹅过河，还是河渡鹅。（e、o、uo、ou）

5.关于ia、iao、ua的绕口令练习
（1）鸭和霞
水中映着彩霞，水面游着花鸭。
霞是五彩霞，鸭是麻花鸭。
麻花鸭游进五彩霞，五彩霞网住麻花鸭。
乐坏了鸭，拍碎了霞，分不清是鸭还是霞。（ia）
（2）小华和胖娃
小华和胖娃，两人种花又种瓜，
小华会种花不会种瓜，胖娃会种瓜不会种花，
小华教胖娃种花，胖娃教小华种瓜。（ua）
（3）夏家和贾家
贾家有女初出嫁，嫁到夏家学养虾，

喂的对虾个头儿大，卖到市场直加价。

贾家爹爹会养鸭，鸭子虽肥伤庄稼。

邻里吵架不融洽，贾家也学养对虾。

小虾夹住了鸭子牙，大鸭咬住了虾的夹。

夏家公公劝，贾家爹爹压，

大鸭不怕吓，小虾吓不怕，

夏家贾家没办法。（ia）

（4）藤萝花和喇叭花

华华园里有一株藤萝花，佳佳园里有一株喇叭花。

佳佳的喇叭花，绕住了华华的藤萝花，

华华的藤萝花，缠住了佳佳的喇叭花。

也不知道是华华的藤萝花先缠住了佳佳的喇叭花，

还是佳佳的喇叭花先绕住了华华的藤萝花。（ia、ua）

（5）庙里的猫和鸟

东边庙里有个猫，西边树梢有只鸟，

猫鸟天天闹，不知是猫闹树上鸟，

还是鸟闹庙里猫。（ao、iao）

（6）胖娃娃

一个胖娃娃，捉了三个大花活蛤蟆；

三个胖娃娃，捉了一个大花活蛤蟆。

捉了一个大花活蛤蟆的三个胖娃娃，

真不如捉了三个大花活蛤蟆的一个胖娃娃。（ua）

（7）小雅和小贾

小雅上午补了牙，

邀请小贾去他家。

小贾上街买了鸭，

高高兴兴去了小雅家。

谁知鸭肉碰掉了小雅的牙，

急得小雅怪小贾，

急得小贾满地找假牙。（ia）

6. 关于 ao、ou、iou、iao 的绕口令练习

（1）铜勺和铁勺

铜勺舀热油，铁勺舀凉油；

铜勺舀了热油舀凉油，铁勺舀了凉油舀热油。（iao、iou）

（2）九个酒迷来喝酒

九月九，九个酒迷喝醉酒。

九个酒杯九杯酒，九个酒迷喝九口。

喝罢九口酒，又倒九杯酒。

九个酒迷端起酒，"咕咚、咕咚"又九口。

九杯酒，酒九口，喝罢九个酒，酒迷醉了酒。（iou）

（3）小秋和小牛

小妞妞，叫小秋，梳着两个小抓鬏。

小胖胖，叫小牛，穿着一个小兜兜。

小秋帮着小牛系扣扣，小牛帮小秋剥豆豆。

小秋、小牛手拉手，一块儿玩，一块儿走。（ou、iou）

（4）刘老头盖楼

六十六岁的刘老头，盖了六十六间楼，

买了六十六篓油，养了六十六头牛，栽了六十六棵垂杨柳。

六十六篓油，堆在六十六间楼；

六十六头牛，拴在六十六棵垂杨柳。

忽然一阵狂风起，

吹倒了六十六间楼，

翻倒了六十六篓油，

折断了六十六棵垂杨柳，

砸死了六十六头牛，

急煞了六十六岁的刘老头。（ou、iou）

（5）表和鸟

水上漂着一只表，表上落着一只鸟。

鸟看表，表瞪鸟，鸟不认识表，表也不认识鸟。（iao）

（6）花猫和小鸟

花猫跳，小鸟叫。

花猫听小鸟叫，小鸟瞧花猫跳。

花猫跳起抓小鸟，小鸟掉头逃。

花猫追小鸟，你说小鸟能不能逃掉？（ao、iao）

7. 关于ie、üe的绕口令练习

（1）杰杰、聂聂和叶叶

杰杰、聂聂和叶叶，花园里面捉蝴蝶。

彩蝶、粉蝶和凤蝶，只只蝴蝶像树叶。

杰杰用针把蝶别，聂聂将蝶墙上贴。

杰杰、聂聂看叶叶，叶叶还在捉蝴蝶。（ie）

（2）瘸子背橛子

北边来了一个瘸子，背着一捆橛子。

南边来了一个瘸子，背着一筐茄子。

背橛子的瘸子打了背茄子的瘸子一橛子。

背茄子的瘸子打了背橛子的瘸子一茄子。（ie、üe）

8. 关于 an、en、in、ian、uan、üan 的绕口令练习

（1）三月三去登山

三月三，小三去登山。

上山又下山，下山又上山。

登了三次山，跑了三里三。

出了一身汗，湿了三件衫。

小三山上大声喊："离天只有三尺三！"（an）

（2）演员说方言

男演员、女演员，同台演戏说方言。

男演员说吴方言，女演员说闽南言。

男演员演飞行员，女演员演研究员。

飞行员、研究员，吴方言、闽南言。

你说男女演员演得全不全？（an、ian、üan）

（3）帆船顺风转

大帆船，小帆船，竖起桅杆撑起船。

风吹帆，帆引船，帆船顺风转海湾。（uan）

（4）南南的篮篮

南南有个篮篮，篮篮装着盘盘，

盘盘放着碗碗，碗碗盛着饭饭。

南南翻了篮篮，篮篮扣了盘盘，

盘盘打了碗碗，碗碗撒了饭饭。（an）

（5）薄板和短板

薄板和短板，互相来比板。

薄板薄，短板短，

薄板要比短板薄，

短板要比薄板短。

薄板加一寸，薄板还是板薄，

短板加一尺，短板还是板短。（an、uan）

（6）阎圆眼和阎眼圆

山前有个阎圆眼，

山后有个阎眼圆，

二人山前来比眼。

不知阎圆眼比阎眼圆的眼圆，

还是阎眼圆比阎圆眼的眼圆。（ian、üan）

（7）心连心

山上青松根连根，

各族人民心连心，

根连根，心连心，

建设祖国一股劲。（en、in）

9. 关于 ang、iang、uang 的绕口令练习

（1）羊和狼

　　东边来了一只小山羊，

　　西边来了一只大灰狼，

　　一起走到小桥上。

　　小山羊不让大灰狼，

　　大灰狼不让小山羊。

　　小山羊叫大灰狼让小山羊，

　　大灰狼叫小山羊让大灰狼。

　　羊不让狼，狼不让羊，

　　扑通一起掉到河中央。（ang、iang）

（2）蒋家和杨家

　　蒋家砌了一垛墙，

　　杨家养了一只羊，

　　杨家的羊，撞塌了蒋家的墙，

　　蒋家的墙，压死了杨家的羊，

　　蒋家要杨家赔墙，杨家要蒋家赔羊。（iang）

（3）王庄和匡庄

　　王庄卖筐，匡庄卖网，

　　王庄卖筐不卖网，

　　匡庄卖网不卖筐。

　　你要买筐别去匡庄去王庄，

　　你要买网别去王庄去匡庄。（uang）

（4）大娘上大梁

　　大娘家里上大梁，梁大大娘扛不动。

　　大郎要帮大娘扛大梁，大娘不让大郎扛大梁，

　　大郎非要帮大娘扛大梁。

　　大郎、大娘扛大梁，大娘家里上了大梁。（ang、iang）

（5）小强和小亮

　　梁小强养老绵羊，杨小亮养小奶羊。

　　小强对小亮讲，养绵羊比养奶羊强。

　　小亮对小强讲，养奶羊比养绵羊强。

　　小强、小亮吵得不相让，

　　气坏了养绵羊而不服小亮的梁小强，

　　也气坏了养奶羊而不服小强的杨小亮。（iang）

10. 关于 ang、eng、ing、ong 的绕口令练习

（1）板凳宽扁担长

　　板凳宽，扁担长，

扁担没有板凳宽，

板凳没有扁担长，

扁担要绑在板凳上，

板凳不让扁担绑在板凳上，

扁担偏要绑在板凳上。（ang、eng）

（2）楼上和楼下

楼上住个老公公，楼下住个小冬冬，

小冬冬认字问公公，老公公走路扶冬冬，

冬冬说楼上有个好公公，公公说楼下有个乖冬冬。（ong）

（3）藤上铜铃

高高山上一条藤，

藤条头上挂铜铃。

风吹藤动铜铃动，

风停藤停铜铃停。（eng、ing、ong）

（4）风刮屋

屋子里点个灯，灯底下是个坑，

坑边上长棵葱，葱头上钉个钉，

钉子上挂只鹰，鹰脖里挂张弓。

忽然刮了一阵风，

刮灭了灯，刮平了坑，

刮倒了葱，刮掉了钉，

刮飞了鹰，带走了弓。（eng、ong、ing）

二、诗歌训练（注意提示的韵脚）

（一）古体诗

1. 石壕吏（杜甫）

夜久语声绝，如闻泣幽咽。

天明登前途，独与老翁别。（ie）

2. 无题（李商隐）

相见时难别亦难，东风无力百花残。

春蚕到死丝方尽，蜡炬成灰泪始干。

晓镜但愁云鬓改，夜吟应觉月光寒。

蓬山此去无多路，青鸟殷勤为探看。（an）

3. 春晓（孟浩然）

春眠不觉晓，处处闻啼鸟。

夜来风雨声，花落知多少。（ao）

4. 次北固山下（王湾）

　　客路青山外，行舟绿水前。

　　潮平两岸阔，风正一帆悬。

　　海日生残夜，江春入旧年。

　　乡书何处达？归雁洛阳边。（ian）

5. 天净沙·秋（白朴）

　　孤村落日残霞，轻烟老树寒鸦，一点飞鸿影下。（ia）

　　青山绿水，白草红叶黄花。（ua）

6. 九月九日忆山东兄弟（王维）

　　独在异乡为异客，每逢佳节倍思亲。（in）

　　遥知兄弟登高处，遍插茱萸少一人。（en）

7. 晚春（韩愈）

　　草树知春不久归，百般红紫斗芳菲。

　　杨花榆荚无才思，惟解漫天作雪飞。（ei）

8. 十一月四日风雨大作（陆游）

　　僵卧孤村不自哀，尚思为国戍轮台。

　　夜阑卧听风吹雨，铁马冰河入梦来。（ai）

9. 登岳阳楼（杜甫）

　　昔闻洞庭水，今上岳阳楼。

　　吴楚东南坼，乾坤日夜浮。

　　亲朋无一字，老病有孤舟。

　　戎马关山北，凭轩涕泗流。（ou）

10. 锦瑟（李商隐）

　　锦瑟无端五十弦，一弦一柱思华年。

　　庄生晓梦迷蝴蝶，望帝春心托杜鹃。

　　沧海月明珠有泪，蓝田日暖玉生烟。

　　此情可待成追忆，只是当时已惘然。（an）

11. 蜀相（杜甫）

　　丞相祠堂何处寻？锦官城外柏森森。（en）

　　映阶碧草自春色，隔叶黄鹂空好音。

　　三顾频烦天下计，两朝开济老臣心。

　　出师未捷身先死，长使英雄泪满襟。（in）

12. 钱塘湖春行（白居易）

　　孤山寺北贾亭西，水面初平云脚低。

　　几处早莺争暖树，谁家新燕啄春泥。

　　乱花渐欲迷人眼，浅草才能没马蹄。

　　最爱湖东行不足，绿杨阴里白沙堤。（i）

（二）现代诗

1. 预言（何其芳）

　　一个心跳的日子终于来临！（in）

　　你夜的叹息似的渐近的足音，（in）

　　我听得清不是林叶和夜风的私语，

　　麋鹿驰过苔径的细碎的蹄声！（eng）

　　告诉我，用你的银铃的歌声告诉我，

　　你是不是预言中的年轻的神？（en）

　　你一定来自那温郁的南方，（ang）

　　告诉我那儿的月光，那儿的日光，（uang）

　　告诉我春风是怎样吹开百花，

　　燕子是怎样痴恋着绿杨。（iang）

　　我将合眼睡在你如梦的歌声里，

　　那温暖我似乎记得，又似乎遗忘。（uang）

　　请停下，停下你疲劳的奔波，

　　进来，这儿有虎皮的褥你坐！

　　让我烧起每一个秋天拾来的落叶，

　　听我低低地唱起我自己的歌。

　　那歌声像火光一样沉郁又高扬，（iang）

　　火光一样将我的一生诉说。

　　不要前行！前面是无边的森林：（in）

　　古老的树现着野兽身上的斑纹，（uen）

　　半生半死的藤蟒一样交缠着，

　　密叶里漏不下一颗星星。（ing）

　　你将怯怯地不敢放下第二步，

　　当你听见了第一步空寥的回声。（eng）

　　一定要走吗？请等我和你同行！（ing）

　　我的脚知道每一条平安的路径，（ing）

　　我可以不停地唱着忘倦的歌，

再给你，再给你手的温存！（uen）
当夜的浓黑遮断了我们，（en）
你可以不转眼地望着我的眼睛！（ing）

我激动的歌声你竟不听，（ing）
你的脚竟不为我的颤抖暂停！（ing）
像静穆的微风飘过这黄昏里，
消失了，消失了你骄傲的足音！（in）
啊，你终于如预言中所说的无语而来，
无语而去了吗，年轻的神？（en）

2.瀑布（叶圣陶）
还没看见瀑布，
先听见瀑布的声音，（in）
好像叠叠的浪涌上岸滩，（an）
又像阵阵的风吹过松林。（in）

山路忽然一转，（uan）
啊，望见了瀑布的全身！（en）
这般景象没法比喻，
千丈青山衬着一道白银。（in）

站在瀑布脚下仰望，（uang）
好伟大呀，一座珍珠的屏！（ing）
时时来一阵风，（eng）
把它吹得如烟，如雾，如尘。（en）

3.理想（流沙河）
理想是石，敲出星星之火；
理想是火，点燃熄灭的灯；（eng）
理想是灯，照亮夜行的路；
理想是路，引你走到黎明。（ing）

饥寒的年代里，理想是温饱；
温饱的年代里，理想是文明；（ing）
离乱的年代里，理想是安定；（ing）
安定的年代里，理想是繁荣。（ong）

理想如珍珠，一颗缀连着一颗，

贯古今，串未来，莹莹光无尽。（in）
美丽的珍珠链，历史的脊梁骨，
古照今，今照来，先辈照子孙。（uen）

理想是罗盘，给船舶导引方向；（iang）
理想是船舶，载着你出海远行。（ing）
但理想有时候又是海天相吻的弧线，（ian）
可望不可即，折磨着你那进取的心。（in）

理想使你微笑地观察着生活，
理想使你倔强地反抗着命运。（ün）
理想使你忘记鬓发早白，
理想使你头白仍然天真。（en）

理想是闹钟，敲碎你的黄金梦；（eng）
理想是肥皂，洗濯你的自私心。（in）
理想既是一种获得，
理想又是一种牺牲。（eng）

理想被玷污了，不必怨恨，（en）
那是妖魔在考验你的坚贞；（en）
理想被扒窃了，不必哭泣，
快去找回来，以后要当心！（in）

英雄失去理想，蜕作庸人，（en）
可厌地夸耀着当年的功勋；（ün）
庸人失去理想，碌碌终生，（eng）
可笑地诅咒着眼前的环境。（ing）

理想开花，桃李要结甜果；
理想抽芽，榆杨会有浓阴。（in）
请乘理想之马，扬鞭从此起程，（eng）
路上春色正好，天上太阳正晴。（ing）

4.只要彼此爱过一次（汪国真）
如果不曾相逢
也许 心绪永远不会沉重（ong）
如果真的失之交臂
恐怕一生也不得轻松（ong）

一个眼神（en）
便足以让心海　掠过飓风（eng）
在贫瘠的土地上（ang）
更深地懂得风景（ing）

一次远行（ing）
便足以憔悴了一颗　羸弱的心（in）
每望一眼秋水微澜（an）
便恨不得　泪水盈盈（ing）

死怎能不　从容不迫
爱又怎能　无动于衷（ong）
只要彼此爱过一次
就是无憾的人生（eng）

5.假如我今生无缘遇到你（泰戈尔）
　假如我今生无缘遇到你，
　就让我永远感到恨不相逢——
　让我念念不忘，
　让我在醒时梦中都怀带着这悲哀的苦痛。（ong）

　当我的日子在世界的闹市中度过，（uo）
　我的双手满捧着每日的赢利的时候，（ou）
　让我永远觉得我是一无所获——（uo）
　让我念念不忘，
　让我在醒时梦中都怀带着这悲哀的苦痛。（ong）

　当我坐在路边，疲乏喘息，
　当我在尘土中铺设卧具，（ü）
　让我永远记着前面还有悠悠的长路——（u）
　让我念念不忘，
　让我在醒时梦中都怀带着这悲哀的苦痛。（ong）

　当我的屋子装饰好了，箫笛吹起，
　欢笑声喧的时候，（ou）
　让我永远觉得我还没有请你光临——
　让我念念不忘，
　让我在醒时梦中都怀带着这悲哀的苦痛。（ong）

6. 往事二三（舒婷）

一只打翻的酒盅（ong）

石路在月光下浮动（ong）

青草压倒的地方（ang）

遗落一只映山红（ong）

桉树林旋转起来

繁星拼成了万花筒（ong）

生锈的铁锚上（ang）

眼睛倒映出晕眩的天空（ong）

以竖起的书本挡住烛光（uang）

手指轻轻衔在口中（ong）

在脆薄的寂静里

做半明半昧的梦（eng）

三、三句半训练（注意韵母的变化）

1. 学校生活一瞥

节目到此才开演，我们四个台上站，有锣没鼓三句半，添乱！

清早闹钟喇叭叫，不想上操贪懒觉，慢慢腾腾才起来，懒汉！

匆匆忙忙跑食堂，半个面包一香肠，可怜铃声叮叮响，饿断肠！

打开书包一阵翻，才知作业没做完，悄悄看看班主任，好惨！

一上课来心难安，干脆来把小说翻，想想开学许的愿，遗憾！

忽闻下课铃声响，看我顿时精神涨，伸伸胳膊踢踢腿，好爽！

班长下令做眼操，谁不做来谁挨刀，眼睛睁大把操做，犯错！

体育课来是天堂，四方操场任我闯，只怨达标难合格，重考！

卫生从来我不搞，扣分因为我这宝！请问谁把垃圾倒？快跑！

一天一天匆匆过，想起成绩才羞涩，爸摇头来妈叹气，如何？

专心致志把课听，认认真真把书看，遵守纪律是保障，别忘！

学校各处我来扫，老师室内我帮忙，学习雷锋好榜样，荣光！

宇宙探秘真神奇，新闻追踪好刺激，兴趣课堂好新奇，欢喜！

会学习来能合作，勤探究来会创新，铭记校训照着做，没错！

文明举止有榜样，学习楷模有方向，求学路上有万难，我闯！

美丽环境人人爱，多彩生活天天见，创建优秀班集体，争先！

学校今天艺术节，我们大家来表演，做好身边每件事，共建校园！

2. 节日联欢

在座老师真不少，叫声园丁辛苦了，先给你们敬个礼，老师好！

粉笔虽小描画卷，讲台不高涌春潮，教我做人真道理，了不起！

校园辛勤育桃李，教师风德无上高，三句半里说不尽，感激！

今天欢聚在这里，家长个个都到齐，看着我们乐陶陶，欢喜！
素质教育倡导多，特长培养人人说，父母望子成龙切，忙活！
可怜天下父母心，盼儿成为有用人，我们立志多努力，没问题！
六月风光多美好，大好光阴惜年少，放飞理想乘春风，向前冲！
现在共勉好同学，勤奋刻苦努力学，祖国发展需人才，我来！
说到这里算一台，下次演出咱再来，预祝伙伴节日好，拜拜！

3.迎新典礼

又是一年秋来到，演出现场人不少，迎新典礼，热闹！
新学年有新气象，教育教学创新篇，开拓进取，争先！
新学期新校长，校风校貌换新颜，德才兼备，实干！
夸夸咱们的领导，学校发展装心间，各尽其职，榜样！
再夸老师素质高，教学改革出新招，只要你学，敢教！
班主任时间少，整天围着学生跑，家长来了，烦恼！
数学老师带双班，下了讲台上讲台，忙忙碌碌，辛苦！
体育老师真叫累，一年到头站操场，风吹雨打，愿意！
课任老师代课多，所有学生都认得，课堂纪律，难管！
我校校风真是好，文明和谐来创造，齐抓共管，成效！
纪律卫生大家抓，遇上领导来检查，老师最怕，废纸！
为人师表教学上，个人得失放一边，齐心协力，累倒！
送走一届又一届，白发几根连成片，人生苦短，奉献！
校长心中装教师，教师心中有学生，爱满校园，鼓掌！
三句半来已说完，说得不好提意见，说得好了别夸奖！

4.感恩在心中

欢庆锣鼓敲起来，我们四人走上台，表演节目三句半，真精彩！
说一说感恩的认识，讲一讲感恩的情怀，表一表感恩的思念，懂得爱！
乌鸦反哺报恩典，一递一口喂得快，小小乌鸦有情义，好可爱！
羔羊跪乳存孝心，孩儿不忘娘亲爱，知恩图报情意深，深似海！
谁言寸草心，报得三春晖，世代吟唱《游子吟》，暖心怀！
感恩少年快乐幸福，感恩少年自尊自爱，感恩少年聪明睿智，长成才！
感恩不是口头说，感恩是以德育才，感恩是体验加感悟，有风采！
得到帮助说谢谢，感恩之心春常在，感恩不尽在行动，我们来！
泱泱大国巍巍中华，文明礼仪传四海，把感恩美好气质，举起来！
起来起来行动起来，起来起来弘扬起来，为感恩的行动呼唤，嗨嗨嗨！

四、短文训练

1.照北京的老规矩,春节差不多在腊月的初旬就开始了。"腊七腊八，冻死寒鸦"，这是一年里最冷的时候。在腊八这天，家家都熬腊八粥。粥是用各种米，各种豆，与各种干果熬成的。这不是粥，而是小型的农业展览会。

除此之外，这一天还要泡腊八蒜。把蒜瓣放进醋里，封起来，为过年吃饺子用。到年底，蒜泡得色如翡翠，醋也有了些辣味，色味双美，使人忍不住要多吃几个饺子。在北京，过年时，家家吃饺子。

孩子们准备过年，第一件大事就是买杂拌儿。这是用花生、胶枣、榛子、栗子等干果与蜜饯掺和成的。孩子们喜欢吃这些零七八碎儿。第二件大事是买爆竹，特别是男孩子们。恐怕第三件事才是买各种玩意儿——风筝、空竹、口琴等。

孩子们欢喜，大人们也忙乱。他们必须预备过年吃的、喝的、穿的、用的，好在新年时显出万象更新的气象。

二十三日过小年，差不多就是过春节的"彩排"。天一擦黑儿，鞭炮响起来，便有了过年的味道。这一天，是要吃糖的，街上早有好多卖麦芽糖与江米糖的，糖形或为长方块或为瓜形，又甜又黏，小孩子们最喜欢。

过了二十三，大家更忙。必须大扫除一次，还要把肉、鸡、鱼、青菜、年糕什么的都预备充足——店铺多数正月初一到初五关门，到正月初六才开张。

——节选自老舍《北京的春节》

2. 农村的新年，是非常长的。过了元宵灯节，年景尚未完全落幕。还有个家家邀饮春酒的节目，再度引起高潮。在我的感觉里，其气氛之热闹，有时还超过初一至初五的五天新年呢。原因是：新年时，注重迎神拜佛，小孩子们玩儿不许在大厅上、厨房里，生怕撞来撞去，碰碎碗盏。尤其我是女孩子，蒸糕时，脚都不许搁在灶孔边，吃东西不许随便抓，因为许多都是要先供佛与祖先的。说话尤其要小心，要多讨吉利，因此觉得很受拘束。过了元宵，大人们觉得我们都乖乖的，没闯什么祸，佛堂与神位前的供品换下来的堆得满满一大缸，都分给我们撒开地吃了。尤其是家家户户轮流的邀喝春酒，我是母亲的代表，总是一马当先，不请自到，肚子吃得鼓鼓的跟蜜蜂似的，手里还捧一大包回家。

可是说实在的，我家吃的东西多，连北平寄来的金丝蜜枣、巧克力糖都吃过，对于花生、桂圆、松糖等等，已经不稀罕了。那么我最喜欢的是什么呢？乃是母亲在冬至那天就泡的八宝酒，到了喝春酒时，就开出来请大家尝尝。"补气、健脾、明目的哟！"母亲总是得意地说。她又转向我说："但是你呀，就只能舔一指甲缝，小孩子喝多了会流鼻血，太补了。"其实我没等她说完，早已偷偷把手指头伸在杯子里好几回，已经不知舔了多少个指甲缝的八宝酒了。

八宝酒，顾名思义，是八样东西泡的酒，那就是黑枣（不知是南枣还是北枣）、荔枝、桂圆、杏仁、陈皮、枸杞子、薏仁米，再加两粒橄榄。要泡一个月，打开来，酒香加药香，恨不得一口气喝它三大杯。母亲给我在小酒杯底里只倒一点点，我端着、闻着，走来走去，有一次一不小心，跨门槛时跌了一跤，杯子捏在手里，酒却全洒在衣襟上了。抱着小花猫时，它直舔，舔完了就呼呼地睡觉。原来我的小花猫也是个酒仙呢！

——节选自琦君《春酒》

3. 雨季的果子，是杨梅。卖杨梅的都是苗族女孩子，戴一顶小花帽子，穿着扳尖的绣了满帮花的鞋，坐在人家阶石的一角，不时吆喝一声："卖杨梅——"声音娇娇的。她们的声音使得昆明雨季的空气更加柔和了。昆明的杨梅很大，有一个乒乓球那样大，颜色黑红黑红的，叫作"火炭梅"。这个名字起得真好，真是像一球烧得炽红的火炭！一点都不酸！我吃过苏州洞庭山的杨梅、井冈山的杨梅，好像都比不上昆明的火炭梅。

　　雨季的花是缅桂花。缅桂花即白兰花，北京叫做"把儿兰"（这个名字真不好听）。云南把这种花叫作缅桂花，可能最初这种花是从缅甸传入的，而花的香味又有点像桂花，其实这跟桂花实在没有什么关系。——不过话又说回来，别处叫它白兰、把儿兰，它和兰花也挨不上呀，也不过是因为它很香，香得像兰花。我在家乡看到的白兰多是一人高，昆明的缅桂是大树！我在若园巷二号住过，院里有一棵大缅桂，密密的叶子，把四周房间都映绿了。缅桂盛开的时候，房东（是一个五十多岁的寡妇）就和她的一个养女，搭了梯子上去摘，每天要摘下来好些，拿到花市上去卖。她大概是怕房客们乱摘她的花，时常给各家送去一些。有时送来一个七寸盘子，里面摆得满满的缅桂花！带着雨珠的缅桂花使我的心软软的，不是怀人，不是思乡。

——节选自汪曾祺《昆明的雨》

　　4.中国人没有不爱荷花的。可我们楼前池塘中独独缺少荷花。每次看到或想到，总觉得是一块心病。有人从湖北来，带来了洪湖的几颗莲子，外壳呈黑色，极硬。据说，如果埋在淤泥中，能够千年不烂。我用铁锤在莲子上砸开了一条缝，让莲芽能够破壳而出，不至永远埋在泥中。把五六颗敲破的莲子投入池塘中，下面就是听天由命了。

　　这样一来，我每天就多了一件工作：到池塘边上去看上几次。心里总是希望，忽然有一天，"小荷才露尖尖角"，有翠绿的莲叶长出水面。可是，事与愿违，投下去的第一年，一直到秋凉落叶，水面上也没有出现什么东西。但是到了第三年，却忽然出了奇迹。有一天，我忽然发现，在我投莲子的地方长出了几个圆圆的绿叶，虽然颜色极惹人喜爱，但是却细弱单薄，可怜兮兮地平卧在水面上，像水浮莲的叶子一样。

　　真正的奇迹出现在第四年上。到了一般荷花长叶的时候，在去年飘浮着五六个叶片的地方，一夜之间，突然长出了一大片绿叶，叶片扩张的速度，范围的扩大，都是惊人地快。几天之内，池塘内不小一部分，已经全为绿叶所覆盖。而且原来平卧在水面上的像是水浮莲一样的叶片，不知道是从哪里聚集来了力量，有一些竟然跃出了水面，长成了亭亭的荷叶。这样一来，我心中的疑云一扫而光：池塘中生长的真正是洪湖莲花的子孙了。我心中狂喜，这几年总算是没有白等。

——节选自季羡林《清塘荷韵》

　　5.春天最美是黎明。东方一点儿一点儿泛着鱼肚色的天空，染上微微的红晕，飘着红紫红紫的彩云。

　　夏天最美是夜晚。明亮的月夜固然美，漆黑漆黑的暗夜，也有无数的萤火虫翩翩飞舞。即使是蒙蒙细雨的夜晚，也有一只两只萤火虫，闪着朦胧的微光在飞行，这情景着实迷人。

　　秋天最美是黄昏。夕阳斜照西山时，动人的是点点归鸦急急匆匆地朝窠里飞去。成群结队的大雁，在高空中比翼而飞，更是叫人感动。夕阳西沉，夜幕降临，那风声、虫鸣，听起来也愈发叫人心旷神怡。

冬天最美是早晨。落雪的早晨当然美，就是在遍地铺满白霜的早晨，或是在无雪无霜的凛冽的清晨，也要生起熊熊的炭火。手捧着暖和的火盆穿过走廊时，那闲逸的心情和这寒冷的冬晨多么和谐啊！只是到了中午，寒气渐退，火盆里的火炭，大多变成了一堆白灰，这未免令人有点儿扫兴。

——节选自［日］清少纳言《四季之美》，卞立强译

6.我打猎回来，沿着花园的林阴路走着，狗跑在我前边。

突然，狗放慢脚步，蹑足潜行，好像嗅到了前边有什么野物。

我顺着林阴路望去，看见了一只嘴边还带着黄色、头上生着柔毛的小麻雀。风猛烈地吹打着林阴路上的白桦树，麻雀从巢里跌落下来，呆呆地伏在地上，孤立无援地张开两只羽毛还未丰满的小翅膀。

我的狗慢慢向它靠近。忽然，从附近的树上飞下一只黑胸脯的老麻雀，像一颗石子似的落到狗的跟前。老麻雀全身倒竖着羽毛，惊恐万状，发出绝望、凄惨的叫声，接着向露出牙齿、大张着的狗嘴扑去。

老麻雀是猛扑下来救护幼雀的。它用身体掩护着自己的幼儿……但它整个小小的身体因恐怖而战栗着，它小小的声音也变得粗暴嘶哑，它在牺牲自己！

在它看来，狗该是多么庞大的怪物啊！然而它还是不能站在自己高高的、安全的树枝上……一种比它的理智更强烈的力量，使它从那儿扑下身来。

我的狗站住了，向后退了退……看来，它也感到了这种力量。

我赶紧唤住惊慌失措的狗，然后我怀着崇敬的心情，走开了。

是啊，请不要见笑。我崇敬那只小小的、英勇的鸟儿，我崇敬它那种爱的冲动和力量。

爱，我想，比死和死的恐惧更强大。只有依靠它，依靠这种爱，生命才能维持下去，发展下去。

——节选自［俄］屠格涅夫《麻雀》，巴金译

第三章　声调训练

一、举例说明声调的作用。

声调是依附在音节上的超音段成分，主要表现为一个音节的音高变化形式。

声调的作用主要体现在以下四个方面：

1.声调和声母、韵母一起构成音节，是整个音节不可缺少的重要成分。在普通话中，音节是人们自然地察觉到的最小语音单位。一般来说，一个汉字就是一个音节，例如"今天星期一"就是五个汉字五个音节；只有儿化词是两个汉字表示一个音节，例如"碗儿、前儿"就是两个汉字一个音节，"小孩儿、脸盆儿、一点儿"都是三个汉字两个音节。

2.声调具有区别意义的作用，这也是声调最重要的一个作用。在普通话中，一个音节的声母和韵母都相同，由于声调的不同，它表示的意义就不同。例如，"bā 八、bá 拔、bǎ 把、bà 罢"四个音节，声母和韵母完全相同，但意义却不相同，这就是由于声调的不同造成的。如果说话时没有声调，就无法准确表达汉语的意义，也不能完整标明汉语的读音。相同的声母、韵母组合在一起，可以因为声调的不同而表达不同的意思，在朗读时如果念不准，也会引起误解。

例如：

Wǒ mǎi yān.　　Wǒ mǎi yán.　Wǒ mǎi yǎn.　　Wǒ mǎi yàn.

我买烟。　　　我买盐。　　我买琰。　　　我买砚。

上面四句话中，因为声调不同才能把"烟、盐、琰、砚"这四个字区分出来，别人才能了解你要买的东西是什么。

再如以下加点字，都是声调不同而意义不同的字：

教师同志——教室通知

从山西运来一火车松树——从陕西运来一货车松鼠

3.减少了音节的数量。一般来说，一种语言中声调的数量越多，音节数量往往就越少。例如，英语没有声调，但有两三千个音节；而汉语有声调，普通话只有400多个音节。

4.增加韵律美。普通话四个声调平升曲降，韵律感强，富于音乐美。

二、什么是调值、调类？二者的关系如何？请举例说明。

调值是指音节高低升降曲直长短的变化形式，也就是声调的实际读法。例如，普通话的"中华伟大"，读起来，音节的音高变化格式一共有四种："中"是高平调，调值为55；"华"是中升调，调值为35；"伟"是低降升调，调值为214；"大"是全降调，调值为51。

调类是声调的种类，就是把调值相同的字归纳在一起所建立的类。比如普通话主要有55、35、214、51这四种调值，因此就有四种调类，这四种调类按传统习惯分别称为阴平、阳平、上声、去声。

阴平，又称第一声，调值55，高平调，用"-"表示。

阳平，又称第二声，调值35，中升调，用"ˊ"表示。

上声，又称第三声，调值214，低降升调，用"ˇ"表示。

去声，又称第四声，调值51，全降调，用"ˋ"表示。

需要注意的是：上声是音长相对较长的曲折调型，在实际语流中其调值往往发不完整，产生变化。只有单独发一个上声字，或者上声字处在词语或句子末尾时才会发出完整的214调值。

调值和调类的关系主要表现在两方面：

一是调值和调类是两个不同的概念。调值是声调的实际读法，根据音高来确定；调类是声调的种类，根据调值来确定。例如普通话有4个调值，因此有4个调类。

二是同一种方言里有几种调值，就可以归纳为几种调类。汉语各方言，有着各自不同的调值和调类。例如上海话有5个调值，因此有5个调类；广州话有9个调值，因此有9个调类。

三、找一段话并用五度标记法标记普通话的声调。

白居易《问刘十九》

绿蚁新醅酒，红泥小火炉。

晚来天欲雪，能饮一杯无？

调值为：

51 214 55 55 214，35 35 214 214 35。

214 35 55 51 214，35 214 55 55 35？

五度标记：

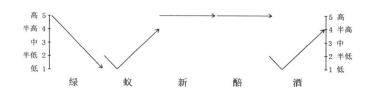

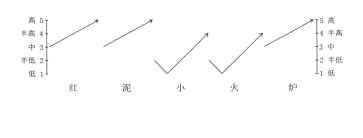

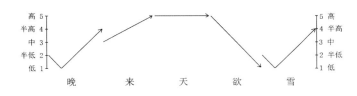

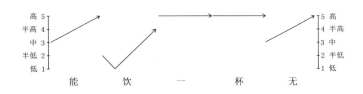

四、简述古今声调演变规律。

现代汉语普通话的四个声调是由古代汉语演变而来的。古代汉语的声调也有四个，叫作平声、上声、去声、入声。古代四声的高低升降形状是怎样的，现在已经不能详细知道了。从古代四声到现代四声，其演变主要有平分阴阳、浊上归去、入派四声。

清浊：所谓"清"，指声母是清辅音，发音时不颤动声带；所谓"浊"，指声母是浊辅音，发音时颤动声带。古汉语中浊辅音声母相当多，又可以分为全浊和次浊两类：全浊声母是指声带颤动的塞音、塞擦音、擦音；次浊声母是指声带颤动的鼻音、边音和零声母。

阴阳：由于声母的清浊跟声调有着密切关系，所以传统音韵学把清辅音声母的声调叫作"阴平、阴上、阴去、阴入"，而把浊辅音声母的声调叫作"阳平、阳上、阳去、阳入"。阴调和阳调，就是依据声母的清浊划分的。

1.古今声调演变规律

（1）平分阴阳。指古代的平声字在现代汉语普通话中分化成阴平和阳平两类。

古代的全清、次清声母平声字，即阴平字，现代汉语演变为阴平字；古代的全浊、次浊声母平声字，即阳平字，现代汉语演变为阳平字。例如，古全清声母平声字"当"，古次清声母平声字"康"，今读阴平；古全浊声母平声字"堂"，古次浊声母平声字"郎"，今读阳平。因此，我们可以说普通话声调里的阴平和阳平分别来自古汉语的阴平和阳平，例如，古阴平—今阴平：公司、高升、飞机；古阳平—今阳平：人才、黄河、和平。

（2）浊上归去。指古代的全浊阳上字，在现代汉语普通话中全部归为去声，例如，古全浊阳上—今去声：动荡、近似。

古上声分为阴上和阳上。阴上现在仍为上声。阳上分为全浊阳上和次浊阳上，次浊阳上现在也仍为上声，只有全浊阳上发生了变化，归为去声。所以"浊上归去"是指全浊阳上今读为去声。

（3）入派四声。指古汉语的入声字在现代汉语普通话中分化到阴平、阳平、上声、去声四个声调中了。

古入声分为阴入和阳入。古阳入的演变比较有规律，古全浊入声一般归为阳平，例如：杂、学、别；古次浊入声一般归为去声，例如：木、麦、逆。但古阴入的演变无明显规律，归入今四个声调中，例如：今阴平：失、惜、说；今阳平：识、即、竹；今上声：尺、匹、百；今去声：式、切、各。

2.古今声调演变口诀

清平是阴浊平阳，去声守旧不变腔。

上声多数读原调，唯独全浊变去向。

次浊入声变成去，全浊入声变成阳。

清母入声最难辨，阴阳上去到处藏。

古今声调的演变规律可以用下面的图4-1来表示。

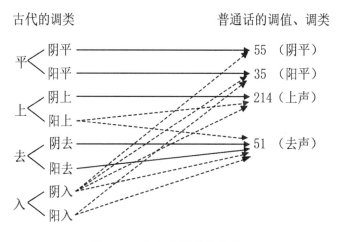

图4-1　古今声调演变规律

五、比较自己的方言和普通话的调值、调类的异同，寻找其中的对应关系。

以威海方言为例。

威海方言，也叫威海话，这个名称所指的区域是按照威海市的行政区划而确定的。威海方言属于北方方言，属于中国官话方言中胶辽官话区的登连片，也就是俗称的"胶东话"。威海方言是胶东话的重要组成部分。例如，威海方言有三个声调：平声、上声和去声，调值分别是53、214、33。威海方言各声调例字如下：

平声53　东该灯风通开天春门牛

上声214　懂古鬼九统苦讨草买老

去声33　龙铜皮糖红动罪近后冻①

威海方言和普通话在声调上的对应关系：

（1）调类：首先，清声母入声字全部归上声，浊声母入声字归上声和去声。普通话则分散在阴平、阳平、上声、去声四个声调中。其次，中古平声字在威海方言里一分为二，清平全部归平声，全浊平声字全部归去声，次浊平声字大部分归入平声，少部分归入去声。普通话全部归阳平。

（2）调值和调型：威海方言缺乏普通话那样的高平55调、中升35调以及全降51调，而以高降53调、中平33调和低降升214调为主，整体调型的曲折变化不如普通话明显。②

六、找出自己在声调发音中存在的问题，举例说明其改正方法。

不同地区的人在声调发音方面会出现不同的问题，这里以新疆维吾尔族在普通话声调发音方面存在的问题进行举例分析。

（1）维吾尔语中没有声调，因此维吾尔族在发普通话声调时，容易都发成55调，在教声调时要注意四个声调都要发准确。四声顺序词语举例：阴阳上去、心明眼亮、天然宝藏、心直口快、山重水复、风调雨顺。

（2）维吾尔语词语的重音在最后一个音节，会把词语的最后一个音节读重一些。因此维吾尔族在发普通话声调时，词末和句末的字调常常会发得不准，尤其是轻声音节，发音时要特别注意。轻声词举例：豆腐、扎实、力气、盘算、商量、凑合、扣子、馒头。

七、夸张四声练习法的要求：阴平气息平稳，气势平均不紧张；阳平气息弱起逐渐强；上声降短平长快扬；去声强起到弱气通畅。

夸张四声练习指分别夸张地朗读阴阳上去四个声调的练习方法，通过这个练习，可以锻炼灵活运用四声正音的技巧。读的时候，气息要控制好，放开声，一口气很通畅地发出来。

同声韵音节四声发音训练

1.双唇音：b、p、m

bā　bá　bǎ　bà　　　pō　pó　pǒ　pò

巴　拔　把　爸　　　坡　婆　叵　破

māo　máo　mǎo　mào

猫　毛　卯　帽

2.唇齿音：f

fāng　fáng　fǎng　fàng

方　房　纺　放

---

① 参见姜岚主编《威海方言总览》，中央编译出版社2018年，第7页。这里的威海方言指中心城区环翠话。

② 参见姜岚主编《威海方言调查研究》，中国文史出版社2006年，第26—27页。

3.舌尖中音：d、t、n、l

| dī | dí | dǐ | dì | tōng | tóng | tǒng | tòng |
| 低 | 敌 | 抵 | 地 | 通 | 同 | 统 | 痛 |

| niū | niú | niǔ | niù | liāo | liáo | liǎo | liào |
| 妞 | 牛 | 扭 | 拗 | 撩 | 聊 | 了 | 料 |

4.舌根音：g、k、h

| gē | gé | gě | gè | kē | ké | kě | kè |
| 哥 | 格 | 葛 | 个 | 科 | 壳 | 渴 | 克 |

| hān | hán | hǎn | hàn |
| 憨 | 含 | 喊 | 汉 |

5.舌面音：j、q、x

| jū | jú | jǔ | jù | qīng | qíng | qǐng | qìng |
| 居 | 菊 | 举 | 句 | 青 | 情 | 请 | 庆 |

| xiāng | xiáng | xiǎng | xiàng |
| 乡 | 翔 | 想 | 向 |

【训练与提高】

训练目标：掌握普通话4个声调的发音及其特点，能够读准常用汉字的声调，并在使用普通话的时候，找准和改正声调发音中存在的问题。

第一节　分类训练

一、下列词语都是古入声字，先给它们注音标调，再比较一下这些音节的普通话读音和你的方言读音有无差异，总结出其中的规律

1.单音节

屋 竹 服 福 辐 幅 熟 腹 复 菊 轴 逐 伏 读 粥
沃 俗 玉 粟 录 辱 狱 绿 欲 束 促 触 续 赎 浴
薄 阁 约 郭 博 酌 托 削 灼 凿 泊 搏 勺 廓 格
职 国 德 食 蚀 极 息 直 得 黑 饰 贼 则 值 殖

2.双音节

适合	曲折	沐浴	克服	默契	揭发	血液
目的	竭力	压缩	督促	蹩脚	隔膜	笔墨
策略	隔壁	寂寞	默契	斥责	毕业	特别

二、双音节词语训练，注意第二个字的声调要读得准确完整

1. 阴平＋阴平：朗读时，第二个音节比第一个音节略高

东升 dōngshēng	公安 gōng'ān	深山 shēnshān	拥军 yōngjūn
灯光 dēngguāng	西安 Xī'ān	工商 gōngshāng	工伤 gōngshāng
新编 xīnbiān	端庄 duānzhuāng	先天 xiāntiān	鲜花 xiānhuā
精心 jīngxīn	惊心 jīngxīn	芭蕉 bājiāo	翻车 fānchē
编播 biānbō	亲生 qīnshēng	征婚 zhēnghūn	疏通 shūtōng
星空 xīngkōng	星光 xīngguāng	搬开 bānkāi	师专 shīzhuān
听说 tīngshuō	书桌 shūzhuō	攀登 pāndēng	凄清 qīqīng
分工 fēngōng	机关 jīguān	招生 zhāoshēng	村庄 cūnzhuāng
飞机 fēijī	冲锋 chōngfēng	包扎 bāozā	单一 dānyī
芳香 fāngxiāng	突出 tūchū	功勋 gōngxūn	推敲 tuīqiāo
夸张 kuāzhāng	奔波 bēnbō	逼真 bīzhēn	边疆 biānjiāng
歪曲 wāiqū	西餐 xīcān	星期 xīngqī	相当 xiāngdāng

2. 阴平＋阳平：朗读时，前面音节高，后面音节上扬

编辑 biānjí	森林 sēnlín	飘扬 piāoyáng	漂泊 piāobó
漂洋 piāoyáng	军团 jūntuán	经营 jīngyíng	昆明 Kūnmíng
宣传 xuānchuán	周年 zhōunián	金鱼 jīnyú	发言 fāyán
发炎 fāyán	中国 Zhōngguó	坚明 jiānmíng	英国 Yīngguó
偏旁 piānpáng	飞翔 fēixiáng	征程 zhēngchéng	轻浮 qīngfú
编排 biānpái	忠诚 zhōngchéng	青年 qīngnián	非常 fēicháng
资源 zīyuán	坚决 jiānjué	鲜明 xiānmíng	飘扬 piāoyáng
新闻 xīnwén	帆船 fānchuán	苍茫 cāngmáng	忧愁 yōuchóu
清廉 qīnglián	胸膛 xiōngtáng	知足 zhīzú	褒扬 bāoyáng
稀奇 xīqí	推辞 tuīcí	加强 jiāqiáng	星球 xīngqiú
奔流 bēnliú	蹉跎 cuōtuó	诙谐 huīxié	生活 shēnghuó
飘零 piāolíng	虽然 suīrán	私营 sīyíng	施肥 shīféi
商人 shāngrén	缺席 quēxí	阿姨 āyí	疮痍 chuāngyí
观察 guānchá	精华 jīnghuá	花茶 huāchá	称奇 chēngqí

3. 阴平＋上声：朗读时，前高后曲，上声音节要发满

歌曲 gēqǔ	珠海 Zhūhǎi	发展 fāzhǎn	灯塔 dēngtǎ
生产 shēngchǎn	猜想 cāixiǎng	阴雨 yīnyǔ	编审 biānshěn
资产 zīchǎn	争取 zhēngqǔ	嘉许 jiāxǔ	焦点 jiāodiǎn
交点 jiāodiǎn	攀比 pānbǐ	班长 bānzhǎng	艰险 jiānxiǎn
签署 qiānshǔ	推搡 tuīsǎng	铅笔 qiānbǐ	推举 tuījǔ
艰苦 jiānkǔ	声母 shēngmǔ	争取 zhēngqǔ	高考 gāokǎo
酸雨 suānyǔ	嘉奖 jiājiǎng	施展 shīzhǎn	参考 cānkǎo

充满 chōngmǎn	污染 wūrǎn	清楚 qīngchǔ	开垦 kāikěn
惊喜 jīngxǐ	花圃 huāpǔ	冬笋 dōngsǔn	清早 qīngzǎo
批准 pīzhǔn	山水 shānshuǐ	开始 kāishǐ	根本 gēnběn
叮嘱 dīngzhǔ	花草 huācǎo	屋脊 wūjǐ	修补 xiūbǔ
捐款 juānkuǎn	风采 fēngcǎi	夸奖 kuājiǎng	星体 xīngtǐ
英勇 yīngyǒng	歌舞 gēwǔ	公款 gōngkuǎn	封锁 fēngsuǒ
撒谎 sāhuǎng	松软 sōngruǎn	宾馆 bīnguǎn	肩胛 jiānjiǎ

4. 阴平＋去声：朗读时，前高后降，去声音节起得足够高

尊敬 zūnjìng	发送 fāsòng	根据 gēnjù	安慰 ānwèi
跟进 gēnjìn	声调 shēngdiào	师范 shīfàn	专业 zhuānyè
通讯 tōngxùn	音乐 yīnyuè	牵挂 qiānguà	观众 guānzhòng
天籁 tiānlài	先烈 xiānliè	相称 xiāngchèn	优越 yōuyuè
帮助 bāngzhù	经济 jīngjì	希望 xīwàng	倾注 qīngzhù
中外 zhōng-wài	欢笑 huānxiào	发动 fādòng	军队 jūnduì
尖锐 jiānruì	庄重 zhuāngzhòng	污蔑 wūmiè	惊讶 jīngyà
播送 bōsòng	音信 yīnxìn	规范 guīfàn	通信 tōngxìn
飞快 fēikuài	单位 dānwèi	希冀 xījì	欢乐 huānlè
关键 guānjiàn	失事 shīshì	加快 jiākuài	分配 fēnpèi
督促 dūcù	收获 shōuhuò	称赞 chēngzàn	科技 kējì
松树 sōngshù	飘荡 piāodàng	鞭策 biāncè	充沛 chōngpèi
阶段 jiēduàn	生命 shēngmìng	糟粕 zāopò	诬告 wūgào
居住 jūzhù	坚硬 jiānyìng	肌肉 jīròu	黑夜 hēiyè

5. 阳平＋阴平：朗读时，前扬后高，整体较高

南方 nánfāng	男方 nánfāng	航空 hángkōng	年轻 niánqīng
来宾 láibīn	长江 Cháng Jiāng	革新 géxīn	隔心 géxīn
联播 liánbō	联通 liántōng	节约 jiéyuē	财经 cáijīng
荣膺 róngyīng	平安 píng'ān	难堪 nánkān	门风 ménfēng
崇高 chónggāo	良师 liángshī	研究 yánjiū	恒温 héngwēn
航标 hángbiāo	鼻音 bíyīn	国徽 guóhuī	晴天 qíngtiān
人间 rénjiān	结晶 jiéjīng	农村 nóngcūn	情操 qíngcāo
无知 wúzhī	原因 yuányīn	成功 chénggōng	财星 cáixīng
航天 hángtiān	围巾 wéijīn	图书 túshū	集资 jízī
黄金 huángjīn	繁多 fánduō	橱窗 chúchuāng	沉思 chénsī
常规 chángguī	杭州 Hángzhōu	桐乡 tóngxiāng	杰出 jiéchū
学说 xuéshuō	牙签 yáqiān	斜坡 xiépō	圆心 yuánxīn
人家 rénjiā	红军 hóngjūn	黄瓜 huángguā	煤渣 méizhā
长征 chángzhēng	国歌 guógē	烛光 zhúguāng	石雕 shídiāo

6. 阳平＋阳平：朗读时，扬而更扬，第二个音节在第一个音节基础上拔上来

围栏 wéilán	徜徉 chángyáng	衡阳 Héngyáng	琳琅 línláng
人才 réncái	同学 tóngxué	排球 páiqiú	人民 rénmín
辽宁 Liáoníng	全权 quánquán	联营 liányíng	连赢 liányíng
石油 shíyóu	行情 hángqíng	达成 dáchéng	题材 tícái
学习 xuéxí	球迷 qiúmí	结余 jiéyú	农林 nónglín
存栏 cúnlán	合格 hégé	直达 zhídá	临别 línbié
寒流 hánliú	围城 wéichéng	集结 jíjié	航行 hángxíng
农民 nóngmín	豪杰 háojié	昂扬 ángyáng	离奇 líqí
国防 guófáng	儿童 értóng	人群 rénqún	年龄 niánlíng
模型 móxíng	言行 yánxíng	黄河 Huáng Hé	岩石 yánshí
原则 yuánzé	红旗 hóngqí	黎明 límíng	联合 liánhé
驰名 chímíng	临时 línshí	吉祥 jíxiáng	灵活 línghuó
环球 huánqiú	回答 huídá	权衡 quánhéng	凌晨 língchén
繁荣 fánróng	国旗 guóqí	佛学 fóxué	即时 jíshí
豪华 háohuá	遨游 áoyóu	惩罚 chéngfá	传达 chuándá
即食 jíshí	即席 jíxí	疾行 jíxíng	黏稠 niánchóu

7. 阳平＋上声：朗读时，前扬后曲，升降交替，上升音节要发满

明显 míngxiǎn	黄海 Huáng Hǎi	俗语 súyǔ	原子 yuánzǐ
勤俭 qínjiǎn	存款 cúnkuǎn	读者 dúzhě	房产 fángchǎn
门槛 ménkǎn	结果 jiéguǒ	绝响 juéxiǎng	全体 quántǐ
情感 qínggǎn	邻里 línlǐ	成果 chéngguǒ	持久 chíjiǔ
传统 chuántǒng	完整 wánzhěng	联想 liánxiǎng	文采 wéncǎi
毛笔 máobǐ	寒冷 hánlěng	华美 huáměi	渤海 Bó Hǎi
俘虏 fúlǔ	遥远 yáoyuǎn	泉水 quánshuǐ	勤恳 qínkěn
迷惘 míwǎng	平坦 píngtǎn	男女 nánnǚ	博览 bólǎn
延缓 yánhuǎn	灵感 línggǎn	淳朴 chúnpǔ	难免 nánmiǎn
模拟 mónǐ	来往 láiwǎng	宏伟 hóngwěi	年谱 niánpǔ
年尾 niánwěi	麻疹 mázhěn	门诊 ménzhěn	门警 ménjǐng
食管 shíguǎn	食品 shípǐn	实体 shítǐ	降表 xiángbiǎo
陶冶 táoyě	陶管 táoguǎn	实景 shíjǐng	时点 shídiǎn

8. 阳平＋去声：朗读时，前升后降，波峰处在中间，去声音节起得要够高

白菜 báicài	群众 qúnzhòng	琴键 qínjiàn	前进 qiánjìn
悬念 xuánniàn	持续 chíxù	文件 wénjiàn	轮训 lúnxùn
宁夏 Níngxià	勤奋 qínfèn	除外 chúwài	达意 dáyì
防范 fángfàn	完备 wánbèi	无故 wúgù	迎战 yíngzhàn
核定 hédìng	颜色 yánsè	牢固 láogù	前哨 qiánshào

评价 píngjià	肥沃 féiwò	豪迈 háomài	残废 cánfèi
迟到 chídào	答辩 dábiàn	独奏 dúzòu	厨具 chújù
怀抱 huáibào	革命 gémìng	同志 tóngzhì	局势 júshì
雄厚 xiónghòu	行政 xíngzhèng	球赛 qiúsài	程序 chéngxù
筹划 chóuhuà	门票 ménpiào	廉价 liánjià	结束 jiéshù
习性 xíxìng	圆润 yuánrùn	遗忘 yíwàng	摇晃 yáohuàng
时刻 shíkè	石刻 shíkè	时代 shídài	条目 tiáomù
条贯 tiáoguàn	条块 tiáokuài	条令 tiáolìng	投案 tóu'àn
投奔 tóubèn	投档 tóudàng	顽钝 wándùn	顽劣 wánliè
无意 wúyì	无畏 wúwèi	无味 wúwèi	无视 wúshì

9.上声＋阴平：朗读时，前降后高，上声读作半上，阴平足够高

好心 hǎoxīn	烤鸭 kǎoyā	体温 tǐwēn	打消 dǎxiāo
演出 yǎnchū	整风 zhěngfēng	老师 lǎoshī	眼睛 yǎnjīng
北方 běifāng	导师 dǎoshī	补充 bǔchōng	喜欢 xǐhuān
采编 cǎibiān	浦东 Pǔdōng	减轻 jiǎnqīng	领班 lǐngbān
美称 měichēng	演播 yǎnbō	柳荫 liǔyīn	北京 Běijīng
展开 zhǎnkāi	组装 zǔzhuāng	指称 zhǐchēng	影星 yǐngxīng
导播 dǎobō	领先 lǐngxiān	掌声 zhǎngshēng	请安 qǐng'ān
总监 zǒngjiān	打击 dǎjī	短篇 duǎnpiān	指标 zhǐbiāo
统一 tǒngyī	转播 zhuǎnbō	纺织 fǎngzhī	启发 qǐfā
广播 guǎngbō	讲师 jiǎngshī	演说 yǎnshuō	体操 tǐcāo
理亏 lǐkuī	友帮 yǒubāng	口腔 kǒuqiāng	眼光 yǎnguāng
惋惜 wǎnxī	已经 yǐjīng	火车 huǒchē	卡通 kǎtōng
委托 wěituō	简约 jiǎnyuē	耳机 ěrjī	古筝 gǔzhēng
引申 yǐnshēn	审批 shěnpī	整装 zhěngzhuāng	首都 shǒudū
礼花 lǐhuā	凯歌 kǎigē	主观 zhǔguān	解说 jiěshuō
起飞 qǐfēi	岂非 qǐfēi	起兵 qǐbīng	起初 qǐchū
浅滩 qiǎntān	浅析 qiǎnxī	取消 qǔxiāo	闪身 shǎnshēn
水工 shuǐgōng	始发 shǐfā	水兵 shuǐbīng	死机 sǐjī
死心 sǐxīn	体惜 tǐxī	体贴 tǐtiē	美工 měigōng

10.上声＋阳平：朗读时，前降后升，上声读作半上，阳平音节要足够高

好人 hǎorén	体格 tǐgé	打拳 dǎquán	朗读 lǎngdú
感觉 gǎnjué	企图 qǐtú	厂房 chǎngfáng	狠毒 hěndú
导游 dǎoyóu	满足 mǎnzú	普及 pǔjí	补习 bǔxí
解决 jiějué	主持 zhǔchí	谴责 qiǎnzé	暖壶 nuǎnhú
请求 qǐngqiú	北国 běiguó	语言 yǔyán	统筹 tǒngchóu
旅途 lǚtú	领衔 lǐngxián	启程 qǐchéng	考察 kǎochá

考查 kǎochá	烤肠 kǎocháng	烤鱼 kǎoyú	取得 qǔdé
反常 fǎncháng	宝石 bǎoshí	底盘 dǐpán	检查 jiǎnchá
火柴 huǒchái	狠人 hěnrén	补偿 bǔcháng	点名 diǎnmíng
谎言 huǎngyán	虎穴 hǔxué	等级 děngjí	指南 zhǐnán
胆识 dǎnshí	皎洁 jiǎojié	品德 pǐndé	锦旗 jǐnqí
启蒙 qǐméng	晚霞 wǎnxiá	果园 guǒyuán	改革 gǎigé
坦白 tǎnbái	远洋 yuǎnyáng	口才 kǒucái	普查 pǔchá
敏捷 mǐnjié	楷模 kǎimó	显然 xiǎnrán	里程 lǐchéng
首席 shǒuxí	羽绒 yǔróng	体坛 tǐtán	体尝 tǐcháng
冗余 rǒngyú	抢白 qiǎngbái	抢答 qiǎngdá	抢夺 qiǎngduó
捧读 pěngdú	扭结 niǔjié	忸怩 niǔní	抹零 mǒlíng

11. 上声＋上声：朗读时，前扬后曲，第一个上声变为阳平，第二个上声要发满

好转 hǎozhuǎn	烤火 kǎohuǒ	体检 tǐjiǎn	打扫 dǎsǎo
米粉 mǐfěn	选举 xuǎnjǔ	水鸟 shuǐniǎo	美好 měihǎo
洗澡 xǐzǎo	草稿 cǎogǎo	永久 yǒngjiǔ	保险 bǎoxiǎn
首脑 shǒunǎo	洗脸 xǐliǎn	美展 měizhǎn	岛屿 dǎoyǔ
好久 hǎojiǔ	稿纸 gǎozhǐ	广场 guǎngchǎng	踩扁 cǎibiǎn
享有 xiǎngyǒu	隐忍 yǐnrěn	北海 běihǎi	剪彩 jiǎncǎi
索取 suǒqǔ	审理 shěnlǐ	舞蹈 wǔdǎo	抚养 fǔyǎng
总理 zǒnglǐ	巧取 qiǎoqǔ	免洗 miǎnxǐ	主导 zhǔdǎo
水乳 shuǐrǔ	引起 yǐnqǐ	虎口 hǔkǒu	简朴 jiǎnpǔ
古典 gǔdiǎn	鼓掌 gǔzhǎng	领导 lǐngdǎo	展演 zhǎnyǎn
广场 guǎngchǎng	展览 zhǎnlǎn	指导 zhǐdǎo	领取 lǐngqǔ
勇敢 yǒnggǎn	友好 yǒuhǎo	导演 dǎoyǎn	宝塔 bǎotǎ
首长 shǒuzhǎng	感想 gǎnxiǎng	理想 lǐxiǎng	把柄 bǎbǐng

12. 上声＋去声：朗读时，前短降、后长降，第一个上声读作半上，去声要起得高

讲话 jiǎnghuà	水稻 shuǐdào	显著 xiǎnzhù	企业 qǐyè
海燕 hǎiyàn	晚会 wǎnhuì	柏树 bǎishù	保证 bǎozhèng
比较 bǐjiào	本质 běnzhì	理论 lǐlùn	组建 zǔjiàn
简讯 jiǎnxùn	企盼 qǐpàn	举例 jǔlì	选段 xuǎnduàn
党性 dǎngxìng	法律 fǎlǜ	取代 qǔdài	广大 guǎngdà
选派 xuǎnpài	屡次 lǚcì	典范 diǎnfàn	许愿 xǔyuàn
史册 shǐcè	改造 gǎizào	舞剧 wǔjù	访问 fǎngwèn
考试 kǎoshì	想象 xiǎngxiàng	伪造 wěizào	总算 zǒngsuàn
指正 zhǐzhèng	总数 zǒngshù	土地 tǔdì	挽救 wǎnjiù
写作 xiězuò	典范 diǎnfàn	委派 wěipài	讲课 jiǎngkè
稿件 gǎojiàn	请假 qǐngjià	统治 tǒngzhì	挑战 tiǎozhàn

苦难 kǔnàn	主要 zhǔyào	导购 dǎogòu	琐碎 suǒsuì
广泛 guǎngfàn	选项 xuǎnxiàng	散户 sǎnhù	散件 sǎnjiàn
赏月 shǎngyuè	赏阅 shǎngyuè	属地 shǔdì	属下 shǔxià
蜀汉 Shǔhàn	鼠辈 shǔbèi	笼罩 lǒngzhào	拢岸 lǒngàn

13. **去声＋阴平**：朗读时，前降后高，两个音节的起点都要高

下乡 xiàxiāng	列车 lièchē	试销 shìxiāo	曝光 bàoguāng
象征 xiàngzhēng	战车 zhànchē	健康 jiànkāng	信息 xìnxī
匠心 jiàngxīn	正宗 zhèngzōng	望京 Wàngjīng	客观 kèguān
特约 tèyuē	竞争 jìngzhēng	贵宾 guìbīn	赛车 sàichē
卫星 wèixīng	聘书 pìnshū	降低 jiàngdī	特征 tèzhēng
印刷 yìnshuā	气温 qìwēn	唱歌 chànggē	健康 jiànkāng
桂花 guìhuā	信心 xìnxīn	故乡 gùxiāng	溢出 yìchū
自尊 zìzūn	客厅 kètīng	卫生 wèishēng	蛋糕 dàngāo
录音 lùyīn	律师 lùshī	认真 rènzhēn	办公 bàngōng
细胞 xìbāo	瞬间 shùnjiān	抗争 kàngzhēng	弊端 bìduān
会心 huìxīn	贯通 guàntōng	冠军 guànjūn	更加 gèngjiā
父兄 fùxiōng	发胶 fàjiāo	泛称 fànchēng	泛舟 fànzhōu
贩私 fànsī	敬称 jìngchēng	物资 wùzī	误期 wùqī

14. **去声＋阳平**：朗读时，前降后升，直来直去，阳平调要在高处收尾

内容 nèiróng	悼辞 dàocí	暂时 zànshí	化学 huàxué
政权 zhèngquán	未来 wèilái	素食 sùshí	富民 fùmín
配型 pèixíng	漫谈 màntán	变革 biàngé	禁绝 jìnjué
练习 liànxí	动员 dòngyuán	照明 zhàomíng	地球 dìqiú
凤凰 fènghuáng	向阳 xiàngyáng	热情 rèqíng	富饶 fùráo
笑容 xiàoróng	自然 zìrán	措辞 cuòcí	特别 tèbié
电台 diàntái	配合 pèihé	调查 diàochá	剧情 jùqíng
调研 diàoyán	辨别 biànbié	践行 jiànxíng	务实 wùshí
空白 kòngbái	幸福 xìngfú	钓鱼 diàoyú	栋梁 dòngliáng
杜绝 dùjué	病魔 bìngmó	宿敌 sùdí	外行 wàiháng
赫然 hèrán	著名 zhùmíng	豁达 huòdá	难民 nànmín
月球 yuèqiú	幼苗 yòumiáo	竞答 jìngdá	镜头 jìngtóu
乐得 lèdé	肋条 lèitiáo	泪痕 lèihén	类别 lèibié
力求 lìqiú	力学 lìxué	列席 lièxí	误读 wùdú

15. **去声＋上声**：朗读时，前降后曲，上声音节处在末尾，一定要发满

剧本 jùběn	问好 wènhǎo	撰稿 zhuàngǎo	大胆 dàdǎn
烈酒 lièjiǔ	重点 zhòngdiǎn	外语 wàiyǔ	上海 Shànghǎi

特写 tèxiě	政府 zhèngfǔ	下雨 xiàyǔ	办法 bànfǎ
洞眼 dòngyǎn	日本 Rìběn	拒演 jùyǎn	秀美 xiùměi
确保 quèbǎo	治理 zhìlǐ	竞走 jìngzǒu	耐久 nàijiǔ
暴雨 bàoyǔ	运转 yùnzhuǎn	幻想 huànxiǎng	速写 sùxiě
下雪 xiàxuě	创举 chuàngjǔ	记者 jìzhě	探险 tànxiǎn
信仰 xìnyǎng	戏曲 xìqǔ	电影 diànyǐng	历史 lìshǐ
彻底 chèdǐ	翅膀 chìbǎng	勒索 lèsuǒ	乐感 yuègǎn
地址 dìzhǐ	饲养 sìyǎng	恪守 kèshǒu	喝彩 hècǎi
占领 zhànlǐng	气馁 qìněi	愤慨 fènkǎi	禁止 jìnzhǐ
造假 zàojiǎ	裂果 lièguǒ	裂口 lièkǒu	闹鬼 nàoguǐ
内敛 nèiliǎn	内景 nèijǐng	宁肯 nìngkěn	破产 pòchǎn
迫使 pòshǐ	破解 pòjiě	气喘 qìchuǎn	飒爽 sàshuǎng

16. 去声＋去声：朗读时，第二个音节会比第一个音节发得更全更满

报告 bàogào	电视 diànshì	殿试 diànshì	纪念 jìniàn
庆贺 qìnghè	住院 zhùyuàn	祝愿 zhùyuàn	借鉴 jièjiàn
复制 fùzhì	叙事 xùshì	议论 yìlùn	路线 lùxiàn
政策 zhèngcè	对话 duìhuà	跨度 kuàdù	配乐 pèiyuè
岁月 suìyuè	大厦 dàshà	建议 jiànyì	致意 zhìyì
魄力 pòlì	画像 huàxiàng	降落 jiàngluò	示意 shìyì
日历 rìlì	任命 rènmìng	竞赛 jìngsài	庆祝 qìngzhù
势力 shìlì	化验 huàyàn	圣诞 shèngdàn	视线 shìxiàn
耗费 hàofèi	暗示 ànshì	认证 rènzhèng	败诉 bàisù
抗议 kàngyì	锻炼 duànliàn	示范 shìfàn	部队 bùduì
上报 shàngbào	建造 jiànzào	慰藉 wèijiè	注意 zhùyì
路况 lùkuàng	大概 dàgài	见面 jiànmiàn	办事 bànshì
外貌 wàimào	拜见 bàijiàn	刺探 cìtàn	训斥 xùnchì
惠顾 huìgù	倡议 chàngyì	旧案 jiù'àn	克复 kèfù
裤线 kùxiàn	酷烈 kùliè	快报 kuàibào	快运 kuàiyùn
练队 liànduì	亮相 liàngxiàng	量变 liàngbiàn	恋爱 liàn'ài

三、三音节词语训练，注意末尾字的声调要读得准确完整

1. 阴平＋阴平＋阴平

军分区 jūnfēnqū	包身工 bāoshēngōng	黑风衣 hēi fēngyī
安装箱 ānzhuāngxiāng	八仙桌 bāxiānzhuō	包装箱 bāozhuāngxiāng
冲锋枪 chōngfēngqiāng	机关枪 jīguānqiāng	攀枝花 Pānzhīhuā
东风车 dōngfēngchē	金沙江 Jīnshā Jiāng	真风光 zhēn fēngguāng
新篇章 xīn piānzhāng	拖拉机 tuōlājī	收音机 shōuyīnjī
吹风机 chuīfēngjī	星期一 xīngqīyī	星期天 xīngqītiān

烟灰缸 yānhuīgāng　　　功勋章 gōngxūnzhāng　　　工间操 gōngjiāncāo

2. 阳平 + 阳平 + 阳平

团圆年 tuányuánnián　　　唐明皇 Tángmínghuáng　　　齐白石 Qí Báishí
柏林墙 Bólínqiáng　　　白杨林 báiyánglín　　　农林渔 nóng-lín-yú
泥石流 níshíliú　　　浏阳河 Liúyáng Hé　　　长虹桥 chánghóngqiáo
合成词 héchéngcí　　　儿童节 Értóng Jié　　　园林局 yuánlínjú
遗传学 yíchuánxué　　　同仁堂 tóngréntáng　　　毛南族 Máonánzú
圆明园 Yuánmíngyuán　　　颐和园 Yíhéyuán　　　滕王阁 Téngwánggé
联合国 Liánhéguó　　　同盟国 tóngméngguó　　　折叠床 zhédiéchuáng

3. 去声 + 去声 + 去声

注射液 zhùshèyè　　　计算器 jìsuànqì　　　放大镜 fàngdàjìng
备忘录 bèiwànglù　　　闭幕式 bìmùshì　　　大动脉 dàdòngmài
对立面 duìlìmiàn　　　过去式 guòqùshì　　　命中率 mìngzhònglǜ
圣诞树 shèngdànshù　　　恶作剧 èzuòjù　　　办事处 bànshìchù
创造力 chuàngzàolì　　　肇庆市 Zàoqìng Shì　　　太任性 tài rènxìng
介绍信 jièshàoxìn　　　售票处 shòupiàochù　　　现代化 xiàndàihuà

4. 四声综合训练

主人公 zhǔréngōng　　　三角形 sānjiǎoxíng　　　责任感 zérèngǎn
所有制 suǒyǒuzhì　　　乒乓球 pīngpāngqiú　　　幼儿园 yòu'éryuán
共青团 gòngqīngtuán　　　凯旋门 kǎixuánmén　　　周转金 zhōuzhuǎnjīn
科学家 kēxuéjiā　　　吉普车 jípǔchē　　　艺术家 yìshùjiā
显微镜 xiǎnwēijìng　　　计算机 jìsuànjī　　　劳动者 láodòngzhě
魔术师 móshùshī　　　课间操 kèjiāncāo　　　交谊舞 jiāoyìwǔ
原子弹 yuánzǐdàn　　　活性炭 huóxìngtàn　　　合作社 hézuòshè
研究生 yánjiūshēng　　　大自然 dàzìrán　　　维生素 wéishēngsù
世界观 shìjièguān　　　龙门阵 lóngménzhèn　　　笔记本 bǐjìběn
花名册 huāmíngcè　　　简笔画 jiǎnbǐhuà　　　基本功 jīběngōng
奥运会 Àoyùnhuì　　　蛋白质 dànbáizhì　　　电视台 diànshìtái
图书馆 túshūguǎn　　　瓮中鳖 wèngzhōngbiē　　　居委会 jūwěihuì
基督教 Jīdūjiào　　　仪仗队 yízhàngduì　　　解放军 jiěfàngjūn

四、四音节词语训练，可以用成语接龙的方式训练，以增加学习兴趣

1. 四声顺序（阴平 + 阳平 + 上声 + 去声）

山明水秀 shānmíng-shuǐxiù　　　光明磊落 guāngmíng-lěiluò
花红柳绿 huāhóng-liǔlǜ　　　山穷水尽 shānqióng-shuǐjìn
胸无点墨 xiōngwúdiǎnmò　　　三国鼎立 sānguó-dǐnglì

安全可靠 ānquán kěkào

开足马力 kāizú-mǎlì

妻离子散 qīlí-zǐsàn

飞檐走壁 fēiyán-zǒubì

胸怀坦荡 xiōnghuái-tǎndàng

瓜田李下 guātián-lǐxià

高朋满座 gāopéng-mǎnzuò

中华伟大 Zhōnghuá wěidà

天然宝藏 tiānrán bǎozàng

心明眼亮 xīnmíng-yǎnliàng

工农子弟 gōngnóng zǐdì

身强体健 shēnqiáng-tǐjiàn

深谋远虑 shēnmóu-yuǎnlù

一劳永逸 yīláo-yǒngyì

诸如此类 zhūrúcǐlèi

逍遥法外 xiāoyáo-fǎwài

经年累月 jīngnián-lěiyuè

优柔寡断 yōuróu-guǎduàn

资源满地 zīyuán mǎndì

风调雨顺 fēngtiáo-yǔshùn

飞禽走兽 fēiqín-zǒushòu

山河美丽 shānhé měilì

千奇百怪 qiānqí-bǎiguài

中流砥柱 zhōngliú-dǐzhù

千锤百炼 qiānchuí-bǎiliàn

精神百倍 jīngshén bǎibèi

兵强马壮 bīngqiáng-mǎzhuàng

山河锦绣 shānhé-jǐnxiù

2.四声逆序（去声＋上声＋阳平＋阴平）

跃马扬鞭 yuèmǎ-yángbiān

厚古薄今 hòugǔ-bójīn

字里行间 zìlǐ-hángjiān

立马横刀 lìmǎ-héngdāo

刻骨铭心 kègǔ-míngxīn

妙手回春 miàoshǒu-huíchūn

四海为家 sìhǎi-wéijiā

调虎离山 diàohǔ-líshān

袖手旁观 xiùshǒu-pángguān

步履维艰 bùlǚ-wéijiān

万里晴空 wànlǐ qíngkōng

破釜沉舟 pòfǔ-chénzhōu

碧草如茵 bìcǎo-rúyīn

寿比南山 shòubǐnánshān

万马腾空 wànmǎ-téngkōng

探讨原因 tàntǎo yuányīn

痛改前非 tònggǎi-qiánfēi

视死如归 shìsǐ-rúguī

逆水行舟 nìshuǐ-xíngzhōu

热火朝天 rèhuǒ-cháotiān

异口同声 yìkǒu-tóngshēng

奋笔疾书 fènbǐ-jíshū

月满则亏 yuèmǎnzékuī

信以为真 xìnyǐwéizhēn

顺理成章 shùnlǐ-chéngzhāng

驷马难追 sìmǎ-nánzhuī

兔死狐悲 tùsǐ-húbēi

救死扶伤 jiùsǐ-fúshāng

墨守成规 mòshǒu-chéngguī

耀武扬威 yàowǔ-yángwēi

袖里乾坤 xiùlǐ-qiánkūn

智勇无双 zhìyǒng-wúshuāng

万古流芳 wàngǔ-liúfāng

背井离乡 bèijǐng-líxiāng

3.阴平＋阴平＋阳平＋阳平

杀身成仁 shāshēn-chéngrén

夸夸其谈 kuākuā-qítán

忧心如焚 yōuxīn-rúfén

三思而行 sānsī'érxíng

生机勃勃 shēngjī-bóbó

失之毫厘 shīzhī-háolí

4. 阴平＋阴平＋上声＋上声（词末尾的上声要读原调214）

杀一儆百 shāyī-jǐngbǎi　　　　　　　凄风苦雨 qīfēng-kǔyǔ

煽风点火 shānfēng-diǎnhuǒ　　　　　贪赃枉法 tānzāng-wǎngfǎ

彬彬有礼 bīnbīn-yǒulǐ　　　　　　　金戈铁马 jīngē-tiěmǎ

5. 阴平＋阴平＋去声＋去声

标新立异 biāoxīn-lìyì　　　　　　　披星戴月 pīxīng-dàiyuè

天花乱坠 tiānhuā-luànzhuì　　　　　轰轰烈烈 hōnghōnglièliè

惊涛骇浪 jīngtāo-hàilàng　　　　　生搬硬套 shēngbān-yìngtào

居功自傲 jūgōng-zì'ào　　　　　　安居乐业 ānjū-lèyè

6. 阳平＋阳平＋去声＋去声

摇摇欲坠 yáoyáo-yùzhuì　　　　　　庞然大物 pángrán-dàwù

荣华富贵 rónghuá-fùguì　　　　　　悬崖峭壁 xuányá-qiàobì

闲情逸致 xiánqíng-yìzhì　　　　　潜移默化 qiányí-mòhuà

7. 去声＋去声＋阴平＋阴平

入木三分 rùmù-sānfēn　　　　　　固若金汤 gùruòjīntāng

事必躬亲 shìbìgōngqīn　　　　　　万象更新 wànxiàng-gēngxīn

莫逆之交 mònì-zhījiāo　　　　　　半夜三更 bànyè-sāngēng

8. 去声＋去声＋阳平＋阳平

暴跳如雷 bàotiào-rúléi　　　　　　后患无穷 hòuhuàn-wúqióng

弹尽粮绝 dànjìn-liángjué　　　　　量力而行 liànglì'érxíng

背道而驰 bèidào'érchí　　　　　　弱肉强食 ruòròu-qiángshí

9. 阴平＋阴平＋阴平＋阴平

息息相关 xīxī-xiāngguān　　　　　居安思危 jū'ān-sīwēi

卑躬屈膝 bēigōng-qūxī　　　　　　声东击西 shēngdōng-jīxī

江山多娇 jiāngshān-duōjiāo　　　　珍惜光阴 zhēnxī guāngyīn

青春光辉 qīngchūn-guānghuī　　　　春天花开 chūntiān huākāi

公司通知 gōngsī tōngzhī　　　　　新屋出租 xīnwū chūzū

10. 阳平＋阳平＋阳平＋阳平

名存实亡 míngcún-shíwáng　　　　急于求成 jíyúqiúchéng

名人名言 míngrén-míngyán　　　　竭泽而渔 jiézé'éryú

含糊其辞 hánhú-qící　　　　　　牛羊成群 niúyáng chéngqún

人民银行 rénmín yínháng　　　　连年和平 liánnián hépíng

农民犁田 nóngmín lítián　　　　圆形循环 yuánxíng xúnhuán

11. 上声＋上声＋上声＋上声

处理稳妥 chǔlǐ wěntuǒ 　　　选举厂长 xuǎnjǔ chǎngzhǎng

彼此理解 bǐcǐ lǐjiě 　　　理想美满 lǐxiǎng měimǎn

永远友好 yǒngyuǎn yǒuhǎo 　　　管理很好 guǎnlǐ hěn hǎo

12. 去声＋去声＋去声＋去声

背信弃义 bèixìn-qìyì 　　　万事俱备 wànshì-jùbèi

对症下药 duìzhèng-xiàyào 　　　见利忘义 jiànlì-wàngyì

变幻莫测 biànhuàn-mòcè 　　　顺利闭幕 shùnlì bìmù

下次注意 xiàcì zhùyì 　　　世界教育 shìjiè jiàoyù

报告胜利 bàogào shènglì 　　　创造利润 chuàngzào lìrùn

13. 综合训练

一衣带水 yīyīdàishuǐ 　　　踌躇满志 chóuchú-mǎnzhì

运筹帷幄 yùnchóu-wéiwò 　　　触类旁通 chùlèi-pángtōng

虎视眈眈 hǔshì-dāndān 　　　答非所问 dáfēisuǒwèn

鼠目寸光 shǔmù-cùnguāng 　　　吹毛求疵 chuīmáo-qiúcī

言听计从 yántīng-jìcóng 　　　老骥伏枥 lǎojì-fúlì

五、用普通话朗读下列汉字，然后将调值相同的归为一类

毯	陈	裳	虹	羞	蹄	腐	涩	微
缀	幽	雅	案	拙	薄	糊	恍	德
鹊	蝉	崖	渡	寇	冀	批	副	榴
抡	贯	棋	悬	沸	涧	雹	叽	屹
悦	屈	盏	栏	汇	爆	泽	渠	宣
帜	阅	制	坦	距	隆	豁	凛	疙
瘩	卡	棍	悟	裁	筹	橡	雕	磕
跺	颓	沮	趴	谜	嫦	娥	尚	摄
倾	揭	斑	燥	漠	磁	御	咆	哮
嗓	党	淌	哑	揪	呻	废	袖	篷

六、读小幽默，注意区别文中的"试行"和"实行"

做报告

俗话说：乡音难改。一位员工为了改掉自己的方音，总想拜师学说普通话，怎奈工作繁忙，难以如愿。一次这位员工在单位职工大会上做报告时说："这个方案马上就要试行。"说到这里，他忽然意识到自己刚才"试行"两个字的发音不标准，就进一步解释说："试行不是试行（实行）。试行是试行的试行，不是试行（实行）的试行（实行）。"听到这里，大家似懂非懂，好像听了一段绕口令，不禁都笑起来。于是他把"试行"写出来给大家看，同事们就都明白了。

七、朗读短文，体会声调的别义作用

原文：

施氏食狮史（赵元任）

石室诗士施氏，嗜狮，誓食十狮。施氏时时适市视狮。十时，适十狮适市。是时，适施氏适市。施氏视是十狮，恃矢势，使是十狮逝世。氏拾是十狮尸，适石室。石室湿，氏使侍拭石室。石室拭，施氏始试食是十狮尸。食时，始识是十狮尸，实十石狮尸。试释是事。

Shī shì shí shī shǐ

Shíshì shī shì Shī shì, shì shī, shì shí shí shī.

Shī shì shíshí shì shì shì shī.

Shí shí, shì shí shī shì shì.

Shì shí, shì Shī shì shì shì.

Shī shì shì shì shí shī, shì shí shǐ shì, shǐ shì shí shī shì shì.

Shì shí shì shí shī shí, shì shíshì.

Shíshì shī, shì shǐ shì shì shíshì.

Shíshì shì, Shī shì shǐ shì shí shì shí shī shī.

Shí shí, shǐ shí shì shí shī shī, shí shí shí shī shī.

Shì shì shì shì.

译文：

石头屋子里有一个诗人姓施，喜欢吃狮子，发誓要吃掉十头狮子。这位先生经常去市场寻找狮子。这一天十点钟的时候正好有十头大狮子到了市场。这时候他正好也到了市场。于是，这位先生注视着这十头狮子，凭借着自己的十把石头弓箭，把这十头狮子杀死了。先生扛起狮子的尸体走回石头屋子。石头屋子很潮湿，先生让仆人擦拭石头屋子。擦好以后，先生开始尝试吃这十头狮子的尸体。当他吃的时候，才识破这十头狮尸，并非真的狮尸，而是十头用石头做的狮子的尸体。先生这才意识到这就是事情的真相。请尝试解释这件事情。

八、朗读现代诗歌《再别康桥》，读准声调，体会诗歌的韵律美

再别康桥（徐志摩）
轻轻的我走了，
正如我轻轻的来；
我轻轻的招手，
作别西天的云彩。

那河畔的金柳，
是夕阳中的新娘；
波光里的艳影，
在我的心头荡漾。

软泥上的青荇，
油油的在水底招摇；
在康河的柔波里，
我甘心做一条水草！

那榆荫下的一潭，
不是清泉，是天上虹；
揉碎在浮藻间，
沉淀着彩虹似的梦。

寻梦？撑一支长篙，
向青草更青处漫溯；
满载一船星辉，
在星辉斑斓里放歌。

但我不能放歌，
悄悄是别离的笙箫；
夏虫也为我沉默，
沉默是今晚的康桥！

悄悄的我走了，
正如我悄悄的来；
我挥一挥衣袖，
不带走一片云彩。

第二节　辨正训练

一、朗读下列汉字，把自己读错的字调标注出来，反复训练

抛	袍	剖	墨	弥	幕	每	猫	谋	
蛮	莽	盟	勉	民	冥	附	斐	扉	
范	焚	讽	第	赌	捣	逗	但	妮	
颏	坦	誊	天	瞳	乃	例	驴	捞	
搂	顾	候	较	兼	奖	其	切	寝	
逊	雪	渣	巢	绳	沈	筛	宰	测	
飒	涌	仰	翁	崴	皖	枉	压	允	
冶	尧	吾	由	綮	倭	予	缩	疯	
瓦	墩	甩	嚷	吱	蒜	酱	炖	唇	

蹦	梯	甜	乐	泪	暖	悔	望	迷
妙	变	忙	寻	让	簸	涯	莹	裹
篮	蔼	资	慷	慨	贡	滥	基	睹
哉	巍	弦	轴	曝	谱	莱	茵	盲
纯	键	霎	缕	陶	蒜	醋	饺	摊
拌	眨	宵	燃	贩	彼	贺	轿	骆
驼	恰	腊	粥	腻	咽	匙	搅	稠

二、朗读下列词语，注意阳平调和上声调的差异

路程—驰骋	毒品—赌博	婆娑—叵测	军民—器皿
眉目—美目	了结—了解	渠道—取得	琴师—寝室
水壶—水浒	黏米—碾米	奴隶—努力	找谁—找水
竹子—主子	天才—添彩	大学—大雪	题型—体型
马皮—马匹	执事—指示	缝制—讽刺	刑罚—刑法
谈吐—坦途	荣昌—冗长	阿谀—俄语	豆油—都有
鸡雏—基础	能人—能忍	习气—喜气	梧桐—五桶
文盲—鲁莽	降服—享福	凶残—凄惨	饶恕—扰乱
伤痕—凶狠	集权—鸡犬	混淆—拂晓	号啕—研讨
视频—产品	脸颊—肩胛	贪婪—展览	跟随—骨髓
平凡—平反	提拔—打靶	长廊—明朗	夕阳—吸氧

三、朗读下列汉字，注意阴平调和上声调的差异

播—跛	标—表	班—版	坡—叵	扑—谱
包—保	抛—跑	帮—绑	乒—榜	憋—瘪
瞥—撇	编—扁	篇—谝	拼—品	眯—米
猫—卯	夫—辅	非—斐	帆—反	分—粉
方—访	登—等	东—董	托—妥	推—腿
颠—点	滩—坦	搭—打	丁—顶	汤—淌
低—抵	端—短	通—统	督—堵	吨—盹
添—舔	厅—挺	突—土	妮—拟	兜—抖
多—躲	涛—讨	拈—捻	垃—喇	裆—挡
熘—柳	官—管	光—广	科—渴	哭—苦
抠—口	辉—毁	欢—缓	慌—谎	居—举
街—解	归—轨	亏—傀	揪—久	期—起
区—取	香—想	星—醒	轩—选	谆—准
车—扯	渣—眨	出—储	答—耻	沙—傻
输—署	遭—澡	邹—走	虽—髓	松—耸
孙—损	疵—此	猜—踩	餐—惨	衣—以
因—引	安—俺	邀—咬	威—伟	温—稳

湾—挽	英—影	晕—允	冤—远	拥—永
窝—我	优—有	烟—演	央—仰	椰—也

四、声调对比训练，注意发准每一个字的声调

1. 阴平与阳平对比训练

欺 qī 人—奇 qí 人	呼 hū 喊—胡 hú 喊	无知 zhī—笔直 zhí
拍 pāi 球—排 pái 球	大哥 gē—方格 gé	抽 chōu 丝—愁 chóu 思
青蛙 wā—娇娃 wá	放青 qīng—放晴 qíng	起初 chū—开除 chú
抹 mā 布—麻 má 布	知 zhī 道—直 zhí 道	掰 bāi 开—白 bái 开
包 bāo 子—雹 báo 子	大锅 guō—大国 guó	大川 chuān—大船 chuán

2. 阳平与上声对比训练

蓖麻 má—骑马 mǎ	化肥 féi—土匪 fěi	菊 jú 花—举 jǔ 花
战国 guó—战果 guǒ	小乔 qiáo—小巧 qiǎo	返回 huí—反悔 huǐ
老胡 hú—老虎 hǔ	牧童 tóng—木桶 tǒng	大学 xué—大雪 xuě
雪白 bái—千百 bǎi	海洋 yáng—赡养 yǎng	钢琴 qín—就寝 qǐn
痴情 qíng—吃请 qǐng	围棋 qí—一起 qǐ	石油 yóu—富有 yǒu

3. 阳平与去声对比训练

大麻 má—大骂 mà	发愁 chóu—发臭 chòu	女娃 wá—鞋袜 wà
荆棘 jí—经济 jì	表白 bái—兵败 bài	肥 féi 料—废 fèi 料
凡 fán 人—犯 fàn 人	钱 qián 款—欠 qiàn 款	糖 táng 酒—烫 tàng 酒

4. 仿照上面的形式，给声韵相同的字标注声调，然后准确朗读

雷击——累积	离异——礼仪	年景——念经
贫瘠——品级	平局——凭据	栖息——奇袭
鲜鱼——闲语	佳节——假借	鸳鸯——远洋
知道——指导	展览——湛蓝	及时——即使
冲锋——重逢	贺信——核心	天才——甜菜
司机——四季	艰巨——检举	实施——事实
心计——心机——心急		血型——血腥——血性
景致——精致——径直		侵蚀——寝室——琴师
雨季——预计——淤积		战士——展示——战事
初期——出奇——出气		管理——官吏——惯例
负数——附属——服输		收拾——手势——守时
膳食——闪失——善事		小时——消失——消逝
情形——清醒——庆幸		申请——神情——深情
姿势——子时——自恃		知道——指导——直到
估计——顾及——古籍		结局——拮据——借据

五、声调辅助训练，注意完整准确地读出后一个字的声调

1. 以阳辅阴词语训练

图书	核心	黄昏	皇家	国书	国威
船舱	前方	杰出	名医	同乡	回声
圆规	旗杆	焚烧	焚香	良知	名家
明天	黄山	南风	壕沟	袭击	直接
服帖	节约	十八	学科	传说	行书
油灯	时间	值班	围观	前瞻	服装
无双	唐山	文风	人生	神经	集中

2. 以去辅阳词语训练

政权	芡实	欠条	日程	日常	认为
对联	自觉	教材	稻田	大学	废除
变革	落实	自习	调查	告别	木盆
治疗	路程	课堂	地图	数学	季节
竖笛	玉石	任凭	肉排	入闱	晒台
漫长	定型	气球	限行	照明	问题
共存	运筹	假条	剩余	纵容	圣人
货郎	价格	建国	降级	戒严	盛名

3. 以去辅上词语训练

勒索	刺骨	购买	圣火	圣母	试纸
大脑	翅膀	候补	信纸	率领	户口
饲养	冒险	事主	试手	庶母	竖子
电影	布景	唤醒	创始	末尾	树懒
跳远	阅览	慧眼	历史	稻米	束手
静止	校友	妇女	后果	戍守	奉旨
跳舞	寄语	各种	握手	大胆	聚首
幻想	道理	外省	面粉	肆扰	四体
摄影	仕女	授奖	硕果	宿主	泰斗

4. 以阴辅去词语训练

忽略	通畅	通病	污垢	诬告	巫术
清净	飞快	仓库	开放	欢乐	山洞
公共	观众	堤岸	风扇	批判	贪恋
依赖	浇灌	丰富	收获	贪欲	通报
瞌睡	呵斥	泼墨	嬉戏	鸭蛋	绷带
封面	扉页	锋利	污秽	医院	优秀

| 塌陷 | 摊派 | 韬晦 | 贴切 | 吞并 | 温度 |

六、朗读八字短语歌，注意读准声调

流水不腐，户枢不蠹；路不拾遗，夜不闭户；路见不平，拔刀相助；
皮之不存，毛将焉附；无源之水，无本之木；衣不蔽体，食不果腹；
不经一事，不长一智；不入虎穴，焉得虎子；将欲取之，必先与之；
两刃相割，利钝乃知；蓬生麻中，不扶自直；前事不忘，后事之师；
欲加之罪，何患无辞；差之毫厘，谬之千里；持之有故，言之成理；
非我族类，其心必异；鞠躬尽瘁，死而后已；烈士暮年，壮心不已；
日月经天，江河行地；庆父不死，鲁难未已；食不甘味，卧不安席；
事不关己，高高挂起；投我以桃，报之以李；一波未平，一波又起；
比上不足，比下有余；城门失火，殃及池鱼；大辩若讷，大智若愚；
呼之即来，挥之即去；棋逢对手，将遇良才；一夫当关，万夫莫开；
逢山开路，遇水搭桥；茕茕子立，形影相吊；头痛医头，脚痛医脚；
人为刀俎，我为鱼肉；人无远虑，必有近忧；螳螂捕蝉，黄雀在后；
天网恢恢，疏而不漏；同声相应，同气相求；兵来将挡，水来土掩；
放龙入海，纵虎归山；管中窥豹，略见一斑；韩信将兵，多多益善；
前车之覆，后车之鉴；星星之火，可以燎原；学而不厌，诲人不倦；
言之无文，行而不远；一叶障目，不见泰山；有则改之，无则加勉；
白沙在涅，与之俱黑；只可意会，不可言传；惩前毖后，治病救人；
青山不老，绿水长存；毫不利己，专门利人；上天无路，入地无门；
舍生取义，杀身成仁；十年生聚，十年教训；十年树木，百年树人；
视而不见，听而不闻；知无不言，言无不尽；只见树木，不见森林；
百足之虫，死而不僵；尺有所短，寸有所长；道高一尺，魔高一丈；
两虎相斗，必有一伤；明修栈道，暗度陈仓；前门拒虎，后门进狼；
前人栽树，后人乘凉；三天打鱼，两天晒网；顺之者昌，逆之者亡；
嬉笑怒骂，皆成文章；八仙过海，各显神通；败军之将，不敢言勇；
豹死留皮，人死留名；不塞不流，不止不行；当局者迷，旁观者清。

七、朗读下列绕口令，注意体会声调的变化

1.鸭与霞

水里映着一片霞，远处游来一群鸭。
霞是五彩霞，鸭是麻花鸭。
麻花鸭游进五彩霞，五彩霞网住麻花鸭。
乐坏了鸭，拍碎了霞，分不清是鸭还是霞。

2.妞妞轰牛

妞妞轰牛，牛拗，妞妞扭牛。
姥姥喝酪，酪落，姥姥捞酪。

舅舅架鸠，鸠飞，舅舅揪鸠。（阴平、阳平、上声、去声）

3. 石、斯、施、史四老师

石老师教我大公无私，斯老师给我精神粮食；

施老师叫我遇事三思，史老师送我知识钥匙。

我感谢石、斯、施、史四老师。（阴平、阳平、上声）

4. 贝贝背水

贝贝背水，水洒贝贝一背水；

妹妹添煤，煤抹妹妹两眉煤。（阴平、阳平、去声）

5. 巴老爷

巴老爷有八十八棵芭蕉树，

来了八十八个把式要在巴老爷八十八棵芭蕉树下住。

巴老爷拔了八十八棵芭蕉树，

不让八十八个把式在八十八棵芭蕉树下住，

八十八个把式烧了八十八棵芭蕉树，

巴老爷在八十八棵树边哭。（阴平、阳平、上声）

6. 刘小柳种柳

刘小柳园中种柳，柳成行，行行柳。

风吹柳，柳枝扭，乐坏了刘小柳。（阳平、上声）

7. 爸爸骑马

爸爸骑马，妈妈打靶。

爸爸骑马冲杀，妈妈打靶练枪法。

爸爸骑马马蹄下飞彩霞，妈妈打靶靶环上开红花。

爸爸妈妈英姿焕发，叔叔阿姨齐把爸妈夸。（阴平、上声、去声）

8. 牛牛和妞妞

前面走着妞妞，后面跟来了牛牛。

妞妞手里拿着个扣扣，牛牛手里拿着个石榴，

妞妞帮牛牛钉上了扣扣，牛牛把石榴送给了妞妞。（阴平、阳平）

9. 六十六岁刘老六

六十六岁刘老六，

修了六十六座走马楼，

楼上摆了六十六瓶苏合油，

门前栽了六十六棵垂杨柳，

柳上拴了六十六个大马猴。

忽然一阵狂风起，

吹倒了六十六座走马楼，

打翻了六十六瓶苏合油，

压倒了六十六棵垂杨柳，

吓跑了六十六个大马猴，

气死了六十六岁刘老六。（阳平、上声、去声）

10.巧巧与乔乔

有个小孩叫巧巧，巧巧哥哥叫乔乔，

乔乔划船带巧巧，巧巧乔乔看姥姥。（阳平、上声）

11.斗放豆

黑豆放在黑斗里，黑斗里边放黑豆，

黑豆放黑斗，黑斗放黑豆，

不知黑豆放黑斗，还是黑斗放黑豆。（上声、去声）

12.石狮子，涩柿子

山前有四十四棵死涩柿子树，山后有四十四只石狮子，

山前的四十四棵死涩柿子树，涩死了山后的四十四只石狮子，

山后的四十四只石狮子，咬死了山前的四十四棵死涩柿子树，

不知是山前的四十四棵死涩柿子树涩死了山后的四十四只石狮子，

还是山后的四十四只石狮子咬死了山前的四十四棵死涩柿子树。

（阴平、阳平、上声、去声）

13.妞妞和牛牛

牛牛要吃河边柳，妞妞护柳要赶牛，

牛牛扭头瞅妞妞，妞妞扭牛牛更牛，

牛牛要顶妞妞，妞妞捡起小石头，

吓得牛牛扭头溜。（阴平、阳平、上声）

14.任命和人名

任命是任命，人名是人名，

任命人名不能错，错了人名错任命。（阳平、去声）

15.娃挖瓦

娃挖瓦，娃挖蛙，

娃挖瓦挖蛙，挖蛙挖出瓦。

娃挖蛙，娃挖瓦，

娃挖蛙挖瓦，挖瓦挖出蛙。（阴平、阳平、上声）

16. **兜装豆**

兜里装豆，豆装满兜，兜破漏豆。
倒出豆，补破兜，补好兜，又装豆，
装满兜，不漏豆。（阴平、去声）

17. **梨和栗**

老罗拉了一车梨，老李拉了一车栗。
老罗人称大力罗，老李人称李大力。
老罗拉梨做梨酒，老李拉栗去换梨。（阳平、去声）

18. **汤烫塔**

老唐端蛋汤，踏凳登宝塔，
只因凳太滑，汤洒汤烫塔。（阴平、阳平、去声）

19. **饥鸡集机记**

唧唧鸡，鸡唧唧。几鸡挤挤集机脊。
机极疾，鸡饥极，鸡冀己技击及鲫。
鸡既济蓟畿，鸡计疾机激几鲫。
机极疾，鲫极悸，急急挤集矶级际。
继即鲫迹极寂寂。继即几鸡既饥即唧唧。（阴平、阳平、上声、去声）

八、朗读古诗词，注意完整准确地读出句末音节的声调

1. 题菊花（黄巢）

飒飒西风满院栽，蕊寒香冷蝶难来。
他年我若为青帝，报与桃花一处开。

2. 泊船瓜洲（王安石）

京口瓜洲一水间，钟山只隔数重山。
春风又绿江南岸，明月何时照我还。

3. 枫桥夜泊（张继）

月落乌啼霜满天，江枫渔火对愁眠。
姑苏城外寒山寺，夜半钟声到客船。

4. 望月怀远（张九龄）

海上生明月，天涯共此时。
情人怨遥夜，竟夕起相思！

　　灭烛怜光满，披衣觉露滋。
　　不堪盈手赠，还寝梦佳期。

5. 己亥杂诗·其五（龚自珍）
　　浩荡离愁白日斜，吟鞭东指即天涯。
　　落红不是无情物，化作春泥更护花。

6. 出塞（王之涣）
　　黄河远上白云间，一片孤城万仞山。
　　羌笛何须怨杨柳？春风不度玉门关。

7. 竹里馆（王维）
　　独坐幽篁里，弹琴复长啸。
　　深林人不知，明月来相照。

8. 塞下曲（王昌龄）
　　饮马渡秋水，水寒风似刀。
　　平沙日未没，黯黯见临洮。
　　昔日长城战，咸言意气高。
　　黄尘足今古，白骨乱蓬蒿。

9. 送杜少府之任蜀州（王勃）
　　城阙辅三秦，风烟望五津。
　　与君离别意，同是宦游人。
　　海内存知己，天涯若比邻。
　　无为在歧路，儿女共沾巾。

10. 宿建德江（孟浩然）
　　移舟泊烟渚，日暮客愁新。
　　野旷天低树，江清月近人。

11. 夜雨寄北（李商隐）
　　君问归期未有期，巴山夜雨涨秋池。
　　何当共剪西窗烛，却话巴山夜雨时。

12. 江城子 乙卯正月二十日夜记梦（苏轼）
　　十年生死两茫茫。不思量，自难忘。千里孤坟，无处话凄凉。纵使相逢应不识，尘满面，鬓如霜。
　　夜来幽梦忽还乡。小轩窗，正梳妆。相顾无言，惟有泪千行。料得年年肠断处，明月夜，短松冈。

13.踏莎行（欧阳修）

　　候馆梅残，溪桥柳细，草薰风暖摇征辔。离愁渐远渐无穷，迢迢不断如春水。
　　寸寸柔肠，盈盈粉泪，楼高莫近危阑倚。平芜尽处是春山，行人更在春山外。

14.玉楼春·春景（宋祁）

　　东城渐觉风光好。縠皱波纹迎客棹。绿杨烟外晓寒轻，红杏枝头春意闹。
　　浮生长恨欢娱少。肯爱千金轻一笑。为君持酒劝斜阳，且向花间留晚照。

15.苏幕遮·怀旧（范仲淹）

　　碧云天，黄叶地，秋色连波，波上寒烟翠。山映斜阳天接水，芳草无情，更在斜阳外。
　　黯乡魂，追旅思。夜夜除非，好梦留人睡。明月楼高休独倚，酒入愁肠，化作相思泪。

16.如梦令（李清照）

　　昨夜雨疏风骤，浓睡不消残酒。试问卷帘人，却道"海棠依旧"。"知否？知否？应是绿肥红瘦！"

17.虞美人（李煜）

　　春花秋月何时了，往事知多少。小楼昨夜又东风，故国不堪回首月明中。
　　雕栏玉砌应犹在，只是朱颜改。问君能有几多愁，恰似一江春水向东流。

18.六月二十七日望湖楼醉书（苏轼）

　　黑云翻墨未遮山，白雨跳珠乱入船。
　　卷地风来忽吹散，望湖楼下水如天。

19.西江月·夜行黄沙道中（辛弃疾）

　　明月别枝惊鹊，清风半夜鸣蝉。稻花香里说丰年，听取蛙声一片。
　　七八个星天外，两三点雨山前。旧时茅店社林边，路转溪桥忽见。

20.水调歌头·明月几时有（苏轼）

　　丙辰中秋，欢饮达旦，大醉，作此篇，兼怀子由。
　　明月几时有？把酒问青天。不知天上宫阙，今夕是何年。我欲乘风归去，又恐琼楼玉宇，高处不胜寒。起舞弄清影，何似在人间。
　　转朱阁，低绮户，照无眠。不应有恨，何事长向别时圆？人有悲欢离合，月有阴晴圆缺，此事古难全。但愿人长久，千里共婵娟。

21.将进酒（李白）

　　君不见，黄河之水天上来，奔流到海不复回。

君不见，高堂明镜悲白发，朝如青丝暮成雪。

人生得意须尽欢，莫使金樽空对月。

天生我材必有用，千金散尽还复来。

烹羊宰牛且为乐，会须一饮三百杯。

岑夫子，丹丘生，将进酒，杯莫停。

与君歌一曲，请君为我倾耳听。

钟鼓馔玉不足贵，但愿长醉不复醒。

古来圣贤皆寂寞，惟有饮者留其名。

陈王昔时宴平乐，斗酒十千恣欢谑。

主人何为言少钱，径须沽取对君酌。

五花马，千金裘，呼儿将出换美酒，与尔同销万古愁。

22. 南柯子（王炎）

山冥云阴重，天寒雨意浓。数枝幽艳湿啼红。莫为惜花惆怅对东风。

蓑笠朝朝出，沟塍处处通。人间辛苦是三农。要得一犁水足望年丰。

23. 玉楼春·春思（严仁）

春风只在园西畔，荠菜花繁蝴蝶乱。冰池晴绿照还空，香径落红吹已断。

意长翻恨游丝短，尽日相思罗带缓。宝奁明月不欺人，明日归来君试看。

24. 唐多令（吴文英）

何处合成愁？离人心上秋。纵芭蕉不雨也飕飕。都道晚凉天气好，有明月、怕登楼。

年事梦中休，花空烟水流。燕辞归、客尚淹留。垂柳不萦裙带住，漫长是、系行舟。

25. 青玉案·元夕（辛弃疾）

东风夜放花千树。更吹落、星如雨。宝马雕车香满路。凤箫声动，玉壶光转，一夜鱼龙舞。

蛾儿雪柳黄金缕。笑语盈盈暗香去。众里寻他千百度。蓦然回首，那人却在，灯火阑珊处。

九、朗读诗歌，读准声调，体会诗歌意境

1. 黄河颂（光未然）

（朗诵词）

啊，朋友！黄河以它英雄的气魄，出现在亚洲的原野；它表现出我们民族的精神：伟大而又坚强！这里，我们向着黄河，唱出我们的赞歌。

（歌词）

我站在高山之巅，望黄河滚滚，

奔向东南。

惊涛澎湃，

掀起万丈狂澜；
浊流宛转，
结成九曲连环；
从昆仑山下
奔向黄海之边；
把中原大地
劈成南北两面。
啊！黄河！
你是中华民族的摇篮！
五千年的古国文化，
从你这儿发源；
多少英雄的故事，
在你的身边扮演！
啊！黄河！
你是伟大坚强，
像一个巨人
出现在亚洲平原之上，
用你那英雄的体魄
筑成我们民族的屏障。
啊！黄河！
你一泻万丈，
浩浩荡荡，
向南北两岸
伸出千万条铁的臂膀。
我们民族的伟大精神，
将要在你的哺育下
发扬滋长！
我们祖国的英雄儿女，
将要学习你的榜样，
像你一样的伟大坚强！
像你一样的伟大坚强！

2.假如生活欺骗了你（普希金）
假如生活欺骗了你，
不要悲伤，不要心急！
忧郁的日子里须要镇静：
相信吧，快乐的日子将会来临。

心儿永远向往着未来；

现在却常是忧郁。

一切都是瞬息，一切都将会过去；

而那过去了的，就会成为亲切的怀恋。

3. 未选择的路（弗罗斯特）

黄色的树林里分出两条路，

可惜我不能同时去涉足，

我在那路口久久伫立，

我向着一条路极目望去，

直到它消失在丛林深处。

但我却选了另外一条路，

它荒草萋萋，十分幽寂，

显得更诱人，更美丽；

虽然在这条小路上，

很少留下旅人的足迹。

那天清晨落叶满地，

两条路都未经脚印污染。

啊，留下一条路等改日再见！

但我知道路径延绵无尽头，

恐怕我难以再回返。

也许多少年后在某个地方，

我将轻声叹息将往事回顾：

一片树林里分出两条路——

而我选择了人迹更少的一条，

从此决定了我一生的道路。

十、朗读小故事，读准声调

1. 砌墙

三个工人在砌一堵墙。有人过来问："你们在干什么？"

第一个人没好气地说："没看见吗，砌墙。"

第二个人抬头笑了笑，说："我们在盖一幢高楼。"

第三个人边干边哼着歌曲，他的笑容很灿烂开心："我们正在建设一个新城市。"

十年后，第一个人在另一个工地上砌墙；第二个人成了工程师，坐在办公室中画图纸；第三个人呢，是前两个人的老板。

你手头的平凡工作其实正是大事业的开始，能否意识到这一点，意味着你能否做成一项大事业。

2.鲜花怒放

老师问媛媛:"蜜蜂给花园增加了生气是什么意思?"

媛媛答:"蜜蜂偷花,花儿生气呗!"

大家听了哄堂大笑。媛媛辩驳道:"要是鲜花不生气,哪来的'鲜花怒放'呢?"

3.没人磨墨

一个富家之子去考试,父亲事先考了他一下,成绩很好。满以为一定能被录取,不料榜上竟没有儿子的名字。父亲赶去找县官评理,县官调来试卷查看,只见上面淡淡一层灰雾,却看不到有什么字。父亲一回家便责骂道:"你的考卷怎么写得叫人看也看不清?"儿子哭道:"考场上没人替我磨墨,我只得用笔在砚上蘸着水写呀。"

4.这堂课它已经上过了

某大学一直为了校园里的流浪狗而大伤脑筋。流浪狗除了有时会无意地对人乱叫外,有的狗狗还会在上课时跑到教室,然后就趴在讲台前。一天,上课铃响了,同学也陆续走进教室。这时又见一只流浪狗摇着尾巴大摇大摆地进了教室,这时教授忍无可忍地大声怒吼:"快!谁把这只狗赶走,这堂课它已经上过了!"

5.造句

老师:"小明,你用'果然'这个词造个句子。"

小明:"先吃水'果','然'后再喝汽水。"

老师:"不对,不对,不能将'果'与'然'两个字分开!"

小明:"老师别急,我还没有说完,整个句子是——先吃水果,然后再喝汽水,果然拉肚子。"

6.化学课上

化学课上,老师讲解溶剂与溶质的关系:"一定量的溶剂只能溶解一定量的溶质。比如说,你吃了一碗饭,又吃了一碗,第三碗吃下去已经饱了,你还能吃下去吗?"

有个学生提问:"还有菜吗?"

十一、朗读四则寓言,读准声调,体会寓言所表达的道理

1.赫耳墨斯和雕像者

赫耳墨斯想知道他在人间受到多大的尊重,就化作凡人,来到一个雕像者的店里。他看见宙斯的雕像,问道:"值多少钱?"雕像者说:"一个银元。"赫耳墨斯又笑着问道:"赫拉的雕像值多少钱?"雕像者说:"还要贵一点儿。"后来,赫耳墨斯看见自己的雕像,心想他身为神使,又是商人的庇护神,人们对他会更尊重些,于是问道:"这个值多少钱?"雕像者回答说:"假如你买了那两个,这个算添头,白送。"

这故事适用于那些爱慕虚荣而不被人重视的人。

2. 蚊子和狮子

　　蚊子飞到狮子面前，对他说："我不怕你，你并不比我强。若说不是这样，你到底有什么力量呢？是用爪子抓，牙齿咬吗？女人同男人打架，也会这么干。我比你强得多。你要是愿意，我们来较量较量吧！"蚊子吹着喇叭冲过去，专咬狮子鼻子周围没有毛的地方。狮子气得用爪子把自己的脸都抓破了。蚊子战胜了狮子，又吹起喇叭，唱着凯歌飞走，却被蜘蛛网粘住了。蚊子将要被吃掉时，叹息说，自己同最强大的动物都较量过，不料被这小小的蜘蛛消灭了。

　　这故事适用于那些打败过大人物，却被小人物打败的人。

3. 穿井得一人

　　宋之丁氏，家无井而出溉汲，常一人居外。及其家穿井，告人曰："吾穿井得一人。"有闻而传之者："丁氏穿井得一人。"国人道之，闻之于宋君。宋君令人问之于丁氏，丁氏对曰："得一人之使，非得一人于井中也。"求闻之若此，不若无闻也。

　　译文：宋国的一户姓丁的人家，家里没有水井，需要出门打水浇田，派家里的一个人去打水，常常有一个人停留在外面。等到他家打了水井的时候，丁氏告诉别人说："我家打水井得到了一个人。"听了的人就去传播："丁氏挖井挖到了一个人。"国都的人都在谈论这件事，使宋国的国君知道了这件事。宋国国君派人向丁氏问明情况，丁氏答道："多得到一个人的劳力，不是在井内挖到了一个活人。"听到这样的传闻，还不如不听。

4. 杞人忧天

　　杞国有人忧天地崩坠，身亡所寄，废寝食者。

　　又有忧彼之所忧者，因往晓之，曰："天，积气耳，亡处亡气。若屈伸呼吸，终日在天中行止，奈何忧崩坠乎？"

　　其人曰："天果积气，日月星宿，不当坠耶？"

　　晓之者曰："日月星宿，亦积气中之有光耀者，只使坠，亦不能有所中伤。"

　　其人曰："奈得坏何？"

　　晓之者曰："地，积块耳，充塞四虚，亡处亡块。若躇步跐蹈，终日在地上行止，奈何忧其坏？"

　　其人舍然大喜，晓之者亦舍然大喜。

　　译文：杞国有个人担忧天会塌地会陷，自己无处存身，便整天睡不好觉，吃不下饭。另外又有个人为这个杞国人的忧愁而忧愁，就去开导他，说："天不过是积聚的气体罢了，没有哪个地方没有空气的。你一举一动，一呼一吸，整天都在天空里活动，怎么还担心天会塌下来呢？"那个人说："天如果是气体，那日月星辰不就会掉下来吗？"开导他的人说："日月星辰也只是空气中发光的东西，即使掉下来，也不会伤害什么。"那个人又说："如果地陷下去怎么办？"开导他的人说："地不过是堆积的土块罢了，填满了四处，没有什么地方是没有土块的。你行走跳跃，整天都在地上活动，怎么还担心会陷下去呢？"经过这个人一解释，那个杞国人放下心来，很高兴；开导他的人也放了心，很高兴。

第四章　音节训练

一、说明汉语音节结构的特点。

音节是听觉上能够自然分辨出来的最小语音单位。音节是由一个或几个音素按照一定的规律组合而成的，如"zhuāng"这个音节就是由 zh、u、a、ng 这四个音素构成的。

汉语音节基本结构特点：

（1）韵腹和声调必不可少。

汉语音节中可以没有声母（零声母音节），如"昂扬 ángyáng"；也可以没有韵头、韵尾，如"大意 dàyì"；但必须要有韵腹和声调。韵腹都由元音充当。普通话里，每个单元音都可以充当韵腹。如果韵母中有两个或三个元音，就由其中开口度较大、舌位较低、发音较响亮的元音充当韵腹。韵头只能由高元音 i、u、ü 充当，韵尾可以由元音 i、u 或由鼻辅音 n、ng 充当。

（2）汉语音节由 1—4 个音素组成。

一个音节最多由四个音素组成，分别充当声母、韵头、韵腹和韵尾，如"晃huàng"由 h、u、a、ng 四个音素组成；最少由一个音素构成，充当韵腹，如"鹅é"由一个音素 e 构成。

（3）汉语音节都有 1—3 个元音音素，而且是连续排列。没有复辅音。

如果一个音节里面有三个元音音素，那么它们分别充当韵头、韵腹和韵尾。有的汉语音节完全由元音构成，如"阿 ā、凹 āo、欧 ōu、雅 yǎ、腰 yāo、有 yǒu"。辅音音素只出现在音节的开头（做声母）或末尾（做韵尾）。

复辅音是指一个音节中有两个或更多的辅音音素连续排列在一起。现代汉语普通话中没有复辅音，英语、俄语、德语等语言中有复辅音。

（4）音节结构清晰，节律感强。汉语的音节一般都是由声母、韵母、声调三部分组成，音节与音节之间界限清晰。声调贯穿整个音节，音乐感和节律感显著。

二、简述分析音节结构的原则及分析过程中要注意的问题。

音节结构的分析步骤：先判断整个音节的声母、韵母和声调是否都具备；再分析声母和韵母的构成音素；最后进一步分析韵母的构成要素——韵头、韵腹和韵尾。每个汉语音节，都要从声母、韵头、韵腹、韵尾、声调这五个方面来逐一分析判断。

普通话音节结构的基本构成情况见表4-1：

表4-1 普通话音节结构表

例字和注音	声母	韵母			声调
		韵头	韵腹	韵尾	
而 ér			er		阳平
与 yǔ			ü		上声
页 yè		i	ê		去声
藕 ǒu			o	u	上声
微 wēi		u	e	i	阴平
韵 yùn			ü	n	去声
全 quán	q	ü	ɑ	n	阳平
画 huà	h	u	ɑ		去声
修 xiū	x	i	u		阴平
词 cí	c		-i（前）		阳平
至 zhì	zh		-i（后）		去声
该 gāi	g		ɑ	i	阴平
岩 yán		i	ɑ	n	阳平
装 zhuāng	zh	u	ɑ	ng	阴平
嗡 wēng		u	e	ng	阴平
永 yǒng		i	o	ng	上声

由表4-1可以看出，分析音节结构的原则主要有三点。一是准确判断声母、韵头、韵腹、韵尾、声调。二是准确书写声母、韵头、韵腹、韵尾的实际音素，而非拼写形式。如表中的"微"，由韵母uei自成音节构成，汉语拼音拼写形式是wēi，但其韵头是u而非w。三是准确书写声调的调值或调类。

分析音节结构时，要注意以下几点：

（1）普通话音节中音素的数量只能是1个、2个、3个或4个。

（2）韵腹是音节中口腔开合度最大、发音最响亮的元音，一般多由ɑ、o、e充当，其次是i、u、ü。如"凹āo、怄òu"中韵腹分别是ɑ、o。韵头只能由高元音i、u、ü充当，韵尾只能由元音i、u（有的写成o）或由鼻辅音n、ng充当。

（3）省写的音节，还原后再分析。iou、uei、uen在与辅音声母相拼时，韵腹被省略掉，写成iu、ui、un，如"修xiū、对duì、轮lún"，分析应首先还原为xiou、duei、luen，再进行分析，就会更加准确。撮口呼韵母为零声母的音节，以及与j、q、x声母相拼时，省略了ü上两点，写成u，如"韵yùn、月yuè、娟juān、全quán"，里面的u其实都是ü。如果声调符号恰巧标在i上，i上的点也要被省略掉，分析时不要忘记加上i上的圆点。

（4）韵母ie、üe的韵腹是ê，不是e，注意写准确。

（5）in只有两个音素i和n，并不是ien的省写，注意不要错误分析。

（6）字母i代表三个音素：跟在z、c、s声母后面的是舌尖前高元音"-i（前）"；跟在zh、ch、sh、r声母后面的是舌尖后高元音"-i（后）"，要注意这两个音素的正确书写。除此而外，其他都是舌面前高元音i。

三、详细叙述普通话声母韵母的拼合规律。

普通话有21个辅音声母和零声母、39个韵母，照理说可能构成的音节数目应该有800多个，但实际上只有410个左右，可见声母和韵母的拼合是有限制的。

声母按照发音部位的不同可划分为七类；韵母按照开头元音的发音口型可分为四类，即"四呼"。声母韵母的拼合规律见表4-2。

表4-2　普通话声母韵母拼合关系简表

声母		韵母			
		开口呼	齐齿呼 i行韵母	合口呼 u行韵母	撮口呼 ü行韵母
双唇音	b、p、m	有	有	有（只限u）	无
唇齿音	f	有	无	有（只限u）	无
舌尖中音	d、t	有	有	有	无
	n、l	有	有	有	有
舌根音	g、k、h	有	无	有	无
舌面音	j、q、x	无	有	无	有
舌尖后音	zh、ch、sh、r	有	无	有	无
舌尖前音	z、c、s	有	无	有	无
零声母	—	有	有	有	有

根据上表，我们把普通话声韵拼合规律总结为四句口诀：

零声边鼻四呼有，

双唇d、t无撮口，

根齿平翘有开合，

舌面只能拼齐撮。

口诀说明：

（1）零声母、边音l、鼻音n，可以跟四呼韵母相拼。

（2）双唇音b、p、m以及舌尖中音d、t，可以和开口呼、齐齿呼、合口呼（仅限于u）韵母相拼，不和撮口呼韵母相拼。

（3）舌根音（舌面后音）g、k、h，唇齿音f，平舌音（舌尖前音）z、c、s，翘舌音（舌尖后音）zh、ch、sh、r，这四组声母只能和开口呼、合口呼韵母相拼，不能和齐齿呼、撮口呼韵母相拼。

（4）舌面音（舌面前音）j、q、x可以和齐齿呼、撮口呼韵母相拼，不能和开口呼、合口呼韵母相拼。

上述规律中，所谓不能相拼，指某类声母与某类韵母全部不能拼，而且没有例外；能相拼，并非指全部都能相拼，一般是存在不能相拼的音的。例如，双唇音b、p、m能够和开口呼韵母相拼，但却不能和-i（前）、-i（后）、ê、er等几个开口呼韵母相拼。

从韵母的角度，还可以归纳出下列普通话声韵拼合规律。

（1）从开口呼的角度可以看出：音节数量占比最多；开口呼韵母与舌面音声母j、q、x全都不能拼；舌尖元音-i（前）和-i（后）属开口呼音节，-i（前）只和舌尖前音声母z、c、s相拼，-i（后）只和舌尖后音声母zh、ch、sh、r相拼；ê和er独立自成音节，不和任何声母相拼。

（2）从齐齿呼的角度可以看出：齐齿呼韵母不能拼合的声母较多，有舌尖前音声母z、c、s，舌尖后音声母zh、ch、sh、r，舌根音声母g、k、h和唇齿音声母f；韵母ia、iang不和双唇音声母b、p、m以及舌尖中音声母d、t、n、l相拼；韵母in不和舌尖中音声母d、t，舌根音声母g、k、h，舌尖前音声母z、c、s，舌尖后音声母zh、ch、sh、r以及唇齿音声母f相拼。

（3）从合口呼的角度可以看出：合口呼韵母与舌面音声母j、q、x全都不能拼；韵母ua、uai、uang不和舌尖前音声母z、c、s以及舌尖中音声母d、t、n、l相拼；韵母ueng只能独立成音节，不和任何辅音声母相拼，即只有零声母音节，写为weng；ong必须和辅音声母相拼才能构成音节，不能独立成为音节，即没有零声母音节。

（4）从撮口呼的角度可以看出：音节数量最少；撮口呼韵母不能拼合的声母最多，有舌尖前音声母z、c、s，舌尖后音声母zh、ch、sh、r，舌根音声母g、k、h，双唇音声母b、p、m，唇齿音声母f，舌尖中音声母d、t；能够和撮口呼韵母相拼的只有舌面音声母j、q、x和舌尖中音声母n、l；韵母ü、üe只和舌面音声母j、q、x以及舌尖中音声母n、l相拼。

普通话声母和韵母的拼合有较强的规律性，掌握其拼合规律，有助于深入了解普通话的语音系统，更好地学习和掌握普通话。

四、音节的拼读方法有哪些？分别举例说明。

拼读就是把声母和韵母一口气快速连读成一个音节。音节的拼读习惯上叫拼音，就是要把声母、韵母、声调有机地组合成音节并且读出来。要想使音节拼读准确，除了把独立的声母、韵母、声调读准，还要注意拼读的要领和拼读的方法。

普通话音节拼读的方法主要有两大类：一是拼读法，二是直呼法。

1.拼读法又可以分为三种。

（1）两拼法，就是将声母和韵母这两个部分拼读成音节的方法，即"合二为一"。拼读时，需要将韵母作为一个整体。这种拼读方法的训练要领是"前音（指声母）轻短后音（指韵母）重，两音相连猛一碰"。拼读时把声母读得轻短一些，韵母读得重一些，韵母要作为一个整体，不管其内部结构如何都不分开读，如：d-òu→dòu逗，b-ǎo→bǎo宝。

（2）三拼法，又叫三拼连读法，就是把音节分成声母、韵头（介音）、韵身（韵母除去韵头所剩余的部分）三部分连读拼音的方法，即"合三为一"。对于能够分解为这三部分的普通话音节，可以采用三拼法，反之则不能。三拼法的拼读要领是"声短介快韵腹响，三音连读很顺当"。即声母用本音，声母和韵头读得要短一些；韵腹读得要清晰、响亮，这样快速连读气流不中断，就可以拼成一个完整的音节。如：j（声母）-i（韵头）-āng（韵身）→jiāng江，sh（声母）-u（韵头）-ài（韵身）→shuài帅。

（3）声介合拼法，就是把声母和韵头（介音）先合成一个部分，再跟韵身进行拼读，还是"合二为一"。如：gu-ǎng→guǎng广，ji-ā→jiā家。

需要注意的是：ie、üe、iou、uei、uen、ueng虽然有韵头，却不能用三拼法和声介合拼法拼读。原因在于：ie、üe的韵腹是ê不是e；iou、uei、uen在小学汉语拼音教学中教的是省写形式iu、ui、un；小学汉语拼音教学中把拼写形式y、w当声母教，因此没有ueng韵母，只教eng韵母，而在普通话里ueng韵母只能自成音节，写成weng，不具备三拼法和声介合拼法的条件。如果用三拼法或声介合拼法拼读ie、üe、iou、uei、uen韵母音节，就需要给小学生讲清楚单韵母ê以及ie、üe的原形，还需要讲iu、ui、un的原形是iou、uei、uen，这样就会加大小学生掌握汉语拼音的难度，也没有必要。

2.直呼法，就是先做好声母的口形，然后直接发出韵母的读音。也就是对一个音节不进行拼读而是直接读出字音的方法。如看到"yǎn演、huà画"就直接读出，不再现拼。

直呼法一般可以分为以下三种。

（1）支架法，就是"声母支好架，声韵同时发"。先做好发声母的口形，紧接着用声母的本音连读带调韵母，一口气呼出音节。如：bà爸、mā妈、nǎi奶、yé爷。

（2）暗拼急读法，是初学直呼法的时候，向"支架法"过渡的办法。就是看到一个音节时，先看准音节的声母、韵母、声调，但嘴上不读出来，先在心里拼准后，再快速直接读出音节。如：xīn新、dōng东、guǎ寡、zài在。

（3）整体认读法。就是像认读汉字一样，直接读出一个个音节，而不采用拼的办法读出来，把音节作为一个整体来读。汉语普通话中，一共有zhi、chi、shi、ri、zi、ci、si、ye、yi、yin、ying、wu、yu、yue、yun、yuan这16个整体认读音节。前7个音节都是舌尖韵母，整体认读可以减少学习内容、降低发音难度；后9个音节都是由y、w开头的零声母音节，这些音节不便于拼音，因此作为整体来读。如：shī师、zì字、yǐ椅、wū屋、yuàn愿。

五、举例说明怎样确定音节的声调。

拼读时，确定声调的方法有三种。

（1）数调法。先把声母和韵母拼合在一起，然后按照四声次序依次读出四个声调，直到读到要读的声调为止。例如"cā擦"，先拼读出这个音节的阴平调cā，然后依照顺序数调，阳平调cá，上声调cǎ，去声调cà，那么cā就是要读的调。

（2）韵母定调法。先确定韵母的声调，用声母和定了调的韵母相拼，直接读出整个音节。例如"床chuáng"，先读韵母uáng，确定声调是阳平，然后拼读时直接用声母ch和阳平调的韵母uáng相拼，读出chuáng。

（3）音节定调法。先把声母和韵母拼合成音节的形式，不带声调，最后直接读出其声调。例如：b-ai→bāi掰、j-iang→jiàng酱、sh-ou→shǒu手、q-iu→qiú球。

六、举例说明汉语人名、地名的拼写规则。

现代汉语中人名和地名的拼写，依据国家标准《汉语拼音正词法基本规则》①。

（一）人名拼写规则

1.汉语人名中的姓和名分写，姓在前，名在后。复姓连写。双姓中间加连接号。姓和名的首字母分别大写，双姓两个字首字母都大写。笔名、别名等，按姓名写法处理。例如：

Wáng Míng（王明）　　　　Lǐ Guóqìng（李国庆）

Shū Qìngchūn（舒庆春）　　Sīmǎ Qiān（司马迁）

Zhǎngsūn Wújì（长孙无忌）　Xǔ-Lín Guóruì（许林国瑞）

Yì'ān Jūshì（易安居士）　　Wǔdé Xīngjūn（武德星君）

Féng Táng（冯唐）

2.人名与职务、称呼等，分写；职务、称呼等首字母小写。例如：

Liú bùzhǎng（刘部长）　　　Lín zhǔrèn（林主任）

Zhào júzhǎng（赵局长）　　　Yáng xiàozhǎng（杨校长）

Sūn lǎoshī（孙老师）　　　　Zhōu jīnglǐ（周经理）

Zhāng tóngzhì（张同志）　　　Wáng fūren（王夫人）

Fù lǎo（付老）　　　　　　　Sū xiōng（苏兄）

Chén mǒu（陈某）　　　　　　Yǎnán tóngzhì（雅楠同志）

Xiùhuá āyí（秀华阿姨）

3."老"、"小"、"大"、"阿"等与后面的姓、名、排行，分写，分写部分的首字母分别大写。例如：

Xiǎo Fāng（小方）　　　　　Lǎo Guō（老郭）

Dà Chéng（大程）　　　　　Ā Yù（阿玉）

4.已经专名化的称呼，连写，开头大写。例如：

Mèngzǐ（孟子）　　　　　　Qūyuán（屈原）

Píngyuánjūn（平原君）　　　Bīngxīn（冰心）

Jiànyuán（建元）

（二）地名拼写

1.汉语地名中的专名和通名，分写，每一分写部分的首字母大写。例如：

Sūzhōu Shì（苏州市）　　　　Hǎinán Shěng（海南省）

Qiántáng Jiāng（钱塘江）　　Wèi Hé（渭河）

Láo Shān（崂山）　　　　　Wǔdāng Shān（武当山）

Huángtǔ Qiūlǐng（黄土丘陵）　Táohuā Tán（桃花潭）

Qiāndǎo Hú（千岛湖）　　　Nán Hǎi（南海）

Qióngzhōu Hǎixiá（琼州海峡）　Dàxī Yáng（大西洋）

① GB/T 16159—2012，国家技术监督局2012–06–29批准发布，2012–10–01实施。

2.专名与通名的附加成分，如是单音节的，与其相关部分连写。例如（以下加点字为附加成分）：

Qīngliáng Gǔdào（清凉古道）　　　　　Xiānlín Dàdào（仙林大道）

Zhōnglóuqū Nándàjiē（钟楼区南大街）　　Wéndé Liùxiàng（文德六巷）

3.已专名化的地名不再区分专名和通名，各音节连写。例如：

Hēilóngjiāng（黑龙江［省］）　　　　　Jiǔxiānqiáo（酒仙桥［医院］）

不需区分专名和通名的地名，各音节连写。例如：

Běidàihé（北戴河）　　　　　　　　　　Lóngwángmiào（龙王庙）

4.非汉语人名、地名的汉字名称，用汉语拼音拼写。例如：

Wūlánfū（乌兰夫，Ulanfu）　　　　　　Lúndūn（伦敦 London）

七、举例说明成语的拼写规则。

现代汉语中成语的拼写，依据国家标准《汉语拼音正词法基本规则》。

1.成语通常作为一个语言单位使用，以四字文言语句为主。结构上可以分为两个双音节的，中间加连接号。例如：

zuòjǐng-guāntiān（坐井观天）　　　　　hòujī-bófā（厚积薄发）

yǔzhòng-xīncháng（语重心长）　　　　　yuánmù-qiúyú（缘木求鱼）

zǒumǎ-guānhuā（走马观花）　　　　　　zuǒgù-yòupàn（左顾右盼）

chūnhuā-qiūyuè（春花秋月）　　　　　　yíngyíng-qiūshuǐ（盈盈秋水）

2.结构上不能分为两个双音节的，全部连写。例如：

zuòbìshàngguān（作壁上观）　　　　　　hàiréntīngwén（骇人听闻）

huá'érbùshí（华而不实）　　　　　　　　qīngchūyúlán（青出于蓝）

wénbùjiādiǎn（文不加点）　　　　　　　fènbùgùshēn（奋不顾身）

zìránérrán（自然而然）　　　　　　　　　bùyìlèhū（不亦乐乎）

3.非四字成语和其他熟语内部按词分写。例如：

diào shūdài（掉书袋）　　　　　　　　　bā jiǔ bù lí shí（八九不离十）

bù fèi chuīhuī zhī lì（不费吹灰之力）

lái ér bù wǎng fēi lǐ yě（来而不往非礼也）

【训练与提高】

训练目标：掌握普通话音节的结构特点及其拼读、拼写、拼合，能够读准常用汉字音节，并在使用普通话的时候，找准和改正自己在汉语音节使用中存在的问题。

第一节　结构训练

一、列表分析下列音节的结构

音节	声母	韵母			声调
		韵头	韵腹	韵尾	
阿 ā			ɑ		阴平
姨 yí			i		阳平
魂 hún	h	u	e	n	阳平
魄 pò	p		o		去声
悠 yōu		i	o	u	阴平
远 yuǎn		ü	ɑ	n	上声
垂 chuí	ch	u	e	i	阳平
柳 liǔ	l	i	o	u	上声
权 quán	q	ü	ɑ	n	阳平
威 wēi		u	e	i	阴平
二 èr			er		去声
月 yuè		ü	e		去声
解 jiě	j	i	e		上声
决 jué	j	ü	e		阳平
自 zì	z		-i（前）		去声
强 qiáng	q	i	ɑ	ng	阳平
失 shī	sh		-i（后）		阴平
望 wàng		u	ɑ	ng	去声
语 yǔ			ü		上声
文 wén		u	e	n	阳平

二、朗读下列词语，注意将音节结构读清楚

颓废	周旋	剥削	税务	骄傲	尊贵
录取	规矩	档案	考虑	顺嘴	肄业
军训	宣传	广场	创作	代谢	恶魔
过滤	解剖	遵守	垂柳	海鸥	掠夺
坚硬	晚安	预约	耳语	名额	女杰

引言	轮换	贫困	业余	琴弦	参差
消息	枢纽	酗酒	造诣	剥削	括号
衬衫	纽带	阻塞	缥缈	蓖麻	弥漫
匹配	兴奋	冰雹	畜牧	束缚	热爱
缔造	讴歌	魅力	紊乱	弧度	确凿

第二节　拼合训练

一、根据声韵调配合规律，改正拼写错误，并说明错误的原因。

隆 luéng	砰 pōng	坐 zhuò	脱 tō	胶 jāo
泪 luì	迫 può	登 dōng	董 duǒng	梦 mòng
峰 fōng	颂 shòng	切 chiè	葱 qōng	笋 xǔn
街 jiāi	波 bē	建 jàn	盾 dèn	努 nǒng
退 tèi	尊 zēn	嫩 nuèn	啪 piā	魔 mé
宅 zhéi	白 bé	择 zhéi	帅 suài	穹 qóng
肺 fi	歌 guō	黑 hē	墨 mèi	错 chuò
抓 juā	夏 xà	风 fōng	决 gué	小 shǎo
翁 ōng	送 siòng	精 zīng	坡 puō	叫 giào
全 qūan	陪 pí	绿 lù	就 jiòu	分 fēng

二、朗读下列词语，特别是加点字。注意 z、c、s 与 uen、uan、ong 韵母相拼，j、q、x 与 ün、üan、iong 韵母相拼时的读音特点。

钻谋 zuānmóu	钻探 zuāntàn	纂修 zuǎnxiū	编纂 biānzuǎn
尊崇 zūnchóng	遵照 zūnzhào	樽俎 zūnzǔ	撙节 zǔnjié
宗庙 zōngmiào	总归 zǒngguī	棕榈 zōnglú	踪影 zōngyǐng
行踪 xíngzōng	宗旨 zōngzhǐ	综述 zōngshù	总部 zǒngbù
村塾 cūnshú	皴裂 cūnliè	存留 cúnliú	忖度 cǔnduó
寸断 cùnduàn	撺弄 cuānnong	蹿升 cuānshēng	攒动 cuándòng
窜改 cuàngǎi	撺掇 cuānduo	篡位 cuànwèi	葱茏 cōnglóng
从此 cóngcǐ	丛林 cónglín	淙淙 cóngcóng	从政 cóngzhèng
捐款 juānkuǎn	卷尺 juǎnchǐ	卷轴 juànzhóu	隽永 juànyǒng
绢花 juànhuā	眷顾 juàngù	军港 jūngǎng	军需 jūnxū
均等 jūnděng	龟裂 jūnliè	君临 jūnlín	菌落 jūnluò
俊朗 jùnlǎng	骏马 jùnmǎ	俊俏 jùnqiào	循环 xúnhuán
迥异 jiǒngyì	窘境 jiǒngjìng	圈点 quāndiǎn	圈占 quānzhàn
权贵 quánguì	全局 quánjú	诠释 quánshì	泉眼 quányǎn
蜷伏 quánfú	蜷缩 quánsuō	犬儒 quǎnrú	劝退 quàntuì

穷乏 qióngfá　　　穹窿 qiónglóng　　　琼浆 qióngjiāng　　　琼脂 qióngzhī

轩昂 xuān'áng　　　宣称 xuānchēng　　　喧哗 xuānhuá　　　玄虚 xuánxū

悬案 xuán'àn　　　悬赏 xuánshǎng　　　旋律 xuánlǜ　　　选任 xuǎnrèn

三、朗读下列词语，特别是加点字。注意总结声母与合口呼韵母的拼合规律。

臀部 túnbù　　　　托词 tuōcí　　　　托梦 tuōmèng　　　脱位 tuōwèi

队伍 duìwu　　　　退却 tuìquè　　　　团圆 tuányuán　　　团练 tuánliàn

暖和 nuǎnhuo　　　山峦 shānluán　　　遵守 zūnshǒu　　　团结 tuánjié

凌乱 língluàn　　　轮船 lúnchuán　　　嘴脸 zuǐliǎn　　　催促 cuīcù

钻研 zuānyán　　　囫囵 húlún　　　　最少 zuìshǎo　　　篡夺 cuànduó

摧残 cuīcán　　　　存档 cúndàng　　　湍急 tuānjí　　　翡翠 fěicuì

老翁 lǎowēng　　　佤族 Wǎzú　　　　威武 wēiwǔ　　　文武 wénwǔ

蹉跎 cuōtuó　　　　歪斜 wāixié　　　　国王 guówáng　　　温水 wēnshuǐ

四、朗读下列词语，特别是加点字。注意不要把bo、po、mo、fo读成be、pe、me、fe。

驳论 bólùn　　　　帛画 bóhuà　　　　勃发 bófā　　　　铂金 bójīn

单薄 dānbó　　　　搏击 bójī　　　　薄弱 bóruò　　　　搏杀 bóshā

播送 bōsòng　　　　伯父 bófù　　　　薄产 bóchǎn　　　搏斗 bódòu

剥离 bōlí　　　　　波荡 bōdàng　　　钵盂 bōyú　　　　漠视 mòshì

压迫 yāpò　　　　　活泼 huópō　　　琥珀 hǔpò　　　　朴刀 pōdāo

坡道 pōdào　　　　泼洒 pōsǎ　　　　婆家 pójiā　　　　迫害 pòhài

迫降 pòjiàng　　　　迫使 pòshǐ　　　　破案 pò'àn　　　　破戒 pòjiè

泼墨 pōmò　　　　　破格 pògé　　　　叵耐 pǒnài　　　　破旧 pòjiù

默写 mòxiě　　　　魔幻 móhuàn　　　磨合 móhé　　　　摩挲 pósuō

抹黑 mǒhēi　　　　没落 mòluò　　　　末端 mòduān　　　陌生 mòshēng

摸底 mōdǐ　　　　　摸索 mōsuǒ　　　摹绘 móhuì　　　　模型 móxíng

五、朗读下列词语，特别是加点字。注意不要把beng、peng、meng、feng读成bong、pong、mong、fong。

崩溃 bēngkuì　　　崩塌 bēngtā　　　绷带 bēngdài　　　迸溅 bèngjiàn

烹饪 pēngrèn　　　蓬勃 péngbó　　　蓬松 péngsōng　　　膨化 pénghuà

萌发 méngfā　　　　蒙混 ménghùn　　　猛犸 měngmǎ　　　盟主 méngzhǔ

风寒 fēnghán　　　丰腴 fēngyú　　　　风尘 fēngchén　　　风趣 fēngqù

锋利 fēnglì　　　　风扇 fēngshàn　　　风声 fēngshēng　　　奉贤 Fèngxián

蜂箱 fēngxiāng　　　逢迎 féngyíng　　　讽谏 fěngjiàn　　　凤冠 fèngguān

抨击 pēngjī　　　　烹茶 pēngchá　　　朋辈 péngbèi　　　棚车 péngchē

澎湃 péngpài　　　捧杯 pěngbēi　　　碰瓷 pèngcí　　　碰面 pèngmiàn

猛烈 měngliè　　　孟秋 mèngqiū　　　梦想 mèngxiǎng　　　猛然 měngrán

猛将 měngjiàng　　蒙古 Měnggǔ　　孟夏 mèngxià　　梦境 mèngjìng

六、朗读下列词语，特别是加点字。注意它们的声韵拼合特点，fei不要读成fi。

淝水 Féi Shuǐ	咖啡 kāfēi	斐然 fěirán	霏霏 fēifēi
非常 fēicháng	非议 fēiyì	飞舞 fēiwǔ	飞扬 fēiyáng
肺炎 fèiyán	废黜 fèichù	费解 fèijiě	沸腾 fèiténg
废旧 fèijiù	费时 fèishí	绯红 fēihóng	飞鸿 fēihóng
飞艇 fēitǐng	飞檐 fēiyán	嫔妃 pínfēi	飞碟 fēidié
莫非 mòfēi	是非 shìfēi	施肥 shīféi	废材 fèicái
绝非 juéfēi	话费 huàfèi	花费 huāfèi	化肥 huàféi
非礼 fēilǐ	费力 fèilì	肺腑 fèifǔ	蜚语 fēiyǔ

七、朗读下列词语，特别是加点字。注意不要把ji、qi、xi读成 gi、ki、hi。

见地 jiàndì	简短 jiǎnduǎn	间断 jiànduàn	间或 jiànhuò
建构 jiàngòu	建设 jiànshè	建模 jiànmó	健忘 jiànwàng
江豚 jiāngtún	讲究 jiǎngjiu	将就 jiāngjiu	姜黄 jiānghuáng
浆洗 jiāngxǐ	讲授 jiǎngshòu	金属 jīnshǔ	进球 jìnqiú
金秋 jīnqiū	津贴 jīntiē	襟怀 jīnhuái	紧促 jǐncù
求签 qiúqiān	秋色 qiūsè	囚笼 qiúlóng	球鞋 qiúxié
向量 xiàngliàng	想念 xiǎngniàn	响指 xiǎngzhǐ	经济 jīngjì
像素 xiàngsù	象形 xiàngxíng	枭雄 xiāoxióng	消沉 xiāochén
检验 jiǎnyàn	巧妙 qiǎomiào	项圈 xiàngquān	详细 xiángxì
恳请 kěnqǐng	作息 zuòxī	桥梁 qiáoliáng	惊奇 jīngqí
杰出 jiéchū	起点 qǐdiǎn	清新 qīngxīn	显著 xiǎnzhù
接触 jiēchù	西风 xīfēng	飞机 fēijī	仔细 zǐxì
企图 qǐtú	急忙 jímáng	兴趣 xìngqù	新春 xīnchūn
吸取 xīqǔ	矩形 jǔxíng	七夕 qīxī	袭击 xíjī

八、说相声训练，其中的绕口令可以帮助我们进行声韵拼合训练。

相声：绕口令

甲　咱们两个人说一段儿绕嘴的。

乙　好说。

甲　绕嘴的，我说一个，你就说不上来。

乙　说不上来我拜你为师。

甲　你说上来我拜你为师。

乙　好，你说吧。

甲　你听这个。

乙　啊。

甲　"大门外有四辆四轮大马车，你爱拉哪两辆，来拉哪两辆。"

乙　好说。

甲　说。

乙　大门外有四辆四轮大马车，你爱拉哪两辆，你给我留两辆。

甲　哎，咱俩一个人两辆。

乙　不是分车吗？

甲　分车呀！

乙　大门外有四辆四轮大马车，你爱拉哪两辆，你拉，你全拉了去得了，我不要啦！

甲　你坐黄包车回家去啊！

乙　我走着回去。

甲　你这是挨骂。

乙　"大门外有四辆四轮大马车，你爱拉哪两辆，来拉哪两辆。"

甲　这个算你说上来啦。

乙　哪个都行。

甲　这个好说。"出南门往正南，有一个面铺面向南，面铺门口挂个蓝布棉门帘，摘了蓝布棉门帘，面铺还是面向南，挂上蓝布棉门帘，瞧了瞧，面铺还是面向南。"

乙　这个好说。

甲　说。

乙　出南门往正南，有个面铺面向南，面铺挂着蓝布棉门帘，摘了蓝布棉门帘，面铺卖了八块八毛钱。

甲　八块八，四袋子面。

乙　"出南门往正南，有一个面铺面向南，面铺挂着蓝布棉门帘。摘了蓝布棉门帘，还是个面铺面向南。挂着蓝布棉门帘，瞧了瞧，哎，还是个面铺面向南。"

甲　这个算你说上来了。

乙　哪个我都行。

甲　你再听这一个。

乙　哎。

甲　"会炖我的炖冻豆腐，来炖我的炖冻豆腐，不会炖我的炖冻豆腐，别混充会炖炖坏了我的炖冻豆腐哇。"

乙　好说。

甲　说。

乙　你会炖我的炖冻豆腐，你炖我的炖冻豆腐，你不会炖我的炖冻豆腐，你别动我的豆腐。

甲　谁动你的豆腐啦？

乙　你会炖我的炖冻豆腐，来炖我的炖冻豆腐，你不会炖冻豆腐，你熬豆腐吃吧！

甲　那就省厨师啦。

乙　"你会炖我的炖冻豆腐，来炖我的炖冻豆腐，不会炖我的炖冻豆腐，别混充会炖炖坏了我的炖冻豆腐哇！"

甲　哼！这个也算你说上来啦。

乙　哪一个我都说得上来。

甲　你这是蒙的。再说一个你听。

乙　说。

甲　"你你会糊我的粉红活佛龛，来糊我的粉红活佛龛，不会糊我的粉红活佛龛，别混充会糊糊坏了我的粉红活佛龛哪！"

乙　这个好说。

甲　说。

乙　你会糊我的粉红活佛龛，你来糊我的粉红活佛龛，你不会糊我的粉红活佛龛，你就给我看着得啦！

甲　哎，我给你看着什么呀？

乙　别丢啦！

甲　什么呀！

乙　你会糊我的粉红活佛龛，你来糊我的粉红活佛龛，你不会糊我的粉红活佛龛，你给我买一个佛爷龛子吧。

甲　那你就别糊啦。

乙　有卖的，先生。

甲　哪儿卖呀？

乙　怎么，非得说上来不可吗？

甲　你说不上来啦。

乙　当着诸位先生，说不上来我拜你为师。

甲　你要说上来，我拜你为师。

乙　好，你听着。

甲　说。

乙　我长年指着这个吃饭。

甲　你说吧。

乙　你会糊我的粉红活佛龛，你来糊我的粉红活佛龛，你要是不会糊我的粉红活佛龛，你别混充会炖炖坏了我的炖冻豆腐哇。

甲　你别挨骂了。

乙　"你你会糊我的粉红活佛龛，来糊我的粉红活佛龛，不会糊我的粉红活佛龛，别混充会糊糊坏了我的粉红活佛龛哪！"

甲　我再说个绕嘴的，你就说不上来啦！

乙　说不上来，拜你为师。

甲　你听着。

乙　说吧。

甲　山前住着一个姓颜的，他是两只圆眼；山后住着个姓颜的，也是两只圆眼。山前那个叫颜圆眼，山后那个叫颜眼圆。这两个人上山前头比眼去啦，比出这么一个绕嘴的来。

乙　你说吧。

甲　我说给你听。"山前住的颜圆眼，山后住的颜眼圆，二人山前来比眼，也不知道颜圆眼比颜眼圆的圆眼，也不知道颜眼圆比颜圆眼的眼圆。"

乙　这个好说。

甲　你说。

乙　山前住个颜圆远，山后住的颜远圆。

甲　圆眼眼圆。

乙　他是对头。

甲　哦。

乙　山前住的颜圆眼，山后住的颜眼圆，两人山前前来比圆眼，颜圆眼比不过给一块四毛钱。

甲　你的洋钱又来啦！

乙　四吊多啦。

甲　嘻。

乙　"山前住的颜圆眼，山后住的颜眼圆，两人山前来比眼，也不知道颜圆眼比颜眼圆的圆眼，也不知道颜眼圆比颜圆眼的眼圆。"

甲　这个算你说上来啦。

乙　这算什么呀？

甲　我再说一个你听。

乙　哎。

甲　山前住一个姓崔的，他是两条粗腿，山后住了一个姓崔的，他是两条腿粗。"山前住的叫崔粗腿，山后住的叫崔腿粗，两人山前来比腿，也不知道崔粗腿比崔腿粗的腿粗，也不知道是崔腿粗比崔粗腿的腿粗。"

乙　这好说。

甲　说。

乙　山前住的崔粗腿，山后住的秃老美。

甲　嘿，秃老美，还没有头发哪！

乙　山前住的崔粗腿，山后住的崔腿粗，两人山前来比腿，也不知道崔粗腿的粗腿，他是肿腿。

甲　腿肿啦，比你这腿粗得多啦，你这是挨骂哪！

乙　"山前住的崔粗腿，山后住的崔腿粗，两人山前来比腿，也不知道崔粗腿的腿比崔腿粗的腿粗，也不知道崔腿粗比崔粗腿的腿粗。"

甲　好，瞧瞧舌头多利落！

乙　也说上来啦！

甲　我再说一个你就说不上来啦！

乙　说不上来我就拜你为师。

甲　你听这个。"我家有个肥嫩的嫩巴八斤鸡，飞在张家后院里，张家后院有个肥嫩的嫩巴八斤狗，咬了我肥嫩的嫩巴八斤鸡，卖了他肥嫩的嫩巴八斤狗，赔了我肥嫩的嫩巴八斤鸡。"

乙　这好说。

甲　说。

乙　我家有一个肥嫩的嫩大八斤。

甲　大八斤哪？肥嫩的嫩巴八斤鸡。

乙　我家有个肥嫩的嫩巴八斤鸡，飞到张家后院里，张家有个肥嫩的嫩巴八斤狗，咬了我的手，我不走，大众围着瞅，巡警也来瞅。巡警说，你的狗，咬了吉坪三的手，连人带狗一齐拉着走。你爸爸和你妈妈害怕，给巡警打的酒、买的白莲藕。巡警说，我办公事不喝酒，不吃藕。巡警走，我没有走，我在你家喝的酒，吃的藕，我在你家待了好几宿。

甲　这是什么呀？

乙　不是这个吗？

甲　不对，我们这是狗咬鸡。

乙　哦，狗咬鸡。

甲　嘿！

乙　我跑到狗咬手上去啦。

甲　你那狗咬手跟狗咬鸡差多啦！

乙　你听。

甲　说。

乙　我家有一肥嫩的嫩巴八斤鸡，飞到你们张家后院里，你们张家肥嫩的嫩巴八斤狗，咬了我的肥嫩的嫩巴八斤鸡，因为什么你们狗咬我鸡，我不依，你爸爸和你妈妈抱着肥嫩狗，那天星期一，抱到大街西拖到法兰西，卖了一块七，我还不依，你妈是阎婆惜。

甲　你别挨骂啦！

第三节　拼读训练

一、拼一拼，读一读，写出正确的汉字。

1. zhùzhòng　　zhōngzhǐ　　zhēnzhū　　zhuǎnzhàng　　zhǐchū　　zhóuchéng　　zázhì

2. zhīchū　　zhīchēng　　zhāoshì　　zhìshǎo　　zhèngshū　　chēzhàn　　zhǒngzi

3. Chángshā　　chéngshì　　shíshàng　　chōngshí　　shùzhí　　shōuzhī　　shānchú

4. bèngchuáng　cāngchú　　cǎichāo　　cíchǎng　　sǔnshī　　shōusuō　　cǐchù

5. zhīshi　　zǔlì　　zǔfù　　chéngzhèn　　zīzhì　　zuòzhě　　zhīzú

6. zhíbǐ　　zhúzi　　qíchē　　qìchē　　zhìxù　　shǔshù　　shīzhǔ

7. zhùyì　　zhuǎzi　　làzhú　　shùzì　　rìlì　　rìchū　　zhírì

8. zhìqì　　zǐdì　　sīguā　　wàzi　　zuòhuà　　zǔmǔ　　jìcè

9. nǔhái　　nǔlì　　dàxiá　　huǒchē　　hàichóng　　dàshù　　yùnmǔ

10. yǔyán　　yánsè　　báhé　　túhuà　　wénjù　　lǎoshī　　báiyún

11. róuruǎn　　érzi　　héshuǐ　　xiàofú　　shānfēng　　yīyuàn　　yǔyī

12. tùzì　　shānqū　　ěrduo　　diànhuà　　shuǐguǒ　　táifēng　　pǔtōng

二、按照拼读要领拼读下列音节。

1. 两拼法拼读训练

l-ìng→lìng 另　　　g-è→gè 各　　　d-āng→dāng 当　　　zh-ēn→zhēn 真

x-ǔ→xǔ 许　　　n-ín→nín 您　　　f-éi→féi 肥　　　zh-ái→zhái 宅

2. 三拼法拼读训练

j-ü-ān→juān 娟　　　q-i-óng→qióng 穹　　　n-u-ǎn→nuǎn 暖

n-i-ǎo→niǎo 鸟　　　x-i-àng→xiàng 像　　　d-i-ǎn→diǎn 点

3. 声介合拼法拼读训练

qi-ǎo→qiǎo 巧　　　xi-óng→xióng 熊　　　zhu-ān→zhuān 专

4. 直呼音节训练

　　Jiěshì Hànyǔ pīnyīn yòngfǎ hé biāozhǔn de《Hànyǔ Pīnyīn Fāng'àn》shì Zhōngguó pīnyīn fāng'àn de guójiā biāozhǔn, yě shì Liánhéguó guīdìng yònglái pīnxiě Zhōngguó rénmíng、dìmíng hé zhuānyòng cíyǔ de guójì biāozhǔn.

　　解释汉语拼音用法和标准的《汉语拼音方案》是中国拼音方案的国家标准，也是联合国规定用来拼写中国人名地名和专用词语的国际标准。

5. 整体认读音节儿歌

zhi、chi、shi, zi、ci、si, 别忘中间夹着个ri;（zhi chi shi ri zi ci si）

大 Y、W 带着 yi wu yu;（yi wu yu）

音（yin）乐（yue）英（ying）语（yu）里也（ye）有;

天上的云（yun）儿变圆（yuan）脸，对着我们笑哈哈!

三、拼音朗读训练。

　　1. Jiǎrú wǒ shì yī zhī niǎo,

　　Wǒ yě yīnggāi yòng sīyǎ de hóulóng gēchàng:

　　Zhè bèi bàofēngyǔ suǒ dǎjīzhe de tǔdì,

　　Zhè yǒngyuǎn xiōngyǒngzhe wǒmen de bēifèn de héliú,

　　Zhè wúzhǐxī de chuīguāzhe de jīnù de fēng,

　　Hé nà láizì línjiān de wúbǐ wēnróu de límíng ……

　　——Ránhòu wǒ sǐ le,

　　Lián yǔmáo yě fǔlàn zài tǔdì lǐmiàn.

　　Wèishénme wǒ de yǎn lǐ cháng hán lèishuǐ?

　　Yīnwèi wǒ duì zhè tǔdì ài de shēnchén ……

　　假如我是一只鸟，

我也应该用嘶哑的喉咙歌唱：
这被暴风雨所打击着的土地，
这永远汹涌着我们的悲愤的河流，
这无止息地吹刮着的激怒的风，
和那来自林间的无比温柔的黎明……
——然后我死了，
连羽毛也腐烂在土地里面。

为什么我的眼里常含泪水？
因为我对这土地爱得深沉……

——选自艾青《我爱这土地》

2.Wǒ zài Jiānádà xuéxí qījiān yùdàoguo liǎng cì mùjuān, nà qíngjǐng zhìjīn shǐ wǒ nányǐ-wànghuái.

Yī tiān, wǒ zài Wòtàihuá de jiēshàng bèi liǎng gè nánháizi lánzhù qùlù. Tāmen shí lái suì, chuān de zhěngzhěngqíqí, měi rén tóu shàng dàizhe gè zuògōng jīngqiǎo、sècǎi xiānyàn de zhǐ mào, shàngmiàn xiězhe "Wèi bāngzhù huàn xiǎo'ér mábì de huǒbàn mùjuān". Qízhōng de yī gè, bùyóu-fēnshuō jiù zuò zài xiǎodèng shàng gěi wǒ cā qǐ píxié lái, lìng yī gè zé bīnbīn-yǒulǐ de fāwèn: "Xiǎojiě, nín shì nǎ guó rén? Xǐhuan Wòtàihuá ma?" "Xiǎojiě, zài nǐmen guójiā yǒu méiyǒu xiǎoháir huàn xiǎo'ér mábì? Shuí gěi tāmen yīliáofèi?" Yīliánchuàn de wèntí, shǐ wǒ zhège yǒushēngyǐlái tóu yī cì zài zhòngmù-kuíkuí zhīxià ràng biérén cā xié de yìxiāngrén, cóng jìnhū lángbèi de jiǒngtài zhōng jiětuō chūlái. Wǒmen xiàng péngyǒu yīyàng liáo qǐ tiānr lái…

Jǐ gè yuè zhīhòu, yě shì zài jiēshàng. Yīxiē shízì-lùkǒuchù huò chēzhàn zuòzhe jǐ wèi lǎorén. Tāmen mǎntóu yínfà, shēn chuān gèzhǒng lǎoshì jūnzhuāng, shàngmiàn bùmǎn le dàdàxiǎoxiǎo xíngxíngsèsè de huīzhāng、jiǎngzhāng, měi rén shǒu pěng yī dà shù xiānhuā, yǒu shuǐxiān、shízhú、méiguī jí jiàobùchū míngzì de, yī sè xuěbái. Cōngcōng-guòwǎng de xíngrén fēnfēn zhǐbù, bǎ qián tóujìn zhèxiē lǎorén shēnpáng de báisè mù xiāng nèi, ránhòu xiàng tāmen wēiwēi jūgōng, cóng tāmen shǒu zhōng jiē guò yī duǒ huā. Wǒ kànle yīhuìr, yǒu rén tóu yīliǎng yuan, yǒu rén tóu jǐbǎi yuán, hái yǒu rén tāochū zhīpiào tiánhǎo hòu tóujìn mùxiāng. Nàxiē lǎojūnrén háobù zhùyì rénmen juān duōshǎo qián, yīzhí bù tíng de xiàng rénmen dīshēng dàoxiè. Tóngxíng de péngyou gàosù wǒ, zhèshì wèi jìniàn Èr Cì Dàzhàn zhōng cānzhàn de yǒngshì, mùjuān jiùjì cánfèi jūnrén hé lièshì yíshuāng, měinián yī cì; rènjuān de rén kěwèi yǒngyuè, érqiě zhìxù jǐngrán, qìfēn zhuāngyán. Yǒuxiē dìfang, rénmen hái nàixīn de páizhe duì. Wǒ xiǎng, zhè shì yīnwèi tāmen dōu zhīdào: Zhèng shì zhèxiē lǎorénmen de liúxuè xīshēng huànláile bāokuò tāmen xìnyǎng zìyóu zài nèi de xǔxǔduōduō.

Wǒ liǎng cì bǎ nà wēibùzúdào de yīdiǎnr qián pěnggěi tāmen, zhī xiǎng duì tāmen shuō shēng "xièxie".

我在加拿大学习期间遇到过两次募捐，那情景至今使我难以忘怀。

一天，我在渥太华的街上被两个男孩子拦住去路，他们十来岁，穿得整整齐齐，每人头上戴着个做工精巧、色彩鲜艳的纸帽，上面写着"为帮助患小儿麻痹的伙伴募捐"。其中的一个，不由分说就坐在小凳上给我擦起皮鞋来，另一个则彬彬有礼地发问："小姐，您是哪国人？喜欢渥太华吗？""小姐，在你们国家有没有小孩儿患小儿麻痹？谁给他们医疗费？"一连串的问题，使我这个有生以来头一次在众目睽睽之下让别人擦鞋的异乡人，从近乎狼狈的窘态中解脱出来。我们像朋友一样聊起天来……

几个月之后，也是在街上。一些十字路口处或车站坐着几位老人。他们满头银发，身穿各种老式军装，上面布满了大大小小形形色色的徽章、奖章，每人手捧一大束鲜花。有水仙、石竹、玫瑰及叫不出名字的，一色雪白。匆匆过往的行人纷纷止步，把钱投进这些老人身旁的白色木箱内，然后向他们微微鞠躬，从他们手中接过一朵花。我看了一会儿，有人投一两元，有人投几百元，还有人掏出支票填好后投进木箱。那些老军人毫不注意人们捐多少钱，一直不停地向人们低声道谢。同行的朋友告诉我，这是为纪念二次大战中参战的勇士，募捐救济残废军人和烈士遗孀，每年一次；认捐的人可谓踊跃，而且秩序井然，气氛庄严。有些地方，人们还耐心地排着队。我想，这是因为他们都知道：正是这些老人们的流血牺牲换来了包括他们信仰自由在内的许许多多。

我两次把那微不足道的一点钱捧给他们，只想对他们说声"谢谢"。

——节选自青白《捐诚》

3. Qíshí nǐ zài hěnjiǔ yǐqián bìng bù xǐhuan mǔdān, yīnwèi tā zǒng bèi rén zuòwéi fùguì móbài. Hòulái nǐ mùdǔle yī cì mǔdān de luòhuā, nǐ xiāngxìn suǒyǒu de rén dōu huì wéi zhī gǎndòng: Yī zhèn qīngfēng xúlái, jiāoyàn xiānnèn de shèngqī mǔdān hūrán zhěng duǒ zhěng duǒ de zhuìluò, pūsǎ yīdì xuànlì de huābàn. Nà huābàn luòdì shí yīrán xiānyàn duómù, rútóng yī zhī fèngshàng jìtán de dàniǎo tuōluò de yǔmáo, dīyínzhe zhuànglliè de bēigē líqù.

Mǔdān méiyǒu huāxiè-huābài zhī shí, yàome shuòyú zhītóu, yàome guīyú nítǔ, tā kuàyuè wěidùn hé shuāilǎo, yóu qīngchūn ér sǐwáng, yóu měilì ér xiāodùn. Tā suī měi què bù lìnxī shēngmìng, jíshǐ gàobié yě yào zhǎnshì gěi rén zuìhòu yī cì de jīngxīn-dòngpò.

Suǒyǐ zài zhè yīnlěng de sìyuè lǐ, qíjì bù huì fāshēng. Rènpíng yóurén sǎoxìng hé zǔzhòu, mǔdān yīrán ānzhī-ruòsù. Tā bù gǒuqiě、bù fǔjiù、bù tuǒxié、bù mèisú, gānyuàn zìjǐ lěngluò zìjǐ. Tā zūnxún zìjǐ de huāqī zìjǐ de guīlǜ, tā yǒu quánlì wèi zìjǐ xuǎnzé měinián yī dù de shèngdà jiérì. Tā wèishénme bù jùjué hánlěng?

Tiānnán-hǎiběi de kàn huā rén, yīrán luòyì-bùjué de yǒngrù Luòyáng Chéng. Rénè men bù huì yīn mǔdān de jùjué ér jùjué tā de měi. Rúguǒ tā zài bèi biǎnzhé shí cì, yěxǔ tā jiù huì fányǎn chū shí gè Luòyáng mǔdān chéng.

Yúshì nǐ zài wúyán de yíhàn zhōng gǎnwù dào, fùguì yǔ gāoguì zhǐshì yī zì zhī chā. Tóng rén yīyàng, huā'ér yě shì yǒu língxìng de, gèng yǒu pǐnwèi zhī gāodī. Pǐnwèi zhè dōngxi wéi qì wéi hún wéi jīngǔ wéi shényùn, zhǐ kě yìhuì. Nǐ tànfú mǔdān zhuó'ěr-bùqún zhī zī, fāng zhī pǐnwèi shì duōme róngyì bèi shìrén hūlüè huò shì mòshì de měi.

　　其实你在很久以前并不喜欢牡丹，因为它总被人作为富贵膜拜。后来你目睹了一次牡丹的落花，你相信所有的人都会为之感动：一阵清风徐来，妖艳鲜嫩的盛期牡丹忽然整朵整朵地坠落，铺撒一地绚丽的花瓣。那花瓣落地时依然鲜艳夺目，如同一只奉上祭坛的大鸟脱落的羽毛，低吟着壮烈的悲歌离去。

　　牡丹没有花谢花败之时，要么烁于枝头，要么归于泥土，它跨越萎顿和衰老，由青春而死亡，由美丽而消遁。它虽美却不吝惜生命，即使告别也要展示给人最后一次的惊心动魄。

　　所以在这阴冷的四月里，奇迹不会发生。任凭游人扫兴和诅咒，牡丹依然安之若素。它不苟且、不俯就、不妥协、不媚俗，甘愿自己冷落自己。它遵循自己的花期自己的规律，它有权利为自己选择每年一度的盛大节日。它为什么不拒绝寒冷？

　　天南海北的看花人，依然络绎不绝地涌入洛阳城。人们不会因牡丹的拒绝而拒绝它的美。如果它再被贬谪十次，也许它就会繁衍出十个洛阳牡丹城。

　　于是你在无言的遗憾中感悟到，富贵与高贵只是一字之差。同人一样，花儿也是有灵性的，更有品位之高低。品位这东西为气为魂为筋骨为神韵，只可意会。你叹服牡丹卓尔不群之姿，方知品位是多么容易被世人忽略或是漠视的美。

——节选自张抗抗《牡丹的拒绝》

　　4. Jīnnián de dīngxiānghuā sìhū kāi de géwài màoshèng, chéng lǐ chéng wài, dōushì yīyàng. Chéng lǐ jiē páng, hūrán chéngchū liǎng piàn xuěbái, dùnshí shǐ rén yǎnqián yī liàng, zài zǐxì kàn, cái zhīdào shì liǎng háng dīngxiānghuā. Yǒu de zháiyuàn lǐ tànchū bàn shù yínzhuāng, xīngxingbān de xiǎo huā zhuìmǎn zhītóu, cóng qiángshàng kuīzhe xíngrén, rě de rén zǒuguòle hái yào huítóu wàng.

　　Chéng wài xiǎoyuán lǐ dīngxiāng gèng duō. Zuìhǎo de shì túshūguǎn běimiàn de dīngxiāng sānjiǎodì, nàr yǒu shí duō kē bái dīngxiāng hé zǐ dīngxiāng. Yuèguāng xià bái de xiāosǎ, zǐ de ménglóng. Hái yǒu dàndàn de yōuyǎ de tiánxiāng, fēi guì fēi lán, zài yèsè zhōng yě néng ràng rén fēnbiàn chū, zhè shì dīngxiāng.

　　Zài wǒ duànduànxùxù zhùle jìn sānshí nián de dǒushì wài, yǒu sān kē bái dīngxiāng. Měi dào chūn lái, fú'àn shí táitóu biàn kànjià yán qián jīxuě. Xuěsè yìngjìn chuāng lái, xiāngqì zhítòu háoduān. Rén yě sìhū qīnglíng de duō, bù nàme húnzhuó bènzhuó le. Cóng wàimiàn huílai shí, zuì xiān yìngrù yǎnlián de, yěshì nà yī piàn yíngbái, bái xiàmiàn tòuchū cēncī de lǜ, ránhòu cái jiàn nà liǎng shàn hóngchuāng. Wǒ jīnglìguo de chūnguāng, jīhū dōu shì hé zhè jǐ shù dīngxiāng liánxì zài yīqǐ de. Nà shízì xiǎo báihuā, nàyàng xiǎo, què bù xiǎnde dānbó. Xǔduō xiǎohuā xíngchéng yī cù, xǔduō cù huā kāimǎn yī shù, zhēyǎnzhe wǒ de chuang, zhàoyàozhe wǒ de wénsī hé mèngxiǎng.

　　Gǔrén cí yún "Bājiāo bù zhǎn dīngxiāngjié" "Dīngxiāng kōng jié yǔzhōng chóu". Zài xìyǔ míméng zhōng, zhuóle shuǐdī de dīngxiāng géwài wǔmèi. Huāqiáng biān liǎng zhū zǐsè de, rútóng yìnxiàngpài de huà, xiàntiáo móhū le, zhíxiàng chuāngqián de yínbái shèn guòlái. Ràng rén juéde, dīngxiāng quèshí gāi hé wēiyǔ lián zài yīqǐ.

　　Zhǐshì shǎngguo zhème duō nián de dīngxiāng, què yīzhí bùjiě, héyǐ gǔrén fāmíngle dīngxiāngjié de shuōfǎ. Jīnnián yī cì chūnyǔ, jiùlì chuāng qián, wàngzhe xié shēn guòlái de dīngxiāng zhītiáo shàng yī bǐng huāléi. Xiǎoxiǎo de huābāo yuányuán de, gǔgǔ de, qiàrú yījīn shàng de pánhuākòu. Wǒ cái huǎngrán, guǒrán shì dīngxiāngjié.

Dīngxiāngjié, zhè sān gè zì gěi rén xǔduō xiǎngxiàng. Zài liánxiǎng dào nàxiē shījù, zhēn juéde tāmen fùdānzhe jiě bù kāi de chóuyuàn le. Měi gè rén yībèizi dōu yǒu xǔduō bù shùnxīn de shì, yī jiàn wánle yī jiàn yòu lái. Suǒyǐ dīngxiāngjié niánnián dōu yǒu. Jié, shì jiě bù wán de; rénshēng zhōng de wèntí yě shì jiě bù wán de, bùrán, qǐ bù tài píngdàn wúwèi le ma?

今年的丁香花似乎开得格外茂盛，城里城外，都是一样。城里街旁，忽然呈出两片雪白，顿时使人眼前一亮，再仔细看，才知是两行丁香花。有的宅院里探出半树银妆，星星般的小花缀满枝头，从墙上窥着行人，惹得人走过了还要回头望。

城外校园里丁香更多。最好的是图书馆北面的丁香三角地，那儿有十多棵白丁香和紫丁香。月光下白的潇洒，紫的朦胧。还有淡淡的幽雅的甜香，非桂非兰，在夜色中也能让人分辨出，这是丁香。

在我断断续续住了近三十年的斗室外，有三棵白丁香。每到春来，伏案时抬头便看见檐前积雪。雪色映进窗来，香气直透毫端。人也似乎轻灵得多，不那么浑浊笨拙了。从外面回来时，最先映入眼帘的，也是那一片莹白，白下面透出参差的绿，然后才见那两扇红窗。我经历过的春光，几乎都是和这几树丁香联系在一起的。那十字小白花，那样小，却不显得单薄。许多小花形成一簇，许多簇花开满一树，遮掩着我的窗，照耀着我的文思和梦想。

古人词云"芭蕉不展丁香结""丁香空结雨中愁"。在细雨迷蒙中，着了水滴的丁香格外妩媚。花墙边两株紫色的，如同印象派的画，线条模糊了，直向窗前的莹白渗过来。让人觉得，丁香确实该和微雨连在一起。

只是赏过这么多年的丁香，却一直不解，何以古人发明了丁香结的说法。今年一次春雨，久立窗前，望着斜伸过来的丁香枝条上一柄花蕾。小小的花苞圆圆的，鼓鼓的，恰如衣襟上的盘花扣。我才恍然，果然是丁香结。

丁香结，这三个字给人许多想象。再联想到那些诗句，真觉得它们负担着解不开的愁怨了。每个人一辈子都有许多不顺心的事，一件完了一件又来。所以丁香结年年都有。结，是解不完的；人生中的问题也是解不完的，不然，岂不太平淡无味了么？

——节选自宗璞《丁香结》

5. Yànzi qù le, yǒu zài lái de shíhou; yángliǔ kū le, yǒu zài qīng de shíhou; táohuā xiè le, yǒu zài kāi de shíhou. Dànshì, cōngmíng de, nǐ gàosu wǒ, wǒmen de rìzi wèi shénme yī qù bù fù fǎn ne? ——Shì yǒu rén tōule tāmen ba: nà shì shuí? Yòu cáng zài nǎli ne? Shì tāmen zìjǐ táozǒu le ba: xiànzài yòu dàole héchù ne?

Qù de jǐnguǎn qù le, lái de jǐnguǎn láizhe, quèlái de zhōngjiān, yòu zěnyàng de cōngcōng ne? Zǎoshang wǒ qǐlái de shíhou, xiǎowū lǐ shèjìn liǎngsān fāng xiéxié de tàiè yáng. Tàiyáng tā yǒu jiǎo a, qīngqīngqiāoqiāo de nuóyí le, wǒ yě mángmángrán gēnzhe xuánzhuàn. Yúshì——xǐ shǒu de shíhou, rìzi cóng shuǐpén lǐ guòqù; chīfàn de shíhou, rìzi

cóng fànwǎn lǐ guòqù; mòmò shí, biàn cóng níngrán de shuāngyǎn qián guòqù; wǒ juéchá
tā qù de cōngcōng le, shēnchū shǒu zhēwǎn shí, tā yòu cóng zhēwǎnzhe de shǒubiān
guōqù; tiān hēi shí, wǒ tǎng zài chuáng shàng, tā biàn línglínglìlì de cóng wǒ shēn shàng
kuàguò, cóng wǒ jiǎobiān fēiqù le. Děng wǒ zhēngkāi yǎn hé tàiyáng zàijiàn, zhè suàn
yòu liūzǒule yī rì. Wǒ yǎnzhe miàn tànxī. Dànshì xīn lái de rìzi de yíng'ér yòu kāishǐ zài
tànxī lǐ shǎnguò le.

　　Zài táoqù rú féi de rìzi lǐ, zài qiānmén-wànhù de shìjiè lǐ de wǒ néng zuò xiē shénme
ne? Zhǐyǒu páihuái bàle, zhǐyǒu cōngcōng bàle; zài bāqiān duō rì de cōngcōng lǐ, chú páiè
huái wài, yòu shèng xiē shénme ne? Guòqù de rìzi rú qīngyān, bèi wēifēng chuīsàn le, rú
bówù, bèi chūyáng zhēngróng le; wǒ liúzhe xiē shénme hénjì ne? Wǒ hécéng liúzhe xiàng
yóusī yàng de hénjì ne? Wǒ chìluǒluǒ láidào zhè shìjiè, zhuǎnyǎnjiān yě jiāng chìluǒluǒ de
huíqù ba? Dàn bù néng píng de, wèi shénme piān báibái zǒu zhè yī zāo a?

　　Nǐ cōngmíng de, gàosu wǒ, wǒmen de rìzi wèi shénme yī qù bù fù fǎn ne?

　　燕子去了，有再来的时候；杨柳枯了，有再青的时候；桃花谢了，有再开的时候。
但是，聪明的，你告诉我，我们的日子为什么一去不复返呢？——是有人偷了他们罢：
那是谁？又藏在何处呢？是他们自己逃走了罢：现在又到了哪里呢？

　　去的尽管去了，来的尽管来着，去来的中间，又怎样地匆匆呢？早上我起来的时
候，小屋里射进两三方斜斜的太阳。太阳他有脚啊，轻轻悄悄地挪移了，我也茫茫然跟
着旋转。于是——洗手的时候，日子从水盆里过去；吃饭的时候，日子从饭碗里过去；
默默时，便从凝然的双眼前过去。我觉察他去的匆匆了，伸出手遮挽时，他又从遮挽着
的手边过去；天黑时，我躺在床上，他便伶伶俐俐地从我身上跨过，从我脚边飞去了。
等我睁开眼和太阳再见，这算又溜走了一日。我掩着面叹息。但是新来的日子的影儿又
开始在叹息里闪过了。

　　在逃去如飞的日子里，在千门万户的世界里的我能做些什么呢？只有徘徊罢了；只
有匆匆罢了。在八千多日的匆匆里，除徘徊外，又剩些什么呢？过去的日子如轻烟，被
微风吹散了，如薄雾，被初阳蒸融了；我留着些什么痕迹呢？我何曾留着像游丝样的痕
迹呢？我赤裸裸来到这世界，转眼间也将赤裸裸的回去罢？但不能平的，为什么偏白白
走这一遭啊？

　　你聪明的，告诉我，我们的日子为什么一去不复返呢？

——节选自朱自清《匆匆》

第四节　拼写训练

一、拼写下列词语，注意拼写规则的使用。

差额	语文	旗号	偏好	数学	篇幅
优雅	友爱	舅舅	花蕊	围绕	狭隘
威武	谬论	木偶	央求	垂柳	友谊

企鹅	永远	渔翁	英魂	雀跃	夜晚
削弱	决定	钻营	烟熏	祖孙	微薄
文娱	抢掠	而且	推脱	嘱咐	优质
形影	源泉	讯问	僧侣	元音	蓊郁
恩爱	鳄鱼	侮辱	煎熬	拗口	挖掘
巍峨	挽救	师傅	疟疾	蠢才	女婿
喜悦	给予	和面	周围	轧花	微笑
邮局	活跃	鞋店	毗邻	挟持	气馁
揣度	腈纶	里弄	惬意	模式	债券
贻误	强劲	粳米	哨卡	嗔怪	羸弱
纸屑	畸形	堵塞	巷道	吮吸	赡养
恫吓	剖析	怯懦	标准	骁勇	缫丝
妊娠	高亢	和弦	修葺	拓片	哽咽
鞭挞	拂晓	粗犷	殷红	逾期	星宿
酗酒	麻痹	慰藉	造诣	粗糙	确凿
上溯	曝晒	褴褛	停泊	抓挠	拖累
澄澈	模样	对峙	地壳	束缚	契合
飓风	乌桕	潜水	笃厚	悭吝	割刈
恪守	看护	扼杀	睿智	供应	浣纱
虬枝	倔强	憧憬	陨石	鞭笞	隽秀
稔知	一瞥	剽悍	颈项	逮捕	按捺
匿笑	沐浴	祷告	姊妹	徘徊	遮蔽
超声波	现代化	看得见	中山装		
出租车	孩子们	沙尘暴	森林浴		
沙丁鱼	伤脑筋	神经质	审判长		
体育馆	体循环	体温计	跑旱船		
燃烧弹	染色体	手写体	手工艺		
思想家	天灵盖	天然气	地球仪		
托人情	下坡路	音乐剧	研究生		
盐碱地	大学生	消费品	橡皮艇		
干干净净	雪白雪白	一衣带水	雷州半岛		
热胀冷缩	从山东来	煞有介事	变化多端		
体育运动	醍醐灌顶	条件反射	条分缕析		
脱颖而出	狭路相逢	风调雨顺	伟大祖国		

二、改正拼写错误，把正确的写在后面，并说明错误的原因。

冤枉 yüānuàng	引言 yěnyián	优秀 yoūxiòu
愉悦 yǘyüè	乌鸦 ūyiā	坚硬 jānyèng
贫困 pénkuèn	业余 yièyǘ	堤岸 dīàn

温存 wēncén　　规律 gūilù　　越野 ùeiě
追求 zhuēiqióu　　没有 muéiyiǒu　　汹涌 xiōngyiǒng
做梦 zuòmòng　　饥饿 jīè　　晕圈 yùènqūan
庸医 iōngīi　　谚语 yiànǔ　　飞越 fīùè
谬论 mìoulèn　　驯养 xuèniǎng　　畏惧 ùèijù
响声 xǐangshēn　　棚车 pénchī　　监狱 jiānyú
兼职 jīanzí　　黑车 hāichī　　顾全 gùchuán

三、给下列汉字注音标调。

惹	渠	准	丢	尽	雄	染	杂
捐	名	鲜	弱	钻	肥	某	遍
罩	沏	甲	吓	妾	邹	判	瞭
沓	北	坡	冒	对	风	捌	俯
跎	惯	俩	炕	怎	苔	铙	逆
铁	来	夸	横	奴	刷	久	别
黑	顶	沈	嘭	藕	拈	槛	偿
您	歌	尺	烂	鹤	券	晃	瓜
溜	桨	蹭	疮	坏	晕	姚	踹
舜	逮	根	孔	穷	而	涮	梯
浙	蚌	苏	雪	背	司	苗	粉
翁	略	笋	贫	闯	寻	铝	撒
菌	从	晌	卫	嘎	群	丢	女
挺	捐	雄	运	拽	拽	夸	枪
却	醋	尚	遭	稚	稚	邢	逆
噙	朗	润	酽	酿	卖	弄	喉
明	应	和	嘹	亮	弄	托	静
默	风	筝	抖	撒	托	壮	呼
朋	引	伴	花	枝	壮	展	镶
单	安	适	者	落	展	善	肌
肤	秀	气	宽	敞	善	蓄	澄
清	空	灵	地	毯	蝉	花	苞
娇	媚	棱	镜	粗	犷	睫	毛
衣	裳	铃	铠	端	庄	静	谧
屋	檐	凄	冷	化	妆	苾	临
造	访	吝	啬	浙	沥	沥	湿
草	垛	绿	茵	咄	逼	逼	瘫
瘠	沉	寂	捶	打	憔	憔	央
求	诀	别	淡	雅	喜	喜	望
外	信	分	取	粼	服	人	葱
						悴	
						出	
						从	

四、按照《汉语拼音正词法基本规则》拼写下列人名、地名。

雷锋	茅盾	高李杰
司马相如	李学庆	大栾
陈子昂	朱自清	白居易
孔子	上官婉儿	花和尚鲁智深
高瑞部长	小张	阿梅
刘副校长	耿先生	文老
长江	塔里木河	香山公园
北京大学	泰山	齐齐哈尔
黄果树瀑布	颐和园	黑河
北大街	二马路	锡林浩特市
长安街	保定	昆仑山
昆明	大渡河	满洲里
乌苏里江	咸阳	昆明湖
朝阳门内南小街	国家语言文字工作委员会	

五、按照《汉语拼音正词法基本规则》拼写下列句子。

1.十年树木，百年树人。

2.在内蒙古自治区，流传着一个动人的民间故事。

3.家乡是一个人的出生地，也是每个人成长的地方。

4.东北的小兴安岭有数不清的红松。

5.中国革命军事博物馆里，有一个粗瓷大碗，是赵一曼用过的。

6.喜马拉雅山啊，再高也有顶。雅鲁藏布江啊，再长也有源。

7.《光明日报》创刊于1949年6月16日。

8.普通话是教师的职业语言。

9.我一直想买一本长篇小说——《青年近卫军》。

10.书，被人们称为人类文明的"长生果"。这个比喻，我觉得特别亲切。

11.晌午的太阳热辣辣地照射着整个树林。许多老松树渗出厚厚的松脂，松脂在太阳光里闪闪地发出金黄的光。

12.一大滴松脂从树上滴下来，刚好落在树干上，把苍蝇和蜘蛛一起包在里头。

13.飞离地球、遨游太空是中华民族很久以来的梦想。在古代就有"嫦娥奔月"的神话，有人飞上天、空中飞车的传说，还有"鲲鹏展翅""九天揽月"的奇妙想象。

14.鸭的步调急速，有局促不安之相；鹅的步调从容，大模大样的，颇像京剧里的净角出场。

15.星期天放羊回来，发现我最喜爱的一只小羊不见了，我想请小伙伴帮忙找一找。

16.为了看日出，我常常早起。那时天还没有大亮，周围非常清静，船上只有机器的响声。

17."他吃饭很爽气。"带他的保姆这么说他。确实，他吃饭吃得很好，量很大，范围很广——什么都要吃，而且吃得极有滋味。

18.1952年10月，上甘岭战役打响了。这是朝鲜战场上最激烈的一次阵地战。

19.写字台上，放着那封从朝鲜前线志愿军司令部发来的，由司令员彭德怀拟定的电报。

六、按照《汉语拼音正词法基本规则》拼写短文。

1.著名教育家班杰明曾经接到一个青年人的求救电话，并与那个向往成功、渴望指点的青年人约好了见面的时间和地点。

待那个青年如约而至时，班杰明的房门敞开着，眼前的景象却令青年人颇感意外——班杰明的房间里乱七八糟、狼藉一片。

没等青年人开口，班杰明就招呼道："你看我这房间，太不整洁了，请你在门外等候一分钟，我收拾一下，你再进来吧。"一边说着，班杰明就轻轻地关上了房门。

不到一分钟的时间，班杰明就又打开了房门并热情地把青年人让进客厅。这时，青年人的眼前展现出另一番景象——房间内的一切已变得井然有序，而且有两杯刚刚倒好的红酒，在淡淡的香水气息里还漾着微波。

可是，没等青年人把满腹的有关人生和事业的疑难问题向班杰明讲出来，班杰明就非常客气地说道："干杯。你可以走了。"

青年人手持酒杯一下子愣住了，既尴尬又非常遗憾地说："可是，我……我还没向您请教呢……"

"这些……难道还不够吗？"班杰明一边微笑着，一边扫视着自己的房间，轻言细语地说，"你进来又有一分钟了。"

"一分钟……一分钟……"青年人若有所思地说："我懂了，您让我明白了一分钟的时间可以做许多事情，可以改变许多事情的深刻道理。"

班杰明舒心地笑了。青年人把杯里的红酒一饮而尽，向班杰明连连道谢后，开心地走了。

其实，只要把握好生命的每一分钟，也就把握了理想的人生。

——节选自纪广洋《一分钟》

2.两个同龄的年轻人同时受雇于一家店铺，并且拿同样的薪水。

可是一段时间后，叫阿诺德的那个小伙子青云直上，而那个叫布鲁诺的小伙子却仍在原地踏步。布鲁诺很不满意老板的不公正待遇。终于有一天他到老板那儿发牢骚了。老板一边耐心地听着他的抱怨，一边在心里盘算着怎样向他解释清楚他和阿诺德之间的差别。

"布鲁诺先生，"老板开口说话了，"您现在到集市上去一下，看看今天早上有什么卖的。"

布鲁诺从集市上回来向老板汇报说，今早集市上只有一个农民拉了一车土豆在卖。

"有多少？"老板问。

布鲁诺赶快戴上帽子又跑到集上，然后回来告诉老板一共四十袋土豆。

"价格是多少？"

布鲁诺又第三次跑到集上问来了价格。

"好吧，"老板对他说，"现在请您坐到这把椅子上一句话也不要说，看看阿诺德怎么说。"

阿诺德很快就从集市上回来了。向老板汇报说到现在为止只有一个农民在卖土豆，一共四十口袋，价格是多少多少；土豆质量很不错，他带回来一个让老板看看。这个农民一个钟头以后还会弄来几箱西红柿，据他看价格非常公道。昨天他们铺子的西红柿卖得很快，库存已经不多了。他想这么便宜的西红柿，老板肯定会要进一些的，所以他不仅带回了一个西红柿做样品，而且把那个农民也带来了，他现在正在外面等回话呢。

此时老板转向了布鲁诺，说："现在您肯定知道为什么阿诺德的薪水比您高了吧！"

——节选自张健鹏、胡足青主编《故事时代》中《差别》

3.钱塘江大潮，自古以来被称为天下奇观。

农历八月十八是一年一度的观潮日。这一天早上，我们来到了海宁市的盐官镇，据说这里是观潮最好的地方。我们随着观潮的人群，登上了海塘大堤。宽阔的钱塘江横卧在眼前。江面很平静，越往东越宽，在雨后的阳光下，笼罩着一层蒙蒙的薄雾。镇海古塔、中山亭和观潮台屹立在江边。远处，几座小山在云雾中若隐若现。江潮还没有来，海塘大堤上早已人山人海。大家昂首东望，等着，盼着。

午后一点左右，从远处传来隆隆的响声，好像闷雷滚动。顿时人声鼎沸，有人告诉我们，潮来了！我们踮着脚往东望去，江面还是风平浪静，看不出有什么变化。过了一会儿，响声越来越大，只见东边水天相接的地方出现了一条白线，人群又沸腾起来。

那条白线很快地向我们移来，逐渐拉长，变粗，横贯江面。再近些，只见白浪翻滚，形成一堵两丈多高的水墙。浪潮越来越近，犹如千万匹白色战马齐头并进，浩浩荡荡地飞奔而来；那声音如同山崩地裂，好像大地都被震得颤动起来。

霎时，潮头奔腾西去，可是余波还在漫天卷地般涌来，江面上依旧风号浪吼。过了好久，钱塘江才恢复了平静。看看堤下，江水已经涨了两丈来高了。

——节选自赵宗成、朱明元《观潮》

第五章　音变训练

一、什么是音变？举例说明普通话音变主要有哪几种。

　　在动态语流中，有些音节的结构受前面其他音节的影响，会产生一些语音变化，这就是普通话语音的音变现象。

　　普通话主要的音变现象有轻声、变调、儿化和语气词"啊"的音变。例如说话时，"漂亮"中"亮"的声调由去声51变成轻声，就属于轻声音变；"勇敢"中"勇"的调值由214变成35，"北方"中"北"的调值由214变成21，就属于上声的变调；"一年"中"一"的声调由阴平55变成去声51，"不去"的"不"的声调由去声51变成阳平35，就属于"一、不"两个字的变调；"小猫儿"中的"儿"由一个独立音节变成儿化韵，就属于儿化音变；"难啊"中的"啊"变读为"哪"，就属于"啊"音变。

二、什么是轻声？轻声是一种调类吗？轻声由什么决定？轻声有调值吗？它的调值由什么决定？举例说明轻声在普通话中的作用。

　　普通话每一个音节都有它自己的声调，可是在词或句子里，有些音节会失去原有的声调，变成一种又轻又短的调子，这就是轻声。例如，"头"的声调是阳平35，而在"石头"这个词中，"头"不再读阳平35，而是变得又轻又短，调值变成21，成为一个轻声音节。

　　轻声不是普通话四个声调之外的第五种声调，因此它不是一种调类，而是一种特殊的语流音变。凡是读轻声的音节，都有它原来的声调，普通话的轻声就是由阴平、阳平、上声、去声四个声调在语流中变化而来的，如"哥哥、婆婆、姐姐、弟弟"，前字都是原调，后字都是轻声。

　　轻声主要由音强和音长决定，其次是音高。而声调主要由音高决定。轻声音节在物理属性上主要表现为音强变弱、音长变短，有些轻声音节的音高还会降低。

　　轻声的调值主要根据前一个音节的声调来确定。具体调值如表5-1所示：

表5-1　轻声的调值情况一览表

两字词声调组合	例词一	例词二	两字词的调值	轻声字原调值
阴平＋轻声	桌子	玻璃	55+2	璃35
阳平＋轻声	瓶子	云彩	35+3	彩214
上声＋轻声	椅子	打听	21+4	听55
去声＋轻声	凳子	热闹	51+1	闹51

轻声词具有区别词义和区分词性的作用。

1.区别词义

兄弟：xiōngdì（哥哥和弟弟）

兄弟：xiōngdi（弟弟）

妻子：qīzǐ（妻子和儿女）

妻子：qīzi（男女两人结婚后，女子是男子的妻子）

东西：dōngxī（东边和西边）

东西：dōngxi（泛指各种具体的或抽象的事物）

龙头：lóngtóu〔自来水管的放水活门，有旋转装置，可以打开或关上。也用在其他液体容器上。其他义项：自行车的把（bǎ）；比喻带头的、起主导作用的事物；江湖上称帮会的头领〕

笼头：lóngtou（套在骡马等头上的东西，用皮条或绳子做成，用来系缰绳，有的并挂嚼子）

2.区别词性

大意：dàyì（主要的意思。名词）

大意：dàyi（疏忽；不注意。形容词）

地道：dìdào〔在地面下掘成的交通坑道（多用于军事）。名词〕

地道：dìdao〔真正是有名产地出产的；真正的，纯粹；（工作或材料的质量）实在，够标准。形容词〕

对头：duìtóu〔正确，合适；正常（多用于否定式）；合得来（多用于否定式）。形容词〕

对头：duìtou（仇敌，敌对的方面；对手。名词）

利害：lìhài（利益和损害。名词）

利害：lìhai（同"厉害"。难以对付或忍受，剧烈，凶猛；了不起；严厉。形容词）

三、什么是变调？举例说明普通话主要有几种变调。

普通话的四个声调是指字调或单字调。在词语或句子中，音节与音节相连，有些音节的声调受相邻音节影响而产生语流音变，就是变调。

普通话里最常见的变调现象是上声的变调、"一、不"的变调和形容词重叠式的变调。例如"果敢、党委"中"果、党"的调值由214变成35，"广大、果汁"中"广、果"的调值由214变成21，就是上声的变调；"一天、一周"中"一"的声调由阴平55

变成去声 51，"不怕、不慢"中"不"的声调由去声 51 变成阳平 35，就是"一、不"的变调；"慢慢儿、大大儿"中第二个音节"慢、大"的调值，可以由去声 51 变成阴平 55，就是 AA 儿式形容词重叠式的变调；"红彤彤、绿油油"中"彤彤、油油"的调值，可以由阳平 35 变成阴平 55，就是 ABB 式形容词重叠式的变调；"干干净净、热热闹闹"中"净净、闹闹"的调值，可以由去声 51 变成阴平 55，就是 AABB 式形容词重叠式的变调。

四、上声的变调规律。

普通话的上声是低降升调，在实际语流中，90% 的上声都要发生变读，所以掌握好上声的变调很重要。上声只有在单念或语句末尾时才读原调，在其他音节前都要发生变读，其变读规律是：上声在非上声前面读半上；上声在上声前面读阳平；上声在轻声前面，绝大多数读半上，只有少数读阳平；三个上声连读时，应根据词语内部结构的不同进行变读；多个上声相连时，先按结构分组，然后再按变读规律变读。

五、"一""不"的变调规律。

"一"的原调是阴平，"不"的原调是去声。"一"和"不"只有在单念或处于词语、语句末尾时，才读原调（"不"在非去声前面也读原调），例如：一、第一、单一、不、我不。除此之外，均发生变读。其变调规律是："一""不"在去声前面读阳平，在非去声前面读去声（"一"读变调，"不"读原调），嵌在词语中读轻声。

六、什么是儿化？举例说明儿化的作用。

卷舌韵母 er 附着在其他音节的后面，与其韵母结合成为一个音节，并使这个音节的韵母最后带上一个卷舌动作，这种特殊的音变现象就是儿化。这种卷舌化了的韵母叫作儿化韵。例如"那儿"，就是发"那"的韵母 a 的同时，在 a 的后面加上了一个卷舌动作而形成的音。

儿化在普通话里是一种很有特色的音变现象，它跟词汇、语法有密切关系，主要表现在三个方面：

（1）区别词性。例如：画（动词）——画儿（名词），塞（动词）——塞儿（名词），尖（形容词）——尖儿（名词），盖（动词）——盖儿（名词），罩（动词）——罩儿（名词），破烂（形容词）——破烂儿（名词）。

（2）区别词义。例如：头（脑袋）——头儿（首领），后门（后面的门）——后门儿（非正常途径），白面（面粉）——白面儿（毒品），眼（眼睛）——眼儿（小洞），一点（时间）——一点儿（数量少）。

（3）表示喜爱、亲切的情感。例如：小孩儿、小猫儿、蝴蝶儿、脸蛋儿、花篮儿、傻样儿、妙人儿。对比："这小孩儿，真可爱。"——"这孩子，真讨厌。"

（4）表示细小、轻微之义。例如：风儿、棍儿、小勺儿、小刀儿、小事儿、一会儿、一点儿、头发丝儿、药丸儿。

（5）区别同音词。例如：拉练（部队野营训练）——拉链儿（拉锁），开伙（食堂开饭）——开火儿（打仗）。

七、"啊"的音变由什么决定？"啊"有几种变化的读音？试举例说明每一种不同的读音。

当"啊"做语气词，用在句中或句末停顿处时，表示语气缓和，增加感情色彩。因为受到前面一个音节末尾音素的影响，"啊"的读音会发生种种变化。

"啊"的音变，都是在 a 前面增加一个音素，增加的这个音素随"啊"前面那个音节的末尾音素不同而不同。具体见表5-2所示：

表5-2　"啊"的音变情况和举例

前一个音节末尾音素	"啊"音变读音	例句
u	wa 哇	跳舞啊！谁的书啊！真好啊！
n	na 哪	好狠心啊！真准啊！快来看啊！
ng	nga 啊	大娘啊！真香啊！老杨啊！
-i（前）	za 啊	写字啊！背单词啊！好自私啊！
-i（后）	ra 啊	是啊！快吃啊！多好玩儿啊！
a、o、e、ê、i、ü	ya 呀	回家啊？外婆啊！饿啊！穿鞋啊！快洗啊！钓鱼啊？

八、"旗儿"与"裙儿"、"些儿"与"心儿"、"歌儿"与"根儿"读作儿化韵时发音不同，为什么？"神儿"与"食儿"、"针儿"与"汁儿"、"陈儿"与"迟儿"读作儿化韵时发音相同，为什么？

儿化改变了原韵母的发音，但并不是简单地在韵母后面加上一个 er 音。儿化变化规律见表5-3：

表5-3　儿化的音变规律

韵母情况	音变规律	举例
韵腹是 a、o、e、ê、u 或韵尾是 u 的	韵母不变，加卷舌 r	大伙儿、主角儿、身子骨儿
韵尾是 i、n	丢 i、n，加卷舌 r	甜味儿、木棍儿、今儿
韵尾是 ng	丢 ng，鼻化加卷舌 r	帮忙儿、鼻梁儿、药方儿
韵腹是 i、ü	韵母不变，加 er	小鸡儿、有趣儿、金鱼儿
韵腹是 -i（前）、-i（后）	丢舌尖元音，加 er	新词儿、树枝儿、瓜子儿

因此，"旗儿"与"裙儿"、"些儿"与"心儿"、"歌儿"与"根儿"读作儿化韵时发音不同，是因为"旗"与"裙"、"些"与"心"、"歌"与"根"的韵母本就不同，再加上儿化规律亦不同（见表5-3），所以读作儿化韵时发音不同。

"神"与"食"、"针"与"汁"、"陈"与"迟"，虽然韵母本不同，但是"神、针、陈"三个字韵母在儿化时，韵尾 n 丢失，并且加卷舌 r，韵母产生了变化，致使读音与

"食、汁、迟"的儿化音变结果趋同，所以读作儿化韵时发音相同。

九、轻声词重点记忆练习。

有规律可循的轻声词比较好掌握，比如助词、带词缀的名词、部分方位词或方位语素、趋向动词、单音节动词的重叠形式、叠音词的后一个音节等等，难度最大的是无规律可循，只是普通话里习惯上读轻声的那一类词语。练习时可以对自己感到最生疏的轻声词进行强化记忆。如：

腌臜	告示	霸气	摆设	扳手	爆仗	被卧	蹦跶	比方	编派
避讳	憋闷	扒拉	补丁	饥荒	嫁妆	闹哄	嫩生	腻歪	年下
拧巴	扫听	伤耗	上司	盖火	干粮	干事	公道	勾搭	估摸
骨碌	考究	砢碜	抠搜	宽绰	亏空	来头	烂糊	乐和	冷清
愣怔	里脊	亮堂	菱角	毛糙	眯缝	搭帮	细挑	些个	秀才

十、注意下面词语的两种读音以及轻声辨别词义和区分词性的作用。

词语	拼音	释义和词性	例句	作用
冷战	lěngzhàn	指国际间进行的战争形式之外的敌对行动（名词）	冷战主要表现为以美国与苏联为首的两大军事集团之间的对峙。	区别词义
	lěngzhan	因寒冷或害怕身体突然颤动一两下（名词）	他冻得直打冷战。	
买卖	mǎimài	买进卖出，贩卖（动词）	他家里养了数百头牛，打算往周边的城市买卖。	区别词义 区分词性
	mǎimai	生意（名词）	他在城里做了个大买卖。	
地下	dìxià	1）地面之下，地层内部（名词） 2）秘密活动的，不公开的（形容词）	她在地下商场开服装店。（名词） 地下工作需要严格保密。（形容词）	区别词义 区分词性
	dìxia	地面上（名词）	地下一点儿灰尘都没有。	
反正	fǎnzhèng	指重新归于正道；敌方的军队或人员投到己方（动词）	他肩负着拨乱反正的任务。	区别词义 区分词性
	fǎnzheng	表示情况虽然不同而结果并无区别；表示坚决肯定的语气（副词）	你别着急，反正不是什么要紧的大事。	
干事	gànshì	胜任其事，办事干练（形容词）	她年纪还小，恐怕不能干事。	区别词义 区分词性
	gànshi	专门负责某项具体事务的人员（名词）	他是我们集团的宣传干事。	
是非	shìfēi	事情的正确和错误（名词）	我们要提高明辨是非的能力。	区别词义
	shìfei	口舌（名词）	他总爱到处搬弄是非。	

续表

词语	拼音	释义和词性	例句	作用
精神	jīngshén	指人的意识、思维活动和一般心理状态，宗旨；主要的意义（名词）	你要认真领会文件的精神。	区别词义区分词性
	jīngshen	1）表现出来的活力（名词） 2）活跃，有生气；英俊，相貌、身材好（形容词）	他洗了把脸，精神焕发。（名词） 瞧这小伙儿长得多精神！（形容词）	
多少	duōshǎo	1）指数量的大小（名词） 2）或多或少；稍微（副词）	多少不等，长短不齐。（名词） 这话多少有点儿道理。（副词）	区别词义区分词性
	duōshao	问数量，表示不定的数量（疑问代词）	这个村子有多少人家？	
运气	yùnqì	把力气贯注到身体某一部位（动词）	他一运气，把大石块搬了起来。	区别词义区分词性
	yùnqi	1）命运（名词） 2）幸运（形容词）	她最近运气不佳。（名词） 你真运气，中了头等奖。（形容词）	
自然	zìrán	1）自然界（名词） 2）自由发展，不经人力干预（区别于"人工、人造"）（形容词） 3）表示理所当然（副词） 4）连接分句或句子，表示语义转折或追加说明（连词）	我们要关爱大自然。（名词） 你先别问，到时候自然明白。（形容词） 只要认真学习，自然会取得好成绩。（副词） 你应该虚心学习别人的优点，自然，别人也要学习你的长处。（连词）	区别词义区分词性
	zìran	不勉强，不局促，不呆板（形容词）	他是初次演出，但演得挺自然。	
来路	láilù	向这里来的道路；来源（名词）	洪水挡住了运输队的来路。	区别词义
	láilu	来历（名词）	他是个来路不明的人。	
大方	dàfāng	指专家学者，内行人；绿茶的一种，产于安徽歙县、浙江淳安等地（名词）	我们不过略知皮毛，如果随便开口，那可就要贻笑大方了。	区别词义区分词性
	dàfang	对于财物不计较，不吝啬；（言谈、举止）自然，不拘束；（样式、颜色等）不俗气（形容词）	他出手很大方，不会计较这几个钱。	

词语	拼音	释义和词性	例句	作用
人家	rénjiā	住户，家庭（名词）	这个村子有百十户人家。	区别词义区分词性
	rénjia	指自己或某人以外的人，别人；指某个人或某些人，与"他"或"他们"义近；指"我"（有亲热或俏皮的意味）（代词）	你快把东西给人家送回去吧。	
生意	shēngyì	富有生命力的气象（名词）	春天来了，大地上一片蓬勃的生意。	区别词义
	shēngyi	指商业经营；指职业（名词）	老板，祝你生意兴隆啊。	
拉手	lāshǒu	（礼节性的）握手，牵手（动词）	他站起来与客人拉了拉手，寒暄了几句。	区别词义区分词性
	lāshou	安装在门窗或抽屉等上面便于用手开关的物件，用金属、木头、塑料等制成（名词）	他摆弄着门拉手，不知道在想什么。	
大爷	dàyé	指不好劳动、傲慢任性的男子（名词）	你别在我面前充大爷。	区别词义
	dàye	伯父；尊称年长的男子（一般指年纪大于父亲的）（名词）	今天我要去大爷家吃饭。	
地方	dìfāng	中央下属的各级行政区划的统称（跟"中央"相对）；军队方面指军队以外的部门、团体等；本地，当地（名词）	他在农村的时候，常给地方上的群众治病。	区别词义
	dìfang	某一区域，空间的一部分，部位，部分（名词）	我的这个地方有点儿疼。	
不是	bùshì	跟"是"相对（形容词）	这篇文章的作者不是我。	区别词义区分词性
	bùshi	错处，过失（名词）	我好心开导他，反倒落了个不是。	
编辑	biānjí	对资料或现成的作品进行整理、加工（动词）	他在我们出版社负责编辑工作。	区别词义区分词性
	biānji	做编辑工作的人，新闻出版机构中编辑人员的中级专业职称（名词）	他是我们出版社的编辑。	

续表

词语	拼音	释义和词性	例句	作用
开通	kāitōng	使原来闭塞的（如思想、风气等）不闭塞；交通、通信等线路开始使用（动词）	这条公路已经竣工并开通使用。	区别词义 区分词性
	kāitong	1）（思想）不守旧，不拘谨固执（形容词） 2）使开通（动词）	老人经常参加社区活动，脑筋更开通了。（形容词） 让他多到外面去看看，开通开通他的思想。（动词）	
琢磨	zhuómó	雕刻和打磨（玉石），加工使精美（指文章等）（动词）	他打磨文章犹如琢磨一块璞玉。	区别词义
	zhuómo	思索，考虑（动词）	老师的话我琢磨了很久。	
造化	zàohuà	1）自然界的创造者，也指自然（名词） 2）创造，化育（动词）	他连续失去至亲后，自己也生了一场大病，真是造化弄人。（名词） 大自然造化了万物。（动词）	区别词义 区分词性
	zàohua	福气，运气（名词）	他被卡车撞倒竟然毫发无损，真是造化。	
温和	wēnhé	（气候）不冷不热；（性情、态度、言语等）不严厉，不粗暴，使人感到亲切（形容词）	昆明气候温和，四季如春。	区别词义
	wēnhuo	（物体）不冷不热（形容词）	粥还温和呢，快喝吧！	

【训练与提高】

训练目标：掌握普通话变调、轻声、儿化、"啊"的音变特点及其发音，能够读准常用字词音变，并在使用普通话的时候，找准和改正自己在字词句发音中存在的音变问题。

第一节　轻声训练

一、朗读下列轻声词语，注意轻声在四个声调后调值的不同

1.阴平＋轻声

巴结	蹲下	鞭子	答应	掺和	窗户	抽屉	奔拉	干巴
高粱	金的	央告	闺女	规矩	饥荒	宽绰	篇幅	煎饼
欺负	身份	师傅	疏忽	宽敞	折腾	收成	妈妈	疙瘩
眯缝	舒服	猩猩	包子	心里	机灵	灯笼	张罗	添补
扒拉	松快	招呼	歇息	勾搭	知识	公家	拉扯	稀罕
冤枉	搭理	妖精	哥哥	收拾	扳手	丫头	休息	胳膊
思量	扎实	漆匠	姑姑	先生	称呼	吃吧	哈欠	娇贵
结巴	哆嗦	嘟囔	归置	估摸	招牌	清楚	心思	包涵

2.阳平＋轻声

白净	伯伯	柴火	锄头	活泛	拳头	盘缠	便宜	棉花
莲蓬	笼头	皮实	云彩	含糊	麻烦	能耐	德行	轱辘
除了	牌楼	黏糊	舌头	苗头	阎王	牙碜	衙门	皇上
抬掇	苗条	合同	魁梧	累赘	尝尝	猴子	和尚	笛子
琢磨	娃娃	觉得	财主	王爷	行家	磨蹭	名字	俗气
勤快	随和	便宜	盒子	福分	难为	池子	名堂	玄乎
福气	严实	抬举	忙活	咳嗽	铃铛	学问	找补	门路
胡琴	麻利	媒人	苗条	盘算	婆婆	茄子	糊涂	学生

3.上声＋轻声

椅子	扁担	本子	寡妇	胆子	跑呀	谷子	搅和	摆布
稳当	姐夫	买卖	火候	马虎	考究	打量	买卖	委屈
摆设	斧头	底下	饺子	点心	斗篷	骨头	想着	靶子
尾巴	火烧	老爷	裹着	茧子	打听	幌子	懒得	奶奶
你们	走着	晌午	恶心	我的	苦头	挤呀	冷清	想头
妥当	管子	比量	晓得	搅和	嗓子	主子	使唤	好呀
雅致	爽快	属相	响动	本事	脊梁	免得	牡丹	鬼子
跑哇	火烧	显得	里边	打扮	姥姥	比方	领子	捆着

4.去声＋轻声

畜生	辫子	颤悠	刺猬	伺候	爸爸	对付	道士	队伍
弟兄	动弹	念叨	热闹	富余	阔气	热乎	上边	气性

铺子　疟疾　俏皮　任务　秀才　似的　对头　快活　厉害
厚道　顺当　利落　大人　认识　露水　棒槌　状元　戒指
爱人　案子　试试　护士　相公　岁数　记号　袜子　奉承
蹦跶　糊弄　木头　柿子　密实　颠悠　意思　炮仗　簸箕
嫁妆　逛荡　告诉　卖弄　腻味　秀气　念头　做作　自在
谢谢　帐篷　去吧　罐头　月子　肚子　例子　客气　烂糊

二、常用必读轻声词训练

的：小的　　圆的　　扁的　　真的　　准的　　是的　　没的　　生的　　旧的
地：轻轻地　紧紧地　及时地　慢慢地　渐渐地　飞快地　坚定地　紧张地　缓缓地
得：舍得　　觉得　　显得　　免得　　晓得　　使得　　恨不得　怪不得　巴不得
着：跟着　　接着　　刻着　　挨着　　为着　　向着　　记着　　等着　　放着
了：罢了　　为了　　除了　　够了　　得了　　分了　　酷毙了　震惊了　无语了
过：看过　　听过　　见过　　罪过　　玩过　　说过　　踩过　　躺过　　做过
吧：好吧　　行吧　　跑吧　　跳吧　　卖吧　　开吧　　玩吧　　唱吧　　打吧
吗：是吗　　辣吗　　行吗　　肯吗　　成吗　　脆吗　　爽吗　　红吗　　值吗
呢：这呢　　没呢　　车呢　　票呢　　钱呢　　人呢　　包呢　　菜呢　　写呢
啊：疼啊　　想啊　　猜啊　　谁啊　　等啊　　门啊　　瘦啊　　花啊　　草啊
么：那么　　怎么　　要么　　好么　　烦么　　爱么　　渴么　　练么　　读么
子：点子　　梅子　　样子　　种子　　面子　　对子　　日子　　苗子　　孩子
头：苗头　　锄头　　砖头　　枕头　　念头　　花头　　行头　　兆头　　盼头
们：我们　　人们　　兄弟们　孩儿们　同志们　朋友们　同学们　爷们儿　娘们儿
上：晚上　　路上　　皇上　　碰上　　赶上　　身上　　气头上　实际上　场面上
里：心里　　村里　　头里　　背地里　暗地里　窝里斗　山里红　八下里　箱子里
家：公家　　王家　　娘家　　亲家　　老人家　亲家公　姑娘家　孩子家　学生家

三、注出下面词语的两种读音，用不同读音的词语造句，并说明轻声辨别词义和区分词性的作用

便宜（　）（　）　火烧（　）（　）　德行（　）（　）　本事（　）（　）
言语（　）（　）　运动（　）（　）　兄弟（　）（　）　铺盖（　）（　）
特务（　）（　）　差使（　）（　）　下水（　）（　）　冷战（　）（　）
活动（　）（　）　东西（　）（　）　风光（　）（　）　避讳（　）（　）
霸道（　）（　）　自在（　）（　）　仁义（　）（　）　斯文（　）（　）
丈人（　）（　）　小子（　）（　）　乖乖（　）（　）　公道（　）（　）
犄角（　）（　）　罗锅（　）（　）　配合（　）（　）　扑腾（　）（　）
花费（　）（　）　造化（　）（　）　赏钱（　）（　）　男人（　）（　）

四、四字短语训练，注意读准轻声

他的丈人　学过本事　四个萝卜　梳了头发　喝的东西　吆喝丫鬟

穿上衣服	拾掇包袱	吩咐伙计	什么名堂	星星亮吗	耷拉脑袋
孩子跑吧	应付事情	收拾妥当	谁的扫帚	做个生意	地道烧饼
拿上家伙	什么动静	石榴甜吗	先生来了	麻烦爷爷	能耐见识
喜欢风筝	燕子飞呀	怎么搞的	吓唬对头	清楚明白	苗条秀气
啰唆絮叨	伺候夫人	撺掇皇上	时辰到了	一个趔趄	难为朋友
溜达转悠	欺负寡妇	正经生意	巴结王爷	使唤奴才	张罗生意
舒坦快活	大方阔气	是个妖精	一个窟窿	打个官司	琢磨事情
弹弹琵琶	打个补丁	玻璃碎了	嘀咕什么	拿着行李	老实伙计
那么漂亮	拎着甘蔗	谈谈报酬	学过胡琴	洗洗头发	贴个膏药
提着篮子	高粱黄了	晃悠胳膊	栽个跟头	李子熟了	我的媳妇

五、语句训练，注意轻声词语

1. 他们的粮食是朋友送的。
2. 那件事情他办得还凑合。
3. 爷爷紧紧地攥着她的手。
4. 我怎么不知道你们俩是亲家呢？
5. 这间屋子的面积并不大。
6. 刀背不长眼，他的动作干净利落。
7. 他在生意上栽了个跟头，欠了许多债。
8. 教师批评学生要讲究分寸，不能太过。
9. 她的篮子里装满了新鲜的石榴和葡萄。
10. 他总是把头发梳得整整齐齐，衣服也穿得很体面。
11. 小兰高高兴兴地跳起来，三两步拽住了他的胳膊。
12. 北方的冬天室外温度很低，但屋子里却特别暖和。
13. 腥味钻到了你的手心，还有硌手的鱼鳞滋滋作响。
14. 同学们！把玻璃擦擦，把抽屉收拾干净。听明白了吗？
15. 这碗肠粉的味道平凡得像每一个路边摊都能做出来的手艺。
16. 伙计，我一知道消息就赶来告诉你了！你可得好好犒劳犒劳我！
17. 台风过后的天气格外凉快，他用口哨吹了一段旋律，听起来就像人在海上行走。
18. 他没什么本事，脾气却很大，别说邻居们了，就是他的亲闺女，看到他发怒的架势也躲得远远的。
19. 那晚煤油灯将我的影子定在墙上，自尊心与旧墙皮一齐剥落，作业被我翻来覆去地折皱，心事却先落了灰。
20. 我的朋友从南边儿来，穿着一身儿漂亮的衣裳，拿着一个老大的行李，也不知道为了什么，倒把我弄糊涂了。

六、绕口令训练，注意读准读清轻声词语

1. 张家有个小英子
   张家有个小英子，李家有个小晴子。

张家的小英子，自己穿衣洗袜子，天天扫地擦桌子。
李家的小晴子，捡到一只皮夹子，还给后院大婶子。
小英子，小晴子，她们都是好孩子。

2. 屋子里有箱子
屋子里有箱子，箱子里有匣子，
匣子里有盒子，盒子里有镯子；
镯子外面有盒子，盒子外面有匣子，
匣子外面有箱子，箱子外面有屋子。

3. 红孩子和黄孩子换鞋子
红孩子和黄孩子换鞋子。
红孩子穿双黄鞋子，黄孩子穿双红鞋子。
红孩子用黄鞋子换黄孩子的红鞋子，
黄孩子用红鞋子换红孩子的黄鞋子。
红孩子穿上了红鞋子，黄孩子穿上了黄鞋子。
红孩子和黄孩子，换过鞋子乐滋滋。

4. 于琳琳爱捏泥
揉揉泥，团团泥，揉来揉去不起急。
捏了一只小狐狸，捏了七只小小鸡。
小狐狸、小小鸡，全都送给小弟弟。

5. 没风要扇扇子
没风要扇扇子，有风不扇扇子。
不扇扇子没风，扇扇子时有风。
不扇扇子有风，扇扇子也有风。

6. 出南门
出南门，走六步，见着六叔和六舅。
叫声六叔和六舅，借我六斗六升好绿豆。
过了秋，打了豆，还我六叔六舅六十六斗六升好绿豆。

7. 搭房子
蓝蓝的好朋友红红会搭蓝房子，
红红的好朋友蓝蓝会搭红房子。
会搭蓝房子的红红，愿帮会搭红房子的蓝蓝搭蓝房子，
会搭红房子的蓝蓝，愿帮会搭蓝房子的红红搭红房子。

8. 瞎子吹喇叭

瞎子吹喇叭，哑巴摸蛤蟆；

哑巴听不见瞎子吹喇叭，

瞎子瞧不见哑巴摸蛤蟆。

9. 胡子和驼子

有个胡子，骑着骡子。

有个驼子，挑着螺蛳。

胡子的骡子，撞翻了驼子的螺蛳。

挑螺蛳的驼子，拦住了骑骡子的胡子，要胡子赔螺蛳。

胡子下了骡子，向驼子赔了个"不是"，又替驼子捡起了螺蛳。

驼子挑起了螺蛳，原谅了胡子，又扶着胡子上了骡子。

10. 大嫂子和大小子

一个大嫂子，一个大小子，

大嫂子和大小子比包饺子，

看是大嫂子包的饺子好，

还是大小子包的饺子好？

看是大嫂子包的饺子小，

还是大小子包的饺子小？

再看大嫂子包的饺子少，

还是大小子包的饺子少？

大嫂子包的饺子又小又好又不少，

大小子包的饺子又大又少又不好。

七、短文训练，读准轻声词语

1. 早上起来，妈妈给弟弟穿上衣服，打开窗户。窗户上的玻璃把阳光反射到墙上，整个屋子显得格外明亮。我揉了揉眼睛，对爸爸说："今天天气真暖和，咱们去公园逛逛，好吗？"哥哥在外面听见了，跑进来说："妹妹说得对，今天天气这么好，我们一起去。"爸爸站起来，看看妈妈，摸摸我的头说："这真是个好主意！大家收拾收拾，准备点儿东西就出发吧！"

2. 在炎热的海国夏日里，我漂亮的妹妹刚刚结束了一场鏖战。我从背后掏出一支钢笔，说这支笔奖励你。她愣了一下看着我，她实在太聪明，一下就明白了我的意思，紧张变成了高兴，高兴变成了拥抱，拥抱变成了哭出来的两道泪痕。

3. 春天来了，春姑娘轻声把沉睡中的小草唤醒。小草感受到春风的爱抚，揉了揉惺忪的睡眼，伸了个懒腰，打了个哈欠，使出全身的力气钻出地面，让春日里和煦的阳光晒去地下的阴冷潮湿。正巧一滴露水落了下来，让刚探出头的小草喝了个饱。

4. 运动会开始了，无论是参加短跑的，参加中长跑的，还是参加越野跑的，大家都你追我赶，唯恐落在后面。中场休息的时候，啦啦队的成员们走到场中进行了暖场表演，她们穿着时髦的裙子，配合着动感的音乐，用手中的花球为运动员们打气助威，把场上的气氛再一次推向了高潮。

5.别看长得挺秀气，他可是一个工作起来一丝不苟的人。他讲规矩、有见识、有能耐，对待生意伙伴既厚道又真诚。无论遇到什么麻烦，他都能解决得顺顺当当，即便是打官司，他也从来没输过。跟他一起做生意，你就尽管把心放在肚子里吧！

6.我没有完成老师布置的作业，妈妈知道了以后虽然也很生气，但还是按捺着自己的怒火，努力放轻声音询问我没有完成作业的理由，给我摆事实、讲道理。是妈妈的话让我转变了自己的学习态度，把心思更多地放到了学习上，因此我的成绩也越来越好了。

7.春晚的节目内容非常丰富，有唱歌、跳舞、相声、小品。我最喜欢的节目是相声。相声演员往往能从日常生活中找到乐趣，通过艺术加工把它们编成好玩儿的段子。听说最早相声演员并不受重视，只有出身卑微的人才会从事这样的职业。但现在相声慢慢被发扬光大了，涌现出了一批杰出的相声演员。

8.你别看他买卖做得这么大，他可是个一毛不拔的"铁公鸡"。平时出门应酬，他也穿得邋里邋遢，临走不是手机没电，就是要上厕所，有千万个逃单的理由。就算去菜市场买根萝卜，都要临闭市了才去，拉着人家讲价讲半天，最后还得让店家再搭给他一根黄瓜。

9.听到妈妈要回来的消息，留守儿童小星激动得一夜没睡，心里想着明天一定要把家里收拾得干干净净，把自己的奖状都找出来给妈妈看，还要早点去买菜，给妈妈做一桌丰盛的菜肴，展示一下自己的手艺。虽然妈妈还没回来，但想着这些，已经足够让小星高兴一整晚了。

10.多少个失眠的夜里，你犹如一支火炬，给我指明前进的方向，引我走向温暖的归家之路；多少个令人胆怯的梦里，你犹如一位骑士，身披铠甲，手持光刃，斩尽身前所有的妖魔鬼怪；多少个致命的诱惑前，你犹如一把利剑，破除重重魔障，让我得以看到这世间的真相。

第二节 变调训练

一、上声的变调训练

1.注意上声与非上声字相连时的变调情况

美妆	草根	纸巾	语音	笔芯	躲开	雪花	果期	女装
美白	草丛	纸盒	语言	笔直	躲藏	雪白	果实	女王
美丽	草帽	纸屑	语用	笔墨	躲避	雪域	果断	女性
雨天	隐居	奖金	顶端	请安	把关	写生	举杯	打开
雨林	隐藏	奖牌	顶级	请求	把门	写实	举行	打球
雨露	隐蔽	奖励	顶部	请假	把脉	写意	举办	打架
展区	倚窗	考官	简单	起初	舞厅	彩妆	审批	粉丝

展台	倚栏	考题	简直	起床	舞台	彩虹	审核	粉红
展示	倚靠	考试	简历	起步	舞伴	彩票	审判	粉碎
懒腰	扭捏	解开	某些	整天	表哥	属鸡	启发	普通
懒虫	扭头	解决	某年	整合	表扬	属实	启航	普及
懒惰	扭动	解释	某个	整治	表现	属下	启动	普遍

2. 注意两个上声字相连时的变调情况

总理	表演	美满	奖品	粉笔	语感	首领	短板	笔筒
首脑	雨伞	理睬	了解	许久	简短	领导	小狗	仿品
草纸	省长	坎坷	减少	果敢	海草	马桶	表姐	走狗
祖母	水桶	许可	剪短	海港	水厂	往往	很好	猥琐
侮辱	审稿	手表	整理	演讲	起跑	荏苒	缓解	婉转
起始	水浒	等你	扭转	蚂蚁	枸杞	攘攘	小鸟	搞垮
网友	小米	请柬	属狗	舞美	抢险	考古	耳骨	老虎
百果	好酒	美感	感想	水管	洗澡	米粉	抖擞	反悔
海藻	忍者	改组	奖赏	母乳	礼法	手指	首长	跛脚
火海	养眼	烤火	野草	勇敢	打扰	把柄	感慨	懒散
渺小	水表	两碗	早点	鼓掌	远走	口语	广角	首府

3. 注意轻声音节前上声的变调情况

委屈	免得	喇叭	伙计	椅子	我的	等着	果子	尾巴
打量	奶奶	养活	哑巴	赶着	姐姐	脊梁	嗓子	数落
嘴里	口里	紫的	打扮	点心	领着	起开	跑吧	水灵
比方	老实	水呢	倒腾	老婆	使得	怎么	哪个	马虎

4. 注意三个上声字相连的变读情况

总统府	洗脚水	手写体	演草纸	彩笔筒	老酒鬼	小水手
跑马场	手表厂	采访者	女子组	保守党	冷处理	小拇指
种马馆	卷纸筒	胆小鬼	体检表	五百四	马导演	柳组长
虎骨酒	九百亩	表演奖	古典美	蒙古语	老古董	打雨伞
耍笔杆	很果敢	雪很小	小海马	母老虎	好产品	小美女
有好感	请理解	李厂长	有想法	武小姐	很美好	厂党委

5. 注意四个上声相连的变读情况

彼此友好	很有想法	岂有此理	给我讲讲	洗手洗脸	远景美好
可以理解	写好讲稿	产品展览	采访老李	打扰领导	了解短板
选举厂长	买点水果	火海抢险	有板有眼	保管手表	指指点点
买把好锁	古典审美	两碗好酒	打死老虎	减少美感	打扫旅馆
写满草纸	搞垮首脑	取走请柬	领养小狗	我敢举手	勉强表演

二、朗读下面的句子，注意上声的变调

1. 请你给我打洗脸水。
2. 请你往北走，找李组长。
3. 水族馆里有很多小海马。
4. 一切帝国主义都是纸老虎。
5. 武厂长是一个很勇敢的人。
6. 给我讲讲马导演获得导演奖的故事吧。
7. 我劝你赶紧离开他，免得继续受委屈。
8. 请拿好自己的体检表，到外面排队缴费。
9. 了解自己的短板才能取得更长足的进步。
10. 南京总统府是南京民国建筑的主要代表之一。
11. 伍小姐的母亲是蒙古族，因此她精通蒙古语。
12. 他是一个很果敢的人，因此很多人都对他很有好感。
13. 凭借这一款三问表，上海手表厂赢得了无数藏家的心。
14. 两国人民是永远彼此友好下去，还是挑起事端燃起战火？
15. 他们今天要去参观跑马场旁边的展览馆，你要不要一起去？
16. 丁常琴是2020中国马拉松女子组冠军，请允许我向她致敬。
17. 李厂长是一个很有想法的人，他总是能颠覆传统，推陈出新。
18. 一个优秀的演讲者不仅要对讲稿烂熟于心，还要跟观众进行眼神交流。
19. 请你和我一起到海洋馆旁边的商店里去买五把伞，天气预报说今晚有大雨。
20. 小叶是一个很有想法的年轻人，但是表达能力不好，说出来的话让人难以理解。

三、朗读诗歌，注意加点字的变调

也许？
——答一位作者的寂寞（舒婷）

也许我们的心事
总是没有读者
也许路开始已错
结果还是错
也许我们点起一个个灯笼
又被大风一个个吹灭
也许燃尽生命烛照黑暗
身边却没有取暖之火

也许泪水流尽
土壤更加肥沃

也许我们歌唱太阳

也被太阳歌唱着

也许肩上越是沉重

信念越是巍峨

也许为一切苦难疾呼

对个人的不幸只好沉默

也许

由于不可抗拒的召唤

我们没有其他选择

四、读准短文中的上声变调

1. 领导仔仔细细听完了他们的报告，认为管理组这一年干得不错，决定给他们每个人都发一些奖品，以示鼓励。但这引起了老王、老张的不满，他们认为自己作为优秀员工，对于公司的发展做出了突出贡献，因此他们在大厅吵闹个不停。

2. 采集高手一天能采五公斤燕窝。由于金丝燕的巢穴总筑在又高又险的山上，因此就格外需要大胆、细心、镇定。这些高手往往身轻如燕，用绳索游荡在悬崖峭壁之间，四处搜寻燕窝。其中的各种绝技依靠世代相传，留存了下来。

3. 海风习习，海浪卷上来一些五颜六色的贝壳。孩子们光着脚丫，踩在又细又软的沙滩上，有的捡贝壳，有的堆"城堡"。傍晚，夕阳洒在波光粼粼的海面上，如同为大海披上了一件金线织就的纱衣。这样美好的景色，怎能让人不迷恋！

4. 雪下得不大，它们被风裹着斜斜地洒下来，时急时缓，像一缕缕月白色的丝线，由冬天的手拉扯着，织出一条条围巾。街上行人寥寥，仿佛大地上的万物都被这雪迷得入了神，在这寂静的雪域里，没有任何东西能发出一丁点杂音，连思想也为之沉默，任由这一条条围巾披在房顶上、街道上、白桦树上。

5. 从山沟沟跨进大学那年，我才刚满十六岁，从里到外透着一股土气。没有学过英语，不知道安娜·卡列尼娜是谁；不会说普通话，讲出来的方言常常成为大家的笑柄；不知道烫发、喷香水能增加自己的魅力值；第一次看到班上男同学搂着女同学跳舞，吓得脸红心跳……

6. 立春，是中国民间重要的传统节日之一。作为农历二十四节气中的第一个节气，立春标志着万物闭藏的冬天已经跟我们挥手告别，风和日丽的春天正向我们迎面走来。"律回岁晚冰霜少，春到人间草木知"，尽管寒冷的日子并未完全结束，但温暖已不会太远。

7. 岳阳楼、黄鹤楼、滕王阁并称"江南三大名楼"，同时，岳阳楼又是这三大名楼中唯一一个保持原貌的古建筑。它独特的盔顶结构，充分展现了古代劳动人民的聪明才智和能工巧匠的精密设计。可以说岳阳楼是名副其实的老古董。

8. 她支教的地方是一个小山村，气候恶劣，交通不便，可她从没觉得委屈。她说，"条件越艰苦的地方越需要我们"。在支教过程中，她引导学生拓宽视野，给当地孩子们带来了全新的课堂模式。她的用心，小山村里的每一个人都看在眼里，记在心上。

9. 当你遇到挫折磨难，感觉无力回天时，不妨走出去，看看大自然中的一草一木。

大自然会让你感受到，与这世间万物的沧海桑田相比，眼前的这点困难变数是如此渺小，如此微不足道。当你不再执着于自己眼前的得失，往往就会解开心结，另闯出一番天地。

10.疫情防控期间涌现出了一批优秀的女护士。防护服空气流动性差，穿着闷热不堪，往往不到半小时就会大汗淋漓，但她们不喊苦、不喊累。为了方便工作，减少感染的风险，很多"爱发如命"的姑娘纷纷剪短了自己的头发，清一色的短发型在医院形成了一道靓丽的风景线。

五、"一""不"的变调训练

1.读下列词语，注意"一""不"的变调

一次	一块	一遍	一个	一万	一面	一共	一刻	一寸
一阵	一刹	一副	一项	一共	一再	一样	一日	一顾
不怪	不是	不见	不会	不赖	不孝	不但	不信	不动
不快	不定	不愧	不厌	不日	不论	不计	不利	不够
一起	一场	一脸	一员	一里	一口	一宿	一体	一两
一些	一根	一封	一家	一起	一吨	一堆	一只	一端
不解	不足	不通	不香	不粗	不公	不惜	不多	不贪
不屈	不弯	不深	不朽	不丑	不好	不如	不凡	不然
一色	一霎	一动	一片	一路	一辈	一瞬	一册	一众
一律	一克	一味	一旦	一气	一概	一处	一件	一票
不尽	不像	不坠	不必	不幸	不怕	不断	不惑	不妙
不外	不配	不在	不吝	不惧	不售	不忿	不爱	不第
一眼	一曲	一朵	一层	一行	一团	一头	一拳	一程
一本	一锅	一斤	一群	一席	一时	一齐	一盒	一场
不肯	不懒	不管	不远	不苟	不早	不走	不久	不轨
不行	不成	不曾	不来	不难	不才	不拿	不同	不能
推一推	讲一讲	闻一闻	瞧一瞧	嗅一嗅	听一听			
猜一猜	碰一碰	摸一摸	中不中	想不想	走不走			
用不用	美不美	香不香	做不做	写不写	吃不吃			

2.读下列三音节词语，注意读准"一"和"不"的读音

一窝蜂	一堆草	一锅端	一眨眼	一言堂	一盘棋	一条龙
一把抓	一条心	一刀切	一元化	一锅粥	一小撮	一团糟
一扇门	一座山	一段路	一大半	一阵风	一队人	一路人
一架桥	一部车	一句话	一炷香	一肚子	一寸金	一个劲
一览表	一条边	一口闷	一指禅	一般般	一杯羹	一时间
一番话	一行人	一抔土	一缕烟	一头热	一闪念	一口价
一半天	一束花	一次性	一大早	一昼夜	一大堆	一屁股

一丈红	一味药	一上手	一路上	一站式	一夜情	一粒米
不倒翁	不难受	不满意	不足道	不能成	不远行	不得了
不苟同	不久留	不出名	不均匀	不经意	不足惜	不长心
不顾家	不是他	不像话	不对劲	不怕事	不做声	不至于
不要脸	不动产	不济事	不落忍	不凑巧	不亚于	不自觉
不由得	不眠夜	不足数	不理睬	不留神	不失为	不识相
不妨事	不等式	不归路	不知情	不得志	不粘锅	不景气
不上镜	不在乎	不坏身	不忘本	不锈钢	不顺眼	不送气
不二价	不自在	不称心	不丈夫	不定期	不道德	不怯场

3. "一"和"不"的四字词语训练

一知半解	一通百通	一笔抹杀	一触即发	一事无成	一举两得
一刀两断	一团和气	一言为定	一路平安	一笔勾销	一年半载
一言为定	一声不吭	一筹莫展	一蹶不振	一毛不拔	一尘不染
一心一意	一年一度	一板一眼	一分一毫	一针一线	一言一行
一令一动	一筋一咏	一模一样	一举一动	一生一世	一字一泪
一朝一夕	一字一句	一饮一啄	一张一弛	一来一往	一草一木
不约而同	不胜枚举	不自量力	不露声色	不寒而栗	不求甚解
不足挂齿	不言而喻	不由自主	不怀好意	不耻下问	不动声色
不着边际	不求上进	不可磨灭	不学无术	不知好歹	不辞而别
不伦不类	不慌不忙	不折不扣	不三不四	不卑不亢	不即不离
不瘟不火	不依不饶	不闻不问	不理不睬	不偏不倚	不屈不挠
不见不散	不郎不秀	不骄不躁	不紧不慢	不折不扣	不管不顾
独树一帜	背水一战	首屈一指	万众一心	九牛一毛	千钧一发
功亏一篑	不堪一击	千人一面	孤注一掷	可见一斑	不屑一顾
不名一文	千篇一律	如出一辙	济济一堂	毁于一旦	焕然一新
良莠不一	心口不一	以防万一	合二为一	众多非一	九九归一
表里如一	报效万一	政令不一	瑜百瑕一	背城借一	危微精一
百里挑一	整齐划一	知行合一	劝百讽一	百喙如一	心神合一
卓尔不群	滔滔不绝	无坚不摧	美中不足	念念不忘	求之不得
二话不说	滴水不漏	一动不动	誓死不屈	心绪不宁	见死不救
纹丝不动	哭笑不得	心照不宣	万死不辞	络绎不绝	水泄不通
言不由衷	义不容辞	名不虚传	目不转睛	迫不及待	祸不单行
心不在焉	愚不可及	面不改色	势不两立	毫不犹豫	满不在乎
词不达意	漠不关心	恬不知耻	入不敷出	少不更事	妙不可言

六、句子训练，注意"一""不"的读音

1. 这是一场无人知晓的拉锯战。
2. 他就这样站在原地一动不动。

3. 他不是不想睡，而是不敢睡。

4. 另一个人就站在远处目睹一切。

5. 他点了一杯冰美式和一球冰激凌。

6. 你一走，他就免费送了我一张经典的CD碟。

7. 他一回头，就瞧见哥一副恨铁不成钢的样子。

8. 这个人的打扮不伦不类，给人一种不好的印象。

9. 你不能抓住别人一点错处，就对人家不依不饶。

10. 他一大早就炖了鸡翅，我和二哥一人吃了一个。

11. 尽管他的父亲病了，他还是不管不顾地在外面应酬。

12. 不了解情况就不要乱说，以免给他人带来不必要的麻烦。

13. 他的工作作风非常霸道，说一不二，没有人敢不听他的话。

14. 要不是当时的一念之差，这位天才少年如今怎会一事无成？

15. 我转头看去，却那尊观音的双眼，不知何时蒙上了一层红纱。

16. 一粥一饭都是来之不易的，我们在享用美食的时候也要懂得珍惜。

17. 他一刻不息在名为生活的海里为自己松绑，争取一线浮上水面的生机。

18. 他经常打电脑游戏，一打就打到半夜，真是一个不折不扣的网瘾少年。

19. 不安感把他啃噬一空，但罪魁祸首并非一纸成绩单，而是一种分离焦虑。

20. 哥一如既往地说着好好学习，我也只是有一声没一声地应和，仿佛昨晚的一切只是
大梦一场。

七、诗歌训练，注意读准"一"的变调

1. 亲朋无一字，老病有孤舟。

2. 江山如画，一时多少豪杰。

3. 此地一为别，孤蓬万里征。

4. 无意苦争春，一任群芳妒。

5. 欲穷千里目，更上一层楼。

6. 长安一片月，万户捣衣声。

7. 爆竹声中一岁除，春风送暖入屠苏。

8. 忽如一夜春风来，千树万树梨花开。

9. 回眸一笑百媚生，六宫粉黛无颜色。

10. 江天一色无纤尘，皎皎空中孤月轮。

11. 烹羊宰牛且为乐，会须一饮三百杯。

12. 玉容寂寞泪阑干，梨花一枝春带雨。

13. 辛苦遭逢起一经，干戈寥落四周星。

14. 白云一片去悠悠，青枫浦上不胜愁。

15. 京口瓜洲一水间，钟山只隔数重山。

16. 今日听君歌一曲，暂凭杯酒长精神。

17. 两岸青山相对出，孤帆一片日边来。

18. 黄鹤一去不复返，白云千载空悠悠。

19.锦瑟无端五十弦，一弦一柱思华年。

20.一代天骄，成吉思汗，只识弯弓射大雕。

八、诗歌训练，注意"不"的读音

木兰诗（南北朝·佚名）

唧唧复唧唧，木兰当户织。不闻机杼声，唯闻女叹息。

问女何所思，问女何所忆。女亦无所思，女亦无所忆。

昨夜见军帖，可汗大点兵，军书十二卷，卷卷有爷名。

阿爷无大儿，木兰无长兄，愿为市鞍马，从此替爷征。

东市买骏马，西市买鞍鞯，南市买辔头，北市买长鞭。

旦辞爷娘去，暮宿黄河边，不闻爷娘唤女声，但闻黄河流水鸣溅溅。

旦辞黄河去，暮至黑山头，不闻爷娘唤女声，但闻燕山胡骑鸣啾啾。

万里赴戎机，关山度若飞。朔气传金柝，寒光照铁衣。

将军百战死，壮士十年归。归来见天子，天子坐明堂。

策勋十二转，赏赐百千强。可汗问所欲，木兰不用尚书郎，

愿驰千里足，送儿还故乡。爷娘闻女来，出郭相扶将；

阿姊闻妹来，当户理红妆；小弟闻姊来，磨刀霍霍向猪羊。

开我东阁门，坐我西阁床，脱我战时袍，著我旧时裳。

当窗理云鬓，对镜帖花黄。出门看火伴，火伴皆惊忙：

同行十二年，不知木兰是女郎。雄兔脚扑朔，雌兔眼迷离；

双兔傍地走，安能辨我是雄雌？

第三节　儿化训练

一、儿化发音训练

1.读准下列儿化词

开刃儿	拔尖儿	羊倌儿	老头儿	对门儿	杏仁儿	梨核儿
眼圈儿	包圆儿	爆肚儿	干劲儿	跳高儿	笔杆儿	围嘴儿
摆摊儿	坎肩儿	白卷儿	小偷儿	零碎儿	串门儿	一打儿
蒜瓣儿	酒窝儿	发火儿	大婶儿	煤球儿	方格儿	栏杆儿
小米儿	火星儿	油门儿	照面儿	八哥儿	盼头儿	老本儿
串味儿	露馅儿	耍猴儿	抽筋儿	枪子儿	旦角儿	胖墩儿
零件儿	傻帽儿	小曲儿	对眼儿	凉皮儿	肉末儿	烟卷儿
花瓣儿	泥人儿	挑刺儿	急事儿	贪玩儿	凑趣儿	在哪儿
橘汁儿	熊猫儿	顺当儿	高个儿	小样儿	一根儿	面条儿
一卷儿	火罐儿	扇面儿	窍门儿	草籽儿	树枝儿	没准儿
片儿汤	沙瓤儿	赶趟儿	掉价儿	白班儿	摆谱儿	茶馆儿

吃劲儿　搭伴儿　打眼儿　接班儿　借条儿　帽衫儿　努嘴儿

旮旯儿　花园儿　急性儿　奶皮儿　离谱儿　汽水儿　坐垫儿

蹄筋儿　听信儿　斜眼儿　心坎儿　账本儿　走调儿　药水儿

牙口儿　雅座儿　虾仁儿　贴身儿　土方儿　挑刺儿　顺嘴儿

大家伙儿　一溜烟儿　一股脑儿　萤火虫儿　身子骨儿　指头肚儿

指甲盖儿　下巴颏儿　屁股蹲儿　头发丝儿　双眼皮儿　豆腐脑儿

易拉罐儿　小马驹儿　差不离儿　没好气儿　小两口儿　扭秧歌儿

帅小伙儿　败家子儿　大杂院儿　老白干儿　抠字眼儿　肿眼泡儿

热心肠儿　身子骨儿　松紧带儿　随大溜儿　一大早儿　椅子背儿

冒牌儿货　小人儿书　瓜子儿脸　柳叶儿眉　杏仁儿眼　好样儿的

2. 常用必读儿化词训练

瓣儿：花瓣儿　蒜瓣儿　四瓣儿　豆瓣儿　橘瓣儿　分瓣儿　一瓣儿蒜

碴儿：碗碴儿　道碴儿　胡碴儿　找碴儿　话碴儿　冰碴儿　玻璃碴儿

点儿：差点儿　快点儿　早点儿　有点儿　雨点儿　轻点儿　一丁点儿

道儿：小道儿　半道儿　走道儿　没道儿　绕道儿　门道儿　一条道儿

兜儿：裤兜儿　衣兜儿　网兜儿　小兜儿　布兜儿　围兜儿　小肚兜儿

窝儿：心窝儿　酒窝儿　被窝儿　燕窝儿　眼窝儿　泪窝儿　挪挪窝儿

盖儿：壶盖儿　瓶盖儿　杯盖儿　盖盖儿　盒盖儿　翻盖儿　指甲盖儿

干儿：鱼干儿　果干儿　杏干儿　豆干儿　肉干儿　干儿菜　馒头干儿

个儿：高个儿　挨个儿　大个儿　长个儿　矮个儿　单个儿　翻个个儿

猴儿：小猴儿　孙猴儿　猴儿王　皮猴儿　猴儿精　瘦猴儿　耍猴儿戏

核儿：梨核儿　杏核儿　煤核儿　枣核儿　桃核儿　果核儿　樱桃核儿

会儿：一会儿　这会儿　等会儿　多会儿　坐会儿　玩会儿　多歇会儿

活儿：干活儿　零活儿　重活儿　做活儿　木活儿　过活儿　庄稼活儿

劲儿：闯劲儿　干劲儿　有劲儿　使劲儿　起劲儿　用劲儿　一个劲儿

角儿：名角儿　旦角儿　丑角儿　捧角儿　主角儿　好角儿　做配角儿

壳儿：贝壳儿　弹壳儿　虾壳儿　龟壳儿　硬壳儿　外壳儿　鸡蛋壳儿

块儿：土块儿　泥块儿　石块儿　冰块儿　碎块儿　成块儿　块儿八毛

门儿：大门儿　串门儿　嗓门儿　没门儿　窍门儿　正门儿　走后门儿

面儿：药面儿　照面儿　白面儿　黄面儿　扇面儿　官面儿　玉米面儿

牌儿：门牌儿　老牌儿　名牌儿　冒牌儿　红牌儿　头牌儿　掏黄牌儿

球儿：煤球儿　糖球儿　雪球儿　踢球儿　混球儿　打球儿　毛线球儿

圈儿：火圈儿　里圈儿　线圈儿　转圈儿　外圈儿　眼圈儿　面包圈儿

玩儿：好玩儿　玩儿坏　玩儿命　玩儿水　玩儿完　玩儿票　闹着玩儿

味儿：风味儿　京味儿　香味儿　走味儿　口味儿　对味儿　真够味儿

馅儿：馅儿饼　肉馅儿　露馅儿　调馅儿　果馅儿　菜馅儿　芝麻馅儿

眼儿：字眼儿　小眼儿　打眼儿　心眼儿　对眼儿　白眼儿　窟窿眼儿

子儿：瓜子儿　枪子儿　铜子儿　鸡子儿　花子儿　石子儿　一个子儿

二、读准下列句子中的儿化音节

1.小王特别喜欢嗑瓜子儿。

2.她把拾来的花瓣儿做成了标本儿。

3.这笔尖儿太尖了，差点儿划破了纸。

4.这儿没你照片儿里的那个老头儿。

5.别急，慢慢儿说，大伙儿会帮你的。

6.大伙儿都来看他比赛，给他加油儿。

7.他正在对面儿的小树林儿里练台词儿。

8.别看他个儿矮，干起活儿来劲儿可大啦！

9.这么多活儿，她们娘儿俩不可能干得完。

10.那只小船儿开得很快，一会儿就没影儿了。

11.天气太冷了，我恨不得每天都待在被窝儿里。

12.你能帮忙儿把这些纸壳儿丢到垃圾箱儿里吗？

13.他没有留神脚底下的门槛儿，正好摔倒在我的跟前儿。

14.他们爷儿俩打扮得很时髦儿，要赶着去城里头办事儿。

15.他过年在家只知道偷懒儿，这让他的媳妇儿很不高兴。

16.她躲在墙角儿，凛冽的北风把她的小脸蛋儿冻得通红。

17.我还是个小女孩儿的时候，最喜欢和小伙伴儿一块儿跳皮筋儿。

18.当兵就得有个当兵的样儿，无论遇到什么事，腰板儿都得挺直了。

19.他家的小猫儿脖子上拴了个铜铃儿，小猫儿一甩脖子铜铃儿就"叮铃铃"响，可好玩儿了。

20.他的爱好还真不少：看电影儿、打篮球儿、拍照片儿、练字儿、唱歌儿、画画儿，好像什么他都喜欢。

三、朗读下面绕口令，注意儿化词语的发音

1.白胡子老头儿

　打南边来了个白胡子老头儿，

　手拉着倍儿白的白拐棍儿。

2.二月二

　二月二，上小镇，

　买根烟袋儿不通气儿，

　回来看看是根棍儿。

3.小小子儿

　小小子儿，不贪玩儿。

　画小猫儿，钻圈圈儿；

　画小狗儿，蹲小庙儿；

画小鸡儿，吃小米儿；
画个小虫儿，顶火星儿。

4. 小姑娘儿

小姑娘儿，红脸蛋儿，
红头绳儿，扎小辫儿，
黑眼珠儿，滴溜转儿，
手儿巧，心眼儿快，会做袜子会做鞋儿，
能开地儿，能种菜儿，又会浇花儿又做饭儿。

5. 一条裤子七道缝儿

一条裤子七道缝儿，
横缝上面有竖缝儿，
缝了横缝缝竖缝儿，
缝了竖缝缝横缝儿。

6. 咱这里大小马路分七段儿

咱这里大小马路分七段儿，九条胡同儿十道弯儿。
工厂、机关占一半儿，还有中学、小学、幼儿园儿。
二十个商业服务点儿，仨医院来俩剧团儿，
一共是三百一十所楼房和大院儿，这小孩儿家不会超出这一圈儿。
只要他答上我问的一句话儿，就知道他家的街道和门牌儿。

7. 小哥俩儿

小哥俩儿，红脸蛋儿，
手拉手儿，一块儿玩儿。
小哥俩儿，一个班儿，
一路上学唱着歌儿。
学造句，一串串儿，
唱新歌儿，一段段儿，
学画画儿，不贪玩儿。
画小猫儿，钻圆圈儿，
画小狗儿，蹲庙台儿，
画只小鸡儿吃小米儿，画条小鱼儿吐水泡儿。
小哥俩，对脾气儿，上学念书不费劲儿，真是父母的好宝贝儿。

8. 王小三儿

我们那儿有个王小三儿，
在门口摆着一个小杂货摊儿。

卖的是煤油火柴和烟卷儿，

草纸豆儿纸还有大包的烟儿，

红糖白糖花椒大料瓣儿，

鸡子儿挂面酱醋油盐儿，

糖葫芦一串儿又一串儿，

花生瓜子儿还有酸杏干儿。

王小三儿不识字儿，

写账记账他净闹稀罕儿。

街坊买了他六个鸡子儿。

他就在账本上画了六个圈儿。

过了两天人家还了他的账，

他在账单上画了一道儿就勾了圈儿。

到了年底下又去跟人家要账，

他说人家短了他一串儿糖葫芦儿没有给他钱儿。

9.有个小男孩儿

有个小男孩儿，穿件儿蓝小褂儿，

拿着小竹篮儿，装的年糕和镰刀。

有个小女孩儿，穿件儿绿花儿裙儿，

梳着俩小辫儿，拉着一头老奶牛。

俩人儿手拉手儿，唱着快乐的牧牛歌儿，

拉着牛拿着篮儿，溜溜达达向前走。

走到柳林边，拴上牛放下篮儿，

拿出了年糕和镰刀，

吃了甜年糕，拿起小镰刀，

提着竹篮儿去割草，割了一篮儿又一篮儿。

10.初八十八二十八

初八十八二十八,八个小孩儿把萝卜拔,

你也拔，我也拔，看谁拔得多，

看谁拔的萝卜个头儿大。

你拔得不多个儿不小，

我拔得不少个儿不大。

四、短文练习，读准儿化音节

1.过年期间我去了奶奶家拜年，奶奶家养了很多小鸡儿，它们忙着吃米粒儿的样子特别有趣儿。我和表哥一起踢了足球儿，还跟家里的亲戚朋友一起嗑瓜子儿、聊闲天儿，大伙儿一起给家里的长辈帮忙儿，一家人其乐融融，感觉生活又充满了奔头儿。

2.我们学校附近有很多美食，一到饭点儿，这些摆摊儿的人就会准时在这里等候大家的光顾，有爆肚儿、春卷儿、馅儿饼、面条儿、水饺儿、烤串儿，无论你爱吃什么，这里都能满足你。

3.雪停了，我和妹妹立刻出去堆雪人儿。我们给雪人儿做好脑袋和身子，又给他安上了眼睛、鼻子、嘴巴，还拿妈妈的化妆品给雪人儿画了个红脸蛋儿。妹妹高兴地去喊妈妈出来欣赏我们的作品，没想到跑得太急，摔了个屁股蹲儿。

4.我的爸爸很抠门儿，他总说钱要花在刀刃儿上，蛐蛐儿他嫌太吵，瓜子儿他说没地方吐皮儿，小鸡儿他觉得我们养不活，泥人儿去年已经买过，总之庙会上的这些小玩意儿都与我们无关，我们只能单纯来凑趣儿。

5.这个茶馆儿不光能喝茶，周末的时候还能欣赏戏曲表演。与三五知己好友，听一首小曲儿，吃一点儿果干儿，再作一首小诗，这才叫真的解闷儿。

6.你看看你，有大路不走，偏要走小道儿，这下可好，衣服摔脏了不说，还差点儿耽误了下午的课。现在你赶紧歇会儿，把脏衣服换下来吧。

7.他从小儿就喜欢在冰面儿上玩儿，后来他的家长带他学了滑冰，他慢慢学会了转圈儿等有难度的动作，现在他已经是一名优秀的花样滑冰运动员了。

8.她十多岁才开始学习舞蹈，兴趣班儿的老师说这个年纪的小孩儿肢体已经有些僵硬，因此她只有没日没夜玩儿命地练习，才能弥补她与其他有"童子功"的学生之间的差距。

9.今天要进行一周一次的大扫除，同学们都自己准备了劳动工具，埋头干得很起劲儿。男生们争先恐后地搬桌子、搬椅子，女生们也不甘示弱，抢着干重活儿累活儿。

10.请你不要再过度追求名牌儿了，穿名牌儿并不会让你更受欢迎，相反，如果你靠伸手跟父母要钱买名牌儿，只会让大家更瞧不起你。如果你真的想买名牌儿，不如自己出去干点儿力气活儿，靠自己的努力堂堂正正地买名牌儿。

第四节　"啊"音变训练

一、词语训练，读准"啊"的音变，并标出实际读音

1. 鲍鱼啊（　）小鸡啊（　）红花啊（　）磨墨啊（　）默写啊（　）开车啊（　）
   生气啊（　）蟒蛇啊（　）西瓜啊（　）监狱啊（　）大海啊（　）看他啊（　）
2. 阅读啊（　）珍珠啊（　）发愁啊（　）登陆啊（　）你好啊（　）真苦啊（　）
   佩服啊（　）初五啊（　）牛乳啊（　）愤怒啊（　）糊涂啊（　）好酷啊（　）
3. 可心啊（　）心酸啊（　）拐弯啊（　）当真啊（　）原本啊（　）避嫌啊（　）
   花盆啊（　）键盘啊（　）蓝天啊（　）窗帘啊（　）认真啊（　）好惨啊（　）
4. 好香啊（　）感情啊（　）帮忙啊（　）收藏啊（　）旅行啊（　）小红啊（　）
   酒精啊（　）漂亮啊（　）小姜啊（　）大床啊（　）轻盈啊（　）羽绒啊（　）
5. 快吃啊（　）支持啊（　）导师啊（　）十二啊（　）知识啊（　）好事啊（　）
   法治啊（　）智齿啊（　）指使啊（　）斗志啊（　）红日啊（　）试吃啊（　）
6. 几次啊（　）汉字啊（　）赏赐啊（　）蚕丝啊（　）无私啊（　）筷子啊（　）

物资啊（　　）子嗣啊（　　）螺丝啊（　　）识字啊（　　）青瓷啊（　　）家祠啊（　　）

二、读准下列句子中"啊"的音变

1.这儿是鸟的天堂啊！

2.什么时候发工资啊！

3.多么壮观的大桥啊！

4.这个西瓜可真甜啊！

5.这件事儿恐怕不好办啊。

6.门没锁啊，赶紧进来吧！

7.小吃街的美食可真多啊！

8.这支笔可真好用啊，写字好顺滑啊！

9.你的字写得可真好看啊，学了多久啊？

10.外面的风可真大啊，要把窗户关严实啊！

17.烧吧，燃啊，这是你我共舞的最好时机。

16.这么冷的天你怎么不戴手套啊，冷不冷啊？

11.快吃啊，不然这一桌子饭菜可就要凉了啊。

12.今天据说要下大暴雨啊，快把衣服收下来啊！

13.别哭啊，心情不好我可以陪你一起去旅行啊。

15.他的手可真巧啊，剪出来的窗花栩栩如生。

14.小池啊，天天无所事事可不行啊，得学点本事啊。

18.今年你的成绩进步了不少啊，我们都为你感到骄傲啊！

19.打完球儿真热啊，这个时候要是能喝上一杯冰饮该有多好啊！

20.乡下的奶奶家里养了很多动物，鸡啊、鸭啊、鹅啊，它们都是我的好朋友。

三、短文训练，读准"啊"的音变

1.烟台的海真清啊，清得能看见海里的沙石游鱼；烟台的海真宽啊，宽得让人一眼望不到头；烟台的海真美啊，美得叫人流连忘返，如痴如醉。

2.海洋馆里的动物真多啊！鲨鱼啊、海龟啊、水母啊、电鳗啊，真是数不胜数啊！你看，那水母多么像一个提着裙摆翩翩起舞的仙女啊！那海龟懒洋洋地趴在水里，多么有趣啊！

3.学校里的社团可真多啊！什么吟诵社啊、戏曲社啊、表演社啊、武术社啊、相声社啊、魔术社啊、创业社啊、舞蹈社啊，真是十分丰富，正是因为有这么多社团，我们的校园生活才能如此多姿多彩啊！

4.很多人都很好奇，研究文学有什么用啊？其实文学是一个非常综合的科目，与历史啊、政治啊、地理啊，甚至物理啊、数学啊、化学啊这些科目的联系都非常密切，它是一种不可以或缺的语言表达形式啊！

5.现在智能手机的功能可真多啊！你可以用它打电话啊，发短信啊，定闹钟啊，还可以拍照片啊，订外卖啊，淘好物啊，真是十分方便啊！

6.好大的一场雨啊！空气中的尘埃都被这一场大雨冲刷殆尽，只留下了泥土的淡淡的芬芳，这时候的空气可真新鲜啊，让人忍不住贪婪地大口呼吸。

7.你的成绩提升得真快啊！我看你平时在学校里没有多么认真学习，平时的小测试也没有多么出色，为什么一到大考就考得这么好呢？是不是有什么独家秘籍啊？也告诉告诉我们，让我们一起进步啊！

8.我的电脑可真卡啊，每次打开一个程序都要花好久的时间，这样一定会影响我的工作效率啊！虽然很舍不得，但确实是时候把它换掉了啊！

9.高考结束，我们终于可以痛痛快快地放松了。但考完的日子并没有像我们想象的那样，每天都是补觉啊，参加聚会啊，打打游戏啊，相反大部分人都只能在家里打扫卫生啊，做饭啊，或者是出门学车啊，没意思极了。

10.我的妈妈可真温柔啊！她从来不对人乱发脾气，每天都把酒窝挂在脸上，对人说话永远是轻声细语、客客气气的。这样的人多么招人喜欢啊！我多么希望自己也能成为妈妈这样的人啊！

四、对话训练，读准"啊"的音变

1.甲：人的欲望啊，真是没有止境啊！
　乙：你又在发什么感叹啊？
　甲：我正在看戴厚英的《人啊，人》这部小说。
　乙：这小说跟人的欲望有什么关系啊？
　甲：当然有啊！看了作品后你会有同感的。

2.甲：今天的阳光可真明媚啊！
　乙：你想做什么啊？
　甲：我想趁着天气好出去玩一玩。
　乙：好啊，去哪儿啊？
　甲：去公园儿吧！
　乙：行啊，等等我，我收拾收拾跟你一起去啊！

3.甲：听说这学期的体育课很丰富啊！
　乙：是啊，你选了什么体育课啊？
　甲：我选了篮球啊，你呢？
　乙：我选了交谊舞，听着音乐跳着舞，多么放松啊！
　甲：是啊，希望你能有所收获啊！

4.甲：今年的冬奥会可真好看啊！
　乙：对啊，你最喜欢看什么项目啊？
　甲：我最喜欢看高山滑雪啊，你呢？
　乙：我最喜欢看花样滑冰，多美啊！
　甲：希望运动员们都能取得满意的成绩啊！

5.甲：你的大衣可真漂亮啊！

　　乙：是啊，这是我的妈妈亲手给我做的。

　　甲：真羡慕你啊，你的妈妈手可真巧啊！

　　乙：谢谢，你的衣服也很有个性啊！

　　甲：要是有一天我也能穿上我妈妈亲手做的衣服该有多好啊！

6.甲：你的午饭可真香啊！

　　乙：你要尝尝吗？

　　甲：谢谢，这真是世界上最美味的午餐啊！

　　乙：那当然，这是我妈妈最拿手的炸酱面啊！

　　甲：我也要回去让我妈妈给我做，明天带给你品尝啊！

7.甲：你的充电宝可真够沉啊！

　　乙：是啊，为了给手机充电，我只能一直背着它。

　　甲：这个充电宝这么大，是不是容量很大啊！

　　乙：对啊，一次可以充满三个手机呢！

　　甲：功能这么强大啊，你在哪里买的啊？

8.甲：你的行李可真多啊！

　　乙：是啊，我带了很多的生活用品。

　　甲：你都带了什么啊？

　　乙：牙刷啊、拖鞋啊、毛巾啊、药品啊……

　　甲：你准备得真充分啊！

9.甲：这盆花可真漂亮啊！

　　乙：是啊，这是我妈妈特意买的蝴蝶兰。

　　甲：真的像一只只蝴蝶啊！

　　乙：对啊，这就是它名字的由来啊。

　　甲：谢谢你，我认识的花又多了一种啊！

10.甲：假期过得可真快啊！

　　乙：是啊，一眨眼就要开学了！

　　甲：这个假期你有没有练习普通话啊？

　　乙：当然，学好普通话对教师来说非常重要啊！

　　甲：新的学期我们要继续努力提升自己的普通话水平啊！

第六章　普通话测试训练

一、简述普通话水平测试的含义。

　　普通话水平测试（PUTONGHUA SHUIPING CESHI，PSC）是测查应试人的普通话规范程度、熟练程度，认定其普通话水平等级的一项考试，属于标准参照性考试。测试以口试方式进行。

二、简述普通话水平测试的等级标准。

　　普通话水平测试分为"三级六等"，具体内容如下：

　　一级（92—100分）

　　甲等（97—100分）朗读和自由交谈时，语音标准，词语、语法正确无误，语调自然，表达流畅。测试总失分率在3%以内。

　　乙等（92—96.9分）朗读和自由交谈时，语音标准，词语、语法正确无误，语调自然，表达流畅。偶然有字音、字调失误。测试总失分率在8%以内。

　　二级（80—91.9分）

　　甲等（87—91.9分）朗读和自由交谈时，声韵调发音基本标准，语调自然，表达流畅。少数难点音（平翘舌音、前后鼻尾音、边鼻音等）有时出现失误。词语、语法极少有误。测试总失分率在13%以内。

　　乙等（80—86.9分）朗读和自由交谈时，个别调值不准，声韵母发音有不到位现象。难点音（平翘舌音、前后鼻尾音、边鼻音、fu-hu、z-zh-j、送气不送气、i-ü不分、保留浊塞音和浊塞擦音、丢介音、复韵母单音化等）失误较多。方言语调不明显。有使用方言词、方言语法的情况。测试总失分率在20%以内。

　　三级（60—79.9分）

　　甲等（70—79.9分）朗读和自由交谈时，声韵母发音失误较多，难点音超出常见范围，声调调值多不准。方言语调较明显。词语、语法有失误。测试总失分率在30%以内。

　　乙等（60—69.9分）朗读和自由交谈时，声韵调发音失误多，方音特征突出。方言语调明显。词语、语法失误较多。外地人听其谈话有听不懂的情况。测试总失分率在40%以内。

三、普通话水平测试包括哪几项测试内容？

普通话水平测试的具体内容共分为四项，各项的具体内容如下：

1.读单音节字词：10分。

共100个单字，即100个音节。每个字（音节）0.1分。

2.读多音节词语：20分。

共100个音节，以双音节词语（两字词）为主，还有个别是三音节词语（三字词）和四音节词语（四字词），同时包含轻声、儿化、变调等音变。每个音节0.2分。

3.朗读短文：30分。

共400个音节，考查声韵调发音准确程度、语调、停连、语速、回读等。读错每个音节扣0.1分，声母韵母的系统性缺陷、语调、字调、停连、语速、回读等情况按照评分规则量化评分。

4.命题说话：40分。

需要说够3分钟，说话不足3分钟，酌情扣分。缺时1分钟以内（含1分钟），扣1分、2分、3分；缺时1分钟以上，扣4分、5分、6分；说话不满30秒（含30秒），本题成绩计为0分。

本题主要考查无文字凭借的情况下说普通话的水平，重点测查语音标准程度、词汇语法规范程度和自然流畅程度。

（1）语音标准程度，共20分。分六档。

（2）词汇语法规范程度，共5分。分三档。

（3）自然流畅程度，共5分。分三档。

四、谈谈普通话水平测试"朗读短文"[①]时应该注意哪些地方？

本题测查的是应试人使用普通话朗读400个音节（不含标点符号和括注音节）的书面作品的水平。重点测查声母、韵母、声调读音标准程度和连读音变、停连、语调以及流畅程度。

测试时，应首先注意发音准确、语流顺畅，然后才是感情的体现。具体应注意做到以下几方面：

1.读准每个字音，尽量避免错字、漏字、增字、换字的现象出现。

2.读准音变，包括轻声、儿化、变调、"啊"等。

3.注意朗读语气的变化，力求做到朗读流畅自然，停连得当，语调正确，没有回读和不连贯现象的发生。

4.每篇短文读到文中"//"即可停止，此处为400个音节位置。评分一律在400个音节以内进行，以外的内容，即使应试人读得有问题，也不再统计和扣分。要注意把末尾句子读完整，让语句自然结束，而不是戛然而止。一般可以读到出现第一个标点处停止。

5.本题限时4分钟，需要在规定时间内读完整，不要超时，但也不要太快。只要超时，不论长短，一律扣1分。

---

① 《普通话水平测试实施纲要（2021年版）》测试用朗读作品共50篇。其中4篇选自1994版，15篇选自2003版，31篇为新选用作品。新选用篇目不公开，仅测试时使用。本书使用篇目为2003版。

6．"朗读短文"共计30分，是普通话水平测试中很重要的一个测试项，测试前需要反复熟读和训练，做好充分准备，以有效降低失误。

五、简述普通话水平测试"命题说话"①项应试策略。

"命题说话"分值最高，是普通话水平测试中最重要的一个测试项，对测试等级的影响极大。测试时需要注意以下几方面：

1．一定要选择自己有把握的说话题目。说话题目是"二选一"，所以应试人在备测时就应该选出自己最有把握完成的一个，而不要在测试时才临时决定，更不要在说话中途换题或是自行选择其他说话题目。

2．注意总体语音面貌的良好展现。语音面貌是一个人说普通话时整个语音系统的总体情况，因此说话时务必注意语音面貌的准确和流畅，包括声母、韵母、声调发音到位，语流音变自然、准确，吐字归音恰到好处，口语表达流利，感情恰当。只有这样，才会给人留下普通话运用熟练的印象。

3．特别要注重思路的顺畅。"命题说话"是单向进行，不是双向交流，因而如何围绕题目拓展思维并缀句成篇就显得十分重要。说话时要注意流畅和连贯，巧妙运用事实材料。可以事先设计好一个清晰的说话思路，然后按照既定思路成功完成说话内容。

4．必须要说够3分钟。命题说话不足3分钟的会扣分，一般每20秒1分。说话不满30秒（含30秒），本测试项成绩记为0分，说话满3分钟，应试人停止，但应把最后一句话表达完整。

六、简述普通话水平测试结束后应该如何做。

需要做好以下三方面：

1．完成全部测试内容后，无论完成情况如何，都不要在考场向监考人员询问自己的得分和等级情况等。

2．在得到监考人员准许后，快速收好自己的证件和其他物品，及时离开考场，耐心等待成绩的统一公布。

3．测试结束后，及时投入日常训练，不断提高自身的普通话水平。

七、普通话水平测试一般流程。

1．建立测试任务（网上报名缴费的，任务建好后要先发布任务，考生才能在报名系统内报名）。

2．报名（建立网上报名缴费任务的，可同步缴费）。

3．提交审核（省中心审核，需在测试日期前7个自然日提交）。

4．报送测试报表（系统外步骤，3和4顺序不固定，可调整）。

5．组织考试。

6．组织测试员初评。

---

① 《普通话水平测试实施纲要（2021年版）》测试用说话题目共50则，其中沿用及略作修改话题28则，新研制话题22则。新话题不公开，仅测试时使用。本书使用话题为2003版。

7.组织测试员初审（偏差复审、一级复审、抽查复审、异常复审，其中偏差复审使用1个复审员且复审员和初评测试员不能为同一人，其他使用两个复审员，抽查复审可以不进行）。

8.提交省级二次复审（通过QQ发送任务编号）。

9.二次复审结束后，测试站在"申请证书"模块审核照片。

10.省中心在"申请证书"模块审核照片。

11.省中心公布成绩（考生可以在省中心公布成绩后的第二天查询到本人成绩）。

12.测试站在"申请证书"模块内检查是否有信息错误的情况，如有身份证号码错误的，联系省中心修改，需提供的信息包括考生准考证号、姓名、正确身份证号码。

13.省中心修改错误信息，重新发布成绩。

14.省中心申请打印证书。

15.等待国家中心打印证书。

16.给省中心发送《普通话水平测试统计表》电子版。

17.缴费（集体缴费的可以在报名结束后、领取证书前任意时间缴费）。

18.领取证书。

【训练与提高】

训练目标：掌握普通话水平测试的要求、内容和方法，能够完成全部测试内容，并能够较好地找准和改正测试中存在的问题。

第一节　分项训练

一、读单音节词语。

1.

布	癣	翁	弱	刷	卧	鸟	纱	悔	掠
酉	终	撤	甩	蓄	秧	四	仍	叫	台
婶	贼	耕	半	掐	允	床	改	逃	春
驳	纯	导	虽	棒	伍	知	末	枪	蹦
烈	倪	荆	擒	案	砸	垮	焚	帝	聊
颠	涌	牛	汝	粤	篇	竹	草	迟	泛
桩	皿	宋	狭	内	啃	字	环	州	秒
抛	代	关	停	祛	德	孙	旧	崔	凝
港	评	犬	课	淮	炯	循	纺	拴	李
赛	捡	梯	呕	绳	揭	陇	搓	二	棉
bù	xuǎn	wēng	ruò	shuā	wò	niǎo	shā	huǐ	lüè
yǒu	zhōng	chè	shuǎi	xù	yāng	sì	réng	jiào	tái

shěn	zéi	gēng	bàn	qiā	yǔn	chuáng	gǎi	táo	chōng
bó	chún	dǎo	suī	bàng	wǔ	zhī	mò	qiāng	bèng
liè	ní	jīng	qín	àn	zá	kuǎ	fén	dì	liáo
diān	yǒng	niú	rǔ	yuè	piān	zhú	cǎo	chí	fàn
zhuāng	mǐn	sòng	xiá	nèi	kěn	zì	huán	zhōu	miǎo
pāo	dài	guān	tíng	qū	dé	sūn	jiù	cuī	níng
gǎng	píng	quǎn	kè	huái	jiǒng	xún	fǎng	shuān	lǐ
sài	jiǎn	tī	ǒu	shéng	jiē	lǒng	cuō	èr	mián

2.

领	瓢	久	兰	靠	团	窘	谜	滚	方
盆	妙	屯	丢	偿	宴	嘴	栓	宝	捏
老	腮	洽	恩	曹	刷	恒	踪	夏	拨
闽	建	娶	捉	肥	病	苦	扬	外	子
糠	嫌	略	耳	颇	陈	袜	体	爱	戳
蒋	贼	迅	鳖	日	举	叼	述	习	窦
枝	裙	䁖	宾	瑟	仍	苑	推	皱	感
哑	手	汪	寡	浓	羽	雄	劝	丰	幻
滕	盏	怀	广	烦	若	掌	鹿	日	磁
积	篾	隋	关	嘱	耐	麻	诵	惹	挥

lǐng	piáo	jiǔ	lán	kào	tuán	jiǒng	mí	gǔn	fāng
pén	miào	tún	diū	cháng	yàn	zuǐ	shuān	bǎo	niē
lǎo	sāi	qià	ēn	cáo	shuā	héng	zōng	xià	bō
mǐn	jiàn	qǔ	zhuō	féi	bìng	kǔ	yáng	wài	zǐ
kāng	xián	lüè	ěr	pō	chén	wà	tǐ	ài	chuō
jiǎng	zéi	xùn	biē	rì	jǔ	diāo	shù	xí	dòu
zhī	qún	cǎi	bīn	sè	réng	yuàn	tuī	zhòu	gǎn
zā	shǒu	wāng	guǎ	nóng	yǔ	xióng	quàn	fēng	huàn
téng	zhǎn	huái	guǎng	fán	ruò	zhǎng	lù	yuē	cí
jī	miè	suí	guān	zhǔ	nài	má	sòng	rě	huī

3.

砸	狱	霞	腮	自	窘	嫩	镭	反	梭
彩	珠	炒	窝	耍	坑	拟	遍	群	孔
蛇	洼	构	产	败	抿	耗	隔	软	无
册	痴	月	旁	乖	内	癣	恰	祆	香
抖	腊	许	陪	脚	题	翁	鼻	跨	诀
态	栓	气	茧	方	痕	捅	之	臀	江
捧	刘	铁	挥	吮	鸣	罪	逢	对	公
让	貂	磬	然	装	虫	摸	靠	蚕	疗
椎	堵	霖	捐	死	槐	墓	搓	扭	疮

儿	蔫	用	偶	冰	婆	邓	允	怯	面
zá	yù	xiá	sāi	zì	jiǒng	nèn	léi	fǎn	suō
cǎi	zhū	chǎo	wō	shuǎ	kēng	nǐ	biàn	qún	kǒng
shé	wā	gòu	chǎn	bài	mǐn	hào	gé	ruǎn	wú
cè	chī	yuè	páng	guāi	nèi	xuǎn	qià	ǎo	xiāng
dǒu	là	xǔ	péi	jiǎo	tí	wēng	bí	kuà	jué
tài	shuān	qì	jiǎn	fāng	hén	tǒng	zhī	tún	jiāng
pěng	liú	tiě	huī	shǔn	míng	zuì	féng	duì	gōng
ràng	diāo	qìng	rán	zhuāng	chóng	mō	kào	cán	liáo
zhuī	dǔ	lín	juān	sǐ	huái	mù	cuō	niǔ	chuāng
ér	niān	yòng	ǒu	bīng	pó	dèng	yǔn	qiè	miàn

4.

艳	剖	猛	竖	忙	黑	炯	课	雨	刁
门	子	拿	灶	约	颌	讽	徐	村	条
巴	阔	凝	尊	啼	紧	灵	针	饲	瞥
众	傻	而	采	涡	乘	开	爽	链	纷
丑	肥	恰	阶	桃	瞪	群	惨	阁	氮
眨	维	禀	逛	亩	禽	蛙	涩	歪	候
犬	日	雪	烁	宗	泥	锐	嘶	比	让
团	涌	话	婆	氨	肋	挤	痛	矮	膜
偏	饶	补	壮	坚	狼	攥	家	酿	臣
球	甩	僧	络	吹	孕	宣	您	张	四
yàn	pōu	měng	shù	máng	hēi	jiǒng	kè	yǔ	diāo
mén	zǐ	ná	zào	yuē	hé	fěng	xú	cūn	tiáo
bā	kuò	níng	zūn	tí	jǐn	líng	zhēn	xiǎng	piē
zhòng	shǎ	ér	cǎi	wō	gǒng	kāi	shuǎng	liàn	fēn
chǒu	féi	qià	jiē	táo	dèng	qún	cǎn	gé	dàn
zhǎ	chú	bǐng	guàng	mǔ	qín	wā	sè	wāi	hòu
quǎn	rì	xuě	shuò	zōng	ní	ruì	chī	bǐ	ràng
tuán	yǒng	huà	pó	ān	lèi	jǐ	tòng	ǎi	mó
piān	ráo	bǔ	zhuàng	jiān	láng	zuàn	jiā	niàng	chén
qiú	shuǎi	sēng	liǔ	chuī	yùn	xuān	nín	zhāng	sì

5.

跳	而	歉	歇	笨	缕	鹅	顷	俗	缰
达	算	班	惹	波	纳	甲	裴	虎	筐
类	我	壁	罕	困	掳	庞	栓	盆	桌
允	春	曹	段	批	肺	因	肠	矮	刷
讽	字	氛	样	头	告	饱	群	窄	日
摸	疗	薛	妾	此	谬	嘴	乍	爹	南

您	审	魂	洒	仍	松	拐	凝	卖	皇
收	雄	怎	淘	抓	洽	龄	朽	攫	迁
选	翁	底	钩	绢	灯	踹	妆	味	锁
穷	或	矩	募	广	囊	坑	齿	偏	迷
tiào	ér	qiàn	xiē	bèn	lǔ	é	qǐng	sú	jiāng
dá	suàn	bān	rě	bō	nà	jiǎ	péi	hǔ	kuāng
lèi	wǒ	bì	hǎn	kùn	lǔ	páng	shuān	pén	zhuō
yǔn	chōng	cáo	duàn	pī	fèi	yīn	cháng	ǎi	shuā
fěng	zì	fēn	yàng	tóu	gào	bǎo	qún	zhǎi	rì
mō	liáo	xuē	qiè	cǐ	miù	zuǐ	zhà	diē	nán
nín	cuàn	hún	sǎ	réng	sōng	guǎi	níng	mài	huáng
shōu	xióng	zěn	táo	zhuā	qià	líng	xiǔ	jué	yū
xuǎn	wēng	dí	gōu	juàn	dēng	chuài	zhuāng	wèi	suǒ
qióng	huò	jǔ	mù	guǎng	náng	kēng	chǐ	piān	mí

6.

除	窍	怎	般	嗓	梅	波	承	师	谬
篇	峻	反	迪	允	赛	您	攥	扯	站
蕊	旗	脸	蛙	抗	瘾	耕	淮	周	龄
透	磁	饼	揉	猜	拢	哭	晒	东	铁
俄	镍	啃	杜	遵	案	狗	外	保	葬
盯	髓	拿	四	齿	帕	选	爵	耳	瞎
愤	膜	取	槽	闰	国	吨	民	捉	爸
容	悦	灸	轰	描	秧	冷	田	影	捞
敷	谎	栓	穷	抓	详	退	坯	逛	举
雄	政	官	胁	黑	倦	苇	洽	赔	仓
chú	qiào	zěn	bān	sǎng	méi	bō	chéng	shī	miù
piān	jùn	fǎn	dí	yǔn	sài	nín	zuàn	chě	zhàn
ruǐ	qí	liǎn	wā	kàng	yǐn	gēng	huái	zhōu	líng
tòu	cí	bǐng	róu	cāi	lǒng	kū	shài	dōng	tiě
é	niè	kěn	dù	zūn	àn	gǒu	wài	bǎo	zàng
dīng	suǐ	ná	sì	chǐ	pà	xuǎn	jué	ěr	xiā
fèn	mó	qǔ	cáo	rùn	guó	dūn	mín	zhuō	bà
róng	yuè	jiǔ	hōng	miáo	yāng	lěng	tián	yǐng	lāo
fū	huǎng	shuān	qióng	zhuā	xiáng	tuì	pī	guàng	jǔ
xióng	zhèng	guān	xié	hēi	juàn	wěi	qià	péi	cāng

二、读多音节词语。

1.　眼睛　　　　广场　　　　综合　　　　费用　　　　天下
　　暗中　　　　航空　　　　名牌儿　　　亏损　　　　作战

凉快	全身	热闹	黄鼠狼	穷尽
解剖	定额	扭转	外面	未曾
指南针	完美	恰当	佛学	均匀
博士	小瓮儿	挎包	规律	拼凑
相似	挫折	台子	喷洒	提高
宣传	叫好儿	侵略	遵守	妇女
低洼	大伙儿	丢人	婴儿	撇开
冷水	繁荣	出其不意		

yǎnjing	guǎngchǎng	zōnghé	fèiyong	tiānxià
ànzhōng	hángkōng	míngpáir	kuīsǔn	zuòzhàn
liángkuai	quánshēn	rè'nao	huángshǔláng	qióngjìn
jiěpōu	dìng'é	niǔzhuǎn	wàimiàn	wèicéng
zhǐnánzhēn	wánměi	qiàdàng	fóxué	jūnyún
bóshì	xiǎowèngr	kuàbāo	guīlǜ	pīncòu
xiāngsì	cuòzhé	táizi	pēnsǎ	tígāo
xuānchuán	jiàohǎor	qīnlüè	zūnshǒu	fùnǚ
dīwā	dàhuǒr	diūrén	yīng'ér	piēkāi
lěngshuǐ	fánróng	chūqíbùyì		

2.

小巧	专门	虐待	年龄	爱国
刀把儿	肥料	恰好	实践	平日
南半球	刷新	沉着	主人翁	柔软
通常	层面	窘迫	行当	给予
灭亡	偶尔	赞叹	垦荒	铁匠
熊猫	愿意	大褂	加快	运动
完备	迅速	思索	这么	频率
顺手	宁可	纤维	重量	奇怪
钢镚儿	佛学	温差	饭盒儿	农村
操作	锥子	全部	梨核儿	

xiǎoqiǎo	zhuānmén	nüèdài	niánlíng	àiguó
dāobàr	féiliào	qiàhǎo	shíjiàn	píngrì
nánbànqiú	shuāxīn	chénzhuó	zhǔrénwēng	róuruǎn
tōngcháng	céngmiàn	jiǒngpò	hángdang	jǐyǔ
mièwáng	ǒu'ěr	zàntàn	kěnhuāng	tiějiàng
xióngmāo	yuànyì	dàguà	jiākuài	yùndòng
wánbèi	xùnsù	sīsuǒ	zhème	pínlǜ
shùnshǒu	nìngkě	xiānwéi	zhòngliàng	qíguài
gāngbèngr	fóxué	wēnchā	fànhér	nóngcūn
cāozuò	zhuīzi	quánbù	líhúr	

3.　动作　　灭亡　　佛像　　聪明　　战略
　　邮戳儿　　黑暗　　热量　　亏损　　因而
　　大学　　不用　　春光　　魅力　　责怪
　　思考　　小瓮儿　　弯曲　　帮手　　贫穷
　　价格　　脑子　　啄木鸟　　农村　　比分
　　全体　　军阀　　人群　　催化剂　　撇开
　　辉煌　　直接　　折腾　　保险　　宣传
　　压迫　　疯狂　　本领　　抓阄儿　　冒尖儿
　　爱国　　浪头　　昂然　　轻率　　当代
　　电台　　雨伞　　如释重负

　　dòngzuò　　mièwáng　　fóxiàng　　cōngmíng　　zhànlüè
　　yóuchuōr　　hēi'àn　　rèliàng　　kuīsǔn　　yīn'ér
　　dàxué　　bùyòng　　chūnguāng　　mèilì　　zéguài
　　sīkǎo　　xiǎowèngr　　wānqū　　bāngshǒu　　pínqióng
　　jiàgé　　nǎozi　　zhuómùniǎo　　nóngcūn　　bǐfēn
　　quántǐ　　jūnfá　　rénqún　　cuīhuàjì　　piēkāi
　　huīhuáng　　zhíjiē　　zhēteng　　bǎoxiǎn　　xuānchuán
　　yāpò　　fēngkuáng　　běnlǐng　　zhuājiūr　　màojiānr
　　àiguó　　làngtou　　ángrán　　qīngshuài　　dāngdài
　　diàntái　　yǔsǎn　　rúshì–zhòngfù

4.　告别　　骆驼　　利用　　被窝儿　　状况
　　丢掉　　对偶　　创新　　混合　　镇压
　　照射　　虐待　　主人翁　　只好　　儿童
　　情不自禁　　眯缝　　难受　　窘迫　　生产
　　存在　　功率　　耽误　　飞快　　平日
　　教训　　面条儿　　了解　　惨死　　篡夺
　　总归　　你们　　线圈　　商品　　懊悔
　　数量　　搜查　　瓜瓤儿　　强化　　佛法
　　亏损　　科学家　　预防　　群众　　衰败
　　玩意儿　　需求　　能源

　　gàobié　　luòtuo　　lìyòng　　bèiwōr　　zhuàngkuàng
　　diūdiào　　duì'ǒu　　chuàngxīn　　hùnhé　　zhènyā
　　zhàoshè　　nüèdài　　zhǔrénwēng　　zhǐhǎo　　értóng
　　qíngbùzìjīn　　mīfeng　　nánshòu　　jiǒngpò　　shēngchǎn
　　cúnzài　　gōnglǜ　　dānwu　　fēikuài　　píngrì
　　jiàoxùn　　miàntiáor　　liáojiě　　cǎnsǐ　　cuànduó
　　zǒngguī　　nǐmen　　xiànquān　　shāngpǐn　　àohuǐ
　　shùliàng　　sōuchá　　guāràngr　　qiánghuà　　fófǎ

kuīsǔn　　　kēxuéjiā　　　yùfáng　　　qúnzhòng　　　shuāibài

wányìr　　　xūqiú　　　néngyuán

5. 优良　　从来　　共鸣　　完成　　篡改

盘算　　恰好　　社会学　　奠定　　纪律

小说儿　　地质　　脑袋　　退让　　英雄

民俗　　而且　　牛仔裤　　佛寺　　人群

蛾子　　富翁　　细菌　　燃料　　胡同儿

村庄　　作品　　难怪　　美女　　加强

折腾　　快要　　宝塔　　适用　　照片

广博　　掠夺　　全局　　辩证　　范围

后跟儿　　非法　　刷新　　灭火　　春天

手绢儿　　抓紧　　创伤　　可以

yōuliáng　　cónglái　　gòngmíng　　wánchéng　　cuàngǎi

pánsuan　　qiàhǎo　　shèhuìxué　　diàndìng　　jìlǜ

xiǎoshuōr　　dìzhì　　nǎodai　　tuìràng　　yīngxióng

mínsú　　érqiě　　niúzǎikù　　fósì　　rénqún

ézi　　fùwēng　　xìjūn　　ránliào　　hútòngr

cūnzhuāng　　zuòpǐn　　nánguài　　měinǚ　　jiāqiáng

zhēteng　　kuàiyào　　bǎotǎ　　shìyòng　　zhàopiàn

guǎngbó　　lüèduó　　quánjú　　biànzhèng　　fànwéi

hòugēnr　　fēifǎ　　shuāxīn　　mièhuǒ　　chūntiān

shǒujuànr　　zhuājǐn　　chuāngshāng　　kěyǐ

6. 避雷针　　队伍　　质量　　增产　　人群

接洽　　赶趟儿　　美好　　上升　　谋略

教训　　柔软　　思维　　语文　　东欧

因而　　表演　　谬论　　写法　　红色

大娘　　妇女　　看待　　创造　　衰落

怀念　　记事儿　　胸脯　　折磨　　佛学

拳头　　财政　　奥秘　　火锅儿　　夏天

同情　　抓阄儿　　逃窜　　和平　　部分

飞快　　傻子　　赛场　　割让　　参议院

旷工　　穷尽　　多寡　　片面

bìléizhēn　　duìwu　　zhìliàng　　zēngchǎn　　rénqún

jiēqià　　gǎntàngr　　měihǎo　　shàngshēng　　móulüè

jiàoxùn　　róuruǎn　　sīwéi　　yǔwén　　Dōng'ōu

yīn'ér　　biǎoyǎn　　miùlùn　　xiěfǎ　　hóngsè

dàniáng　　fùnǚ　　kàndài　　chuàngzào　　shuāiluò

huáiniàn	jìshìr	xiōngpú	zhémó	fóxué
quántóu	cáizhèng	àomì	huǒguōr	xiàtiān
tóngqíng	zhuājiūr	táocuàn	hépíng	bùfen
fēikuài	shǎzi	sàichǎng	gēràng	cānyìyuàn
kuànggōng	qióngjìn	duōguǎ	piànmiàn	

三、朗读短文。

1.造纸术的发明，是中国对世界文明的伟大贡献之一。

早在几千年前，我们的祖先就创造了文字。可那时候还没有纸，要记录一件事情，就用刀把文字刻在龟甲和兽骨上，或者把文字铸刻在青铜器上。后来，人们又把文字写在竹片和木片上。这些竹片、木片用绳子穿起来，就成了一册书。但是，这种书很笨重，阅读、携带、保存都很不方便。古时候用"学富五车"形容一个人学问高，是因为书多的时候需要用车来拉。再后来，有了蚕丝织成的帛，就可以在帛上写字了。帛比竹片木片轻便，但是价钱太贵，只有少数人能用，不能普及。

人们用蚕茧制作丝绵时发现，盛放蚕茧的篾席上，会留下一层薄片，可用于书写。考古学家发现，在两千多年前的西汉时代，人们已经懂得了用麻来造纸。但麻纸比较粗糙，不便书写。

大约在一千九百年前的东汉时代，有个叫蔡伦的人，吸收了人们长期积累的经验，改进了造纸术。他把树皮、麻头、破布等原料剪碎或切断，浸在水里捣烂成浆；再把浆捞出来晒干，就成了一种既轻便又好用的纸。用这种方法造的纸，原料容易得到，可以大量制造，价格又便宜，能满足多数人的需要，所//以这种造纸方法就传承下来了。

我国的造纸术首先传到邻近的朝鲜半岛和日本，后来又传到阿拉伯世界和欧洲，极大地促进了人类社会的进步和文化的发展，影响了全世界。

——节选自《纸的发明》

2.中国的第一大岛、台湾省的主岛台湾，位于中国大陆架的东南方，地处东海和南海之间，隔着台湾海峡和大陆相望。天气晴朗的时候，站在福建沿海较高的地方，就可以隐隐约约地望见岛上的高山和云朵。

台湾岛形状狭长，从东到西，最宽处只有一百四十多公里；由南至北，最长的地方约有三百九十多公里。地形像一个纺织用的梭子。

台湾岛上的山脉纵贯南北，中间的中央山脉犹如全岛的脊梁。西部为海拔近四千米的玉山山脉，是中国东部的最高峰。全岛约有三分之一的地方是平地，其余为山地。岛内有缎带般的瀑布，蓝宝石似的湖泊，四季常青的森林和果园，自然景色十分优美。西南部的阿里山和日月潭，台北市郊的大屯山风景区，都是闻名世界的游览胜地。

台湾岛地处热带和温带之间，四面环海，雨水充足，气温受到海洋的调剂，冬暖夏凉，四季如春，这给水稻和果木生长提供了优越的条件。水稻、甘蔗、樟脑是台湾的"三宝"。岛上还盛产鲜果和鱼虾。

台湾岛还是一个闻名世界的"蝴蝶王国"。岛上的蝴蝶共有四百多个品种，其中有不少是世界稀有的珍贵品种。岛上还有不少鸟语花香的蝴//蝶谷，岛上居民利用蝴蝶制作的标本和艺术品，远销许多国家。

——节选自《中国的宝岛——台湾》

3. 我爱月夜，但我也爱星天。从前在家乡，七、八月的夜晚在庭院里纳凉的时候，我最爱看天上密密麻麻的繁星。望着星天，我就会忘记一切，仿佛回到了母亲的怀里似的。

三年前在南京我住的地方有一道后门，每晚我打开后门，便看见一个静寂的夜。下面是一片菜园，上面是星群密布的蓝天。星光在我们的肉眼里虽然微小，然而它使我们觉得光明无处不在。那时候我正在读一些关于天文学的书，也认得一些星星，好像它们就是我的朋友，它们常常在和我谈话一样。

如今在海上，每晚和繁星相对，我把它们认得很熟了。我躺在舱面上，仰望天空。深蓝色的天空里悬着无数半明半昧的星。船在动，星也在动，它们是这样低，真是摇摇欲坠呢！渐渐地我的眼睛模糊了，我好像看见无数萤火虫在我的周围飞舞。海上的夜是柔和的，是静寂的，是梦幻的。我望着那许多认识的星，我仿佛看见它们在对我眨眼，我仿佛听见它们在小声说话。这时我忘记了一切。在星的怀抱中我微笑着，我沉睡着。我觉得自己是一个小孩子，现在睡在母亲的怀里了。

有一夜，那个在哥伦波上船的英国人指给我看天上的巨人。他用手指着：//那四颗明亮的星是头，下面的几颗是身子，这几颗是手，那几颗是腿和脚，还有三颗星算是腰带。经他这一番指点，我果然看清楚了那个天上的巨人。看，那个巨人还在跑呢！

——节选自巴金《繁星》

4. 泰山极顶看日出，历来被描绘成十分壮观的奇景。有人说：登泰山而看不到日出，就像一出大戏没有戏眼，味儿终究有点寡淡。

我去爬山那天，正赶上个难得的好天，万里长空，云彩丝儿都不见，素常烟雾腾腾的山头，显得眉目分明。同伴们都欣喜地说："明儿早晨准可以看见日出了。"我也是抱着这种想头，爬上山去。

一路上从山脚往上爬，细看山景，我觉得挂在眼前的不是五岳独尊的泰山，却像一幅规划惊人的青绿山水画，从下面倒展开来。在画卷中最先露出的是山根底那座明朝建筑岱宗坊，慢慢地便现出王母池、斗母宫、经石峪。山是一层比一层深，一叠比一叠奇，层层叠叠，不知还会有多深多奇。万山丛中，时而点染着极其工细的人物。王母池旁的吕祖殿里有不少尊明塑，塑着吕洞宾等一些人，姿态神情是那样有生气，你看了，不禁会脱口赞叹说："活啦。"

画卷继续展开，绿阴森森的柏洞露面不太久，便来到对松山。两面奇峰对峙着，满山峰都是奇形怪状的老松，年纪怕有上千岁了，颜色竟那么浓，浓得好像要流下来似的。来到这儿，你不妨权当一次画里的写意人物，坐在路旁的对松亭里，看看山色，听听流//水的松涛。

一时间，我又觉得自己不仅是在看画卷，却又像是在零零乱乱翻着一卷历史稿本。

——节选自杨朔《泰山极顶》

四、命题说话。①

1.学习普通话的体会

从小我就开始说普通话，最早应该是从上幼儿园开始吧。那个时候说普通话，也不知道自己说得对不对，说得标准不标准，反正就觉得说得还不错。后来上了大学，开始正式接触到普通话了。教我们普通话语音的是姜老师，姜老师是一名国家级普通话测试员，她的普通话水平非常地高。通过跟她学习，我知道了自己的不足，也在逐步地改正。

怎么样才能学好说普通话呢？我想有这么几点吧：首先，应该知道什么是普通话。普通话是以北京语音为标准音，以北方方言为基础方言，以典范的现代白话文著作作为语法规范的语言。也就是说，是咱们汉民族现代的一种共同语吧。说普通话是非常重要的，说好普通话对我们也是非常有帮助的。如果说好了普通话，走在全国各地，哪怕是一些有各种方言的地方，别人也能听出你说什么。知道了什么是普通话，第二点是什么呢？我想第二点就应该对症下药。看看自己哪些方面说得不好，普通话存在哪些问题，知道这些问题之后再一一改正。就说我吧，我的方言里最大的一个问题就是没有r，也就是说所有发r的音全都发成了l。我刚上大学的时候，同学们就笑我，笑我什么呢？笑我l和r分不开。我记得那时候我会说："我的菜里面是放了lou的。"而正确的说法是，菜里面放了"肉"。哎呀，现在想想也觉得挺好笑的。幸好，现在我已经把这个问题改正好了。还有什么问题呢？我还有一个问题，就是说话的时候z、c、s和zh、ch、sh的发音特别靠前。这个问题也需要我改正。怎么样把这个问题改正好呢？那就是每天多训练。在训练之前，我还应该明白zh、ch、sh和z、c、s这几个音正确的发音方法应该是什么。知道了正确的发音才能够改正自己的不足。如果盲目地去发音，效果是肯定不好的。就这样我渐渐地把自己的一些问题改正得好一些了。有一次，我问姜老师我还有哪些问题的时候，老师又对我出现的一些新问题加以指出。这样，我又在慢慢地改正。就这样我一边学习普通话，一边增长自己的知识。我不知道自己现在的普通话说得怎么样，但是比起大一的时候，比起刚入大学的时候，的确是好多了。

普通话对我们的生活是非常非常的重要。作为一名大学生，说好普通话对一个人非常有帮助，对就业有帮助，对生活也有帮助，对学习有帮助。普通话非常地重要。我希望我们每一个人都能够学好普通话。这就是我所说的学习普通话的一些体会。

2.我喜爱的艺术形式

在包括电影、音乐、舞蹈、雕塑等众多的艺术形式中，我最喜欢的艺术形式我想就是电影了。

我认为电影艺术是一项非常有趣并且非常伟大的艺术形式。我想我对电影的兴趣大概是从小就培养出来的。因为我的家是在济南。记得小时候，一到周末我的父母不用去上班，不用去工作，我们一家三口就喜欢去看电影。在我家门口的就是济南大学，所以父母经常买我们三个人的票一起去看电影。还记得那时候看的电影大多都是一些（我印象中还记得的）动作影片，特别是李连杰主演的动作影片，包括《方世玉》《洪熙官》

---

① 根据在校生普通话水平测试录音转写，未做改动，隐去本人相关信息。

这之类的。其实我那时候大概才七八岁的年龄，根本看不大懂这些动作影片，甚至不是很感兴趣，几乎没有一场影片我是从头看到尾的。父母在那亲亲密密地看电影的时候，我看到中间差不多就已经开始呼呼大睡了。但是后来长大以后，慢慢地我发现自己对电影的兴趣越来越浓厚，并且越来越喜欢看电影了。

在学习之余，我喜欢买一些碟片，在自己家里的电脑里或者是DVD机、VCD机里面放。谈到比较喜欢的电影类型，我最喜欢看的是科幻片，还有喜剧片也很喜欢。比较喜欢看的科幻电影，包括前一阵比较热的《蝙蝠侠》，还有《蜘蛛侠》，还有最近的《X战警》。还有动画片我也很喜欢看，特别是日本有一个导演叫作宫崎骏，他画了很多非常感人的漫画，很有教育意义的漫画，后来他又拍了很多电影，包括《风之谷》，还有很多，一时想不起来。还有《萤火虫》，看了以后，每看一遍，我都很感动，流下很多眼泪。我也想把这部电影介绍给我身边更多的朋友一起去看。还记得昨天去礼堂里看了一个电影，叫作《别惹蚂蚁》，是迪士尼拍的电影。《别惹蚂蚁》主要是讲有一个小男孩经常受人欺负，然后他就把这些怨气撒到蚂蚁身上，惹得蚂蚁世界一片大乱，后来蚂蚁就想到了一个办法惩罚这个孩子。它发明了一种药水，将这个小男孩在睡梦中变成了像蚂蚁一样大小，于是小男孩就在蚂蚁的世界中饱经了挫折，最后懂得了不要欺负比自己弱小的生物，并且自己也变得很强大，可以保护周围的孩子了。

其实我认为看电影可以让我们了解一下我们周围以外的世界，并且可以让我们懂得很多生活中很小的道理一直到很大的做人道理。我认为很多电影其实都挺有意义的。关键看电影主要还是以娱乐为主吧。我觉得因为现在时间紧了，看电影的时间不是很多了，但是我想今后我还会将这个兴趣一直保持下去的。

3.体育运动的乐趣

我非常喜欢体育运动，在小学、初中甚至高中，每一堂体育课都是我最激动的时候。

我非常喜欢尝试，也不怕受伤，每次上体育课的时候，我都争着第一个去做示范。比如说鞍马、双杠，还有一些和同学配合的项目。因为当时我是班长，所以每个项目大家都想有一个人带头去做，大家怕受伤，我就老是去当大家的领头羊。我记得印象最深的一次就是有一回做跳马的动作，那个东西很高，需要一个垫子在前面。大家必须得先踏那个踏板，然后再跳过去，是按住那个东西跳过去。当时老师说："我在这边接着大家，大家不要害怕"。但是很多女生她们还是放不下心里的那个包袱。我说我来第一个吧，然后我就噔噔噔地跑过去，然后一下子，动作我觉得完成得还算是比较好吧。但是跳过去的时候，由于自己没有站稳，我的脚就软了，一下子感觉好像马上要趴过去似的。老师马上把我扶起来，抓住我的脚，还把我提了起来，当时吓死我了。但是老师的保护措施非常到位，我没有受伤。这是在学校里的体育运动。

在家里，平时闲暇的时候，我最喜欢的一项体育活动就是中长跑。所谓的中长跑就是因为我觉得我的耐力并不是很好，跑一会儿有时候我会觉得很累，我会歇一歇，然后再继续跑。因为我们家住的是楼房，在家里头体育活动的空间比较小，所以礼拜六礼拜天的时候，我非常喜欢早晨起来，到我们家外面的马路上沿着河边跑步。大家都说中长跑是最适合人类运动的一个项目，因为它可以锻炼你的肺活量，而且它并不是一个特别激烈的活动。特别是在早上大家刚刚起来的时候，不宜做那些太剧烈的活动，首先我会选择中长跑。有时候跑完以后我会在家里的楼底下跳绳。印象最深的一次就是有一天早晨我爸爸心血来潮，说要陪着我一块跑。那个时候我们俩早晨起得很早，大约是六七点钟吧，当时路上已经有早起赶去上班的人了，我和爸爸就沿着河边跑步。爸爸身体很胖，我们俩一块跑步，感觉有点傻傻的。但是我感觉很好，因为是父女一块跑步。

4. 尊敬的人

在这里我要说，每一个人都有自己最尊敬的人。也许他最尊敬的是某一些世界伟人，也许他最尊敬的是生活在周围的一些科学家。但是我要说，我最尊敬的人是一直陪伴着我二十二年，为我遮风挡雨，每天对我无微不至的我的妈妈。

每个人也许都会说，我的母亲是世界上最伟大的人，当然，我也毫不犹豫地这样说。因为我认为我的母亲对我的爱完全是发自内心的。我的母亲今年五十五岁，但是她一点也不显老。在我看来，我的母亲是世界上最年轻、最漂亮的。母亲是一名大型企业里的会计。在我看来，她在这一行业做出了令人羡慕的成绩。母亲非常热爱她的职业。有时候我可以这样说，你让她三天不工作，她会非常难受的。母亲除了是一名优秀的会计以外，对我也无微不至。在我高考的时候，我们全家搬到了离学校比较近的一个地方。在那段日子里，我的父亲和母亲陪伴我度过了我的一生中最让我难以忘怀的日子。母亲早上比我早起十分钟，为我做好早饭，甚至连牙膏都帮我挤好了。然后伺候我吃完了早饭，送我去上学。等到我顺利地到了学校，她才安排自己的一些事项，去工作，去做属于她的繁忙的事情。我们晚自习上到十点半，十点半我回家，母亲已经把夜宵准备好了，放在桌上，有新鲜的牛奶，还有煎鸡蛋。母亲为我做的这些事情，在我高中的时候，我都没有向她表达我对她发自内心的感谢。因为那时候，我被高考的一些事情压得很紧张。可是在这里，当我回忆起以前的那一些点点滴滴，母亲为我所做的那一些事情的时候，我的一些感情却涌上心头。我想要说，母亲为我做的这一些事情，我虽然当时都没有表达出来，但是女儿一直记在心里。

妈妈一直身体不是很好，她有严重的颈椎病，因为长期从事会计工作，长期伏案写作，所以她的颈椎不是很好。在这里，我希望母亲能够保重好身体，我还有一年就要回家了。考研我选择的是山东大学，因为我比较想家。我也希望母亲能够在以后的日子里保重身体，也希望所有的母亲都能够健康长寿。

5. 我的愿望

一经拿起这个题目，第一映入我眼帘的是一个美少女组合——"4 In Love"的一首歌曲叫《一千零一个愿望》。"我只想有一千零一个愿望，有一天幸福总会听我的话。我不怕多少时间多少代价，青春是我的筹码。"总觉得这最后一句说出了许多年轻人的心声。对啊，年轻就是资本。

在我儿时，我曾经学过舞蹈。现在舞蹈的具体动作已经记不清楚了，唯一能够映入脑海的是老师一句句的话语。"挺胸，收腹，提臀，来！跟我做。"每次一想到这些，心里总有些感动。是的，这么多年过去了，留到我心中的这些话仍旧是如此地让人感觉历历在目。一件件被汗水浸透的运动衣，一双双被磨破的运动鞋，老师一句句呵斥但又带有宠爱的话语，仍旧让我感觉这段日子对我来说是这么地重要。虽然没有成为舞蹈家，可我能够无愧地说，这段生活给了我人生当中最美妙而最让人难忘的时刻。

儿时，受过太多启蒙老师诲人不倦的教诲，总想着小小的心中该留一些什么来报答老师。不知道为什么，每当我看到"春华秋实"这一个词语，第一个映入眼帘的肯定是老师。也曾想过当自己满面霜华时，能够看到自己的学生有所建树。有人说，三尺讲台献尽一生是一件非常奢侈的事情。可是我不那么认为。正是在这三尺讲台上，有那么多的老师奉献了自己的一生。而这一生当中，在他们的生命中却占据了那么重要的时间。老师是人类灵魂的工程师。而现在，作为一个师范院校的师范生，离工作越来越近，心境也越来越平和。我希望以我自己的力量来报答当年曾对老师许下的一句句承诺。是的，我要成为老师，要做一个好老师。我不奢望每个人都会深刻地理解我对教师的执着与爱恋，只希望当人们能够看到自己的孩子在活泼快乐地成长的时候，能够联想到曾经有那么多的人为他们付出了那么多。

6. 童年生活

在我十岁以前，是住在奶奶家里的。家里是一直养猫的，我童年的记忆大多和猫有关。

有两件事对我现在的影响还是很大。在我九岁的时候，奶奶家里养了一只大花猫。那只大花猫经常把一些外边的小野猫带到我家里来吃食。有一天，我在家中看到大花猫带了一只很漂亮的小野猫来到家里，我就很想把那只小野猫留在家中。于是我想了一个办法，我在院子与厨房之间的门上拴了一道绳，系在自己的手腕上，然后站在厨房中装成木头一动不动。大花猫没有警觉，把那只小野猫又领来了我家。我趁着小野猫吃食的时刻，牵动手腕，关上了厨房的门，我想去抓那只小野猫，但它似乎不乐意让我抓住。它的利爪在我的手上留下了一道伤痕。直到现在我手心上还有一条红色的疤痕。

还有一件事也是跟猫有关。在我小的时候，家里曾经养过一只黑色的猫，它并不是全身都是黑色，它四只爪子是雪白的。我给它起了一个名字叫"四蹄踏雪"。它非常胆小，刚来的时候它会偷偷地躲在沙发底下，任谁叫也不出来。等到我把它拖出来并抱在怀中，它才渐渐地安稳下来，从那以后它跟我特别地亲。有一段时间奶奶家闹耗子，甚至连奶奶的卧室里都有老鼠。奶奶说："今天晚上睡觉的时候，就把大黑猫搬到我们睡觉的房间来吧。"我非常高兴，晚上就在床上和大黑猫玩了很长时间才开始睡觉。等到我睡着了，大黑猫却不停地来舔我的脚趾。一来二去我就烦了，一脚把它蹬下了床。连续两三天晚上，大黑猫都在奶奶的房间里抓老鼠。后来老鼠抓到了，大黑猫也就被勒令不许进入房间了。

第二节 综合训练①

普通话水平测试试题1

（一）读单音节字词（100个音节，共10分，限时3.5分钟）

蹦	耍	德	扰	直	返	凝	秋	淡	丝
炯	粗	袄	瓮	癣	儿	履	告	筒	猫
囊	驯	辱	碟	栓	来	顶	墩	忙	哀
雯	果	憋	捺	装	群	精	唇	亮	馆
符	肉	梯	船	溺	北	剖	民	邀	旷
暖	快	酒	除	缺	杂	搜	税	脾	锋
日	贼	孔	哲	许	尘	谓	忍	填	颇
残	涧	穷	歪	雅	捉	凑	怎	虾	冷
躬	莫	虽	绢	挖	伙	聘	英	条	笨
敛	墙	岳	黑	巨	访	自	毁	郑	浑

（二）读多音节词语（100个音节，共20分，限时2.5分钟）

损坏	昆虫	兴奋	恶劣	挂帅	针鼻儿	排斥
采取	利索	荒谬	少女	电磁波	愿望	恰当
若干	加塞儿	浪费	苦衷	降低	夜晚	小熊儿
存留	上午	按钮	佛教	新娘	逗乐儿	全面
包括	不用	培养	编纂	扎实	推测	吵嘴
均匀	收成	然而	满口	怪异	听话	大学生
发作	侵略	钢铁	孩子	光荣	前仆后继	

（三）朗读短文（400个音节，共30分，限时4分钟）

在太空的黑幕上，地球就像站在宇宙舞台中央那位最美的大明星，浑身散发出夺人心魄的、彩色的、明亮的光芒，她披着浅蓝色的纱裙和白色的飘带，如同天上的仙女缓缓飞行。

地理知识告诉我，地球上大部分地区覆盖着海洋，我果然看到了大片蔚蓝色的海水，浩瀚的海洋骄傲地披露着广阔壮观的全貌，我还看到了黄绿相间的陆地，连绵的山脉纵横其间；我看到我们平时所说的天空，大气层中飘浮着片片雪白的云彩，那么轻柔，那么曼妙，在阳光普照下，仿佛贴在地面上一样。海洋、陆地、白云，它们呈现在飞船下面，缓缓驶来，又缓缓离去。

我知道自己还是在轨道上飞行，并没有完全脱离地球的怀抱，冲向宇宙的深处，然

---

① 本节测试题均选自《普通话水平测试实施纲要（2021年版）》中测试用内容。

　　而这也足以让我震撼了，我并不能看清宇宙中众多的星球，因为实际上它们离我们的距离非常遥远，很多都是以光年计算。正因为如此，我觉得宇宙的广袤真实地摆在我的眼前，即便作为中华民族第一个飞天的人，我已经跑到离地球表面四百公里的空间，可以称为太空人了，但是实际上在浩瀚的宇宙面前，我仅像一粒尘埃。

　　虽然独自在太空飞行，但我想到了此刻千万//中国人翘首以待，我不是一个人在飞，我是代表所有中国人，甚至人类来到了太空。我看到的一切证明了中国航天技术的成功，我认为我的心情一定要表达一下，就拿出太空笔，在工作日志背面写了一句话："为了人类的和平与进步，中国人来到太空了。"以此来表达一个中国人的骄傲和自豪。

（四）命题说话（请在下列话题中任选一个，共30分，限时3分钟）
　　　1.谈个人修养
　　　2.生活中的诚信

普通话水平测试试题2

（一）读单音节字词（100个音节，共10分，限时3.5分钟）

卧	鸟	纱	悔	掠	酉	终	撒	甩	蓄
秩	四	仍	叫	台	婶	贼	耕	半	掐
布	癣	翁	弱	刷	允	床	改	逃	春
驳	纯	导	虽	棒	伍	知	末	枪	蹦
港	评	犬	课	淮	炯	循	纺	拴	李
赛	捡	梯	呕	绳	揭	陇	搓	二	棉
桩	皿	宋	狭	内	哨	字	环	州	秒
抛	代	关	停	祛	德	孙	旧	崔	凝
烈	倪	荆	擒	案	砸	垮	焚	帝	聊
颠	涌	牛	汝	粤	篇	竹	草	迟	泛

（二）读多音节词语（100个音节，共20分，限时2.5分钟）

参考	船长	艺术家	聪明	她们	红军	煤炭
工厂	发烧	嘟囔	黄瓜	效率	别针儿	责怪
大娘	喷洒	保温	产品	佛学	童话	男女
做活儿	缘故	谬论	穷困	今日	完整	决定性
斜坡	疲倦	爱国	能量	英雄	口罩儿	让位
叶子	封锁	核算	而且	转脸	人群	飞快
牙签儿	丢掉	往来	罪恶	首饰	此起彼伏	

（三）朗读短文（400个音节，共30分，限时4分钟）
　　晋祠的美，在山，在树，在水。
　　这里的山，巍巍的，有如一道屏障；长长的，又如伸开的两臂，将晋祠拥在怀中。

春日黄花满山，径幽香远；秋来草木萧疏，天高水清。无论什么时候拾级登山都会心旷神怡。

这里的树，以古老苍劲见长。有两棵老树：一棵是周柏，另一棵是唐槐。那周柏，树干劲直，树皮皱裂，顶上挑着几根青青的疏枝，偃卧在石阶旁。那唐槐，老干粗大，虬枝盘屈，一簇簇柔条，绿叶如盖。还有水边殿外的松柏槐柳，无不显出苍劲的风骨。以造型奇特见长的，有的偃如老妪负水，有的挺如壮士托天，不一而足。圣母殿前的左扭柏，拔地而起，直冲云霄。它的树皮上的纹理一齐向左边拧去，一圈一圈，纹丝不乱，像地下旋起了一股烟，又似天上垂下了一根绳。晋祠在古木的荫护下，显得分外幽静、典雅。

这里的水，多、清、静、柔。在园里信步，但见这里一泓深潭，那里一条小渠。桥下有河，亭中有井，路边有溪。石间细流脉脉，如线如缕；林中碧波闪闪，如锦如缎。这些水都来自"难老泉"。泉上有亭，亭上悬挂着清代著名学者傅山写的"难老泉"三个字。这么多的水长流不息，日日夜夜发出叮叮咚咚的响声。水的清澈真令人叫绝，无论//多深的水，只要光线好，游鱼碎石，历历可见。水的流势都不大，清清的微波，将长长的草蔓拉成一缕缕的丝，铺在河底，挂在岸边，合着那些金鱼、青苔以及石栏的倒影，织成一条条大飘带，穿亭绕榭，冉冉不绝。当年李白来到这里，曾赞叹说："晋祠流水如碧玉。"当你沿着流水去观赏那些亭台楼阁时，也许会这样问：这几百间建筑怕都是在水上漂着的吧！

（四）命题说话（请在下列话题中任选一个，共30分，限时3分钟）

    1.科技发展与社会生活

    2.小家、大家与国家

普通话水平测试试题3

（一）读单音节字词（100个音节，共10分，限时3.5分钟）

哑	铸	染	亭	后	挽	敬	疤	游	乖
仲	君	凑	稳	掐	酱	椰	铂	峰	账
焦	碰	暖	扑	龙	碍	离	鸟	瘸	密
承	滨	盒	专	此	艘	雪	肥	薰	硫
宣	表	嫡	迁	套	滇	砌	藻	刷	坏
虽	滚	杂	倦	垦	屈	所	惯	实	扯
栽	额	屡	弓	拿	物	粉	葵	躺	肉
铁	日	帆	萌	寡	猫	窘	内	雄	伞
蛙	葬	夸	戴	罗	并	摧	狂	饱	魄
而	沈	贤	润	麻	养	盘	自	您	虎

（二）读多音节词语（100个音节，共20分，限时2.5分钟）

    勾画   刚才   松软   半截儿   穷人   吵嘴   乒乓球

少女	篡夺	牛顿	沉默	富翁	傻子	持续
佛像	被窝儿	全部	乳汁	对照	家伙	灭亡
连绵	小腿	原则	外国	戏法儿	侵略	咏叹调
愉快	撒谎	下来	昆虫	意思	声明	患者
未曾	感慨	老头儿	群体	红娘	觉得	排演
赞美	运输	抓紧	儿童	症状	机灵	昂首

（三）朗读短文（400个音节，共30分，限时4分钟）

　　我和几个孩子站在一片园子里，感受秋天的风。园子里长着几棵高大的梧桐树，我们的脚底下，铺了一层厚厚的梧桐叶。叶枯黄，脚踩在上面，嘎吱嘎吱脆响。风还在一个劲儿地刮，吹打着树上可怜的几片叶子，那上面，就快成光秃秃的了。

　　我给孩子们上写作课，让孩子们描摹这秋天的风。以为他们一定会说寒冷、残酷和荒凉之类的，结果却出乎我的意料。

　　一个孩子说，秋天的风，像把大剪刀，它剪呀剪的，就把树上的叶子全剪光了。

　　我赞许了这个比喻。有二月春风似剪刀之说，秋天的风，何尝不是一把剪刀呢？只不过，它剪出来的不是花红叶绿，而是败柳残荷。

　　剪完了，它让阳光来住，这个孩子突然接着说一句。他仰向我的小脸，被风吹着，像只通红的小苹果。我怔住，抬头看树，那上面，果真的，爬满阳光啊，每根枝条上都是。失与得，从来都是如此均衡，树在失去叶子的同时，却承接了满树的阳光。

　　一个孩子说，秋天的风，像个魔术师，它会变出好多好吃的，菱角呀，花生呀，苹果呀，葡萄呀。还有桂花，可以做桂花糕。我昨天吃了桂花糕，妈妈说，是风变出来的。

　　我笑了。小可爱，经你这么一说，秋天的风，还真是香的。我和孩//子们一起嗅，似乎就闻见了风的味道，像块蒸得热气腾腾的桂花糕。

（四）命题说话（请在下列话题中任选一个，共30分，限时3分钟）

　　1.如何保持良好的心态

　　2.我了解的地域文化（或风俗）

普通话水平测试试题4

（一）读单音节字词（100个音节，共10分，限时3.5分钟）

老	腮	洽	恩	曹	刷	恒	踪	夏	拨
闽	建	娶	捉	肥	病	苦	扬	外	子
糠	嫌	略	耳	颇	陈	袜	体	爱	戳
蒋	贼	迅	鳖	日	举	叼	述	习	窦
枝	裙	睬	宾	瑟	仍	苑	推	皱	感
哑	手	汪	寡	浓	羽	雄	劝	丰	幻
滕	盏	怀	广	烦	若	掌	鹿	日	磁
积	篓	隋	关	嘱	耐	麻	诵	惹	挥

| 领 | 瓢 | 久 | 兰 | 靠 | 团 | 窘 | 谜 | 滚 | 方 |
| 盆 | 妙 | 屯 | 丢 | 偿 | 宴 | 嘴 | 栓 | 宝 | 捏 |

（二）读多音节词语（100个音节，共20分，限时2.5分钟）

电压	火候	争论	拥有	难怪	被窝儿	维持
跨度	谬误	贫穷	资格	媒人	规律	钢铁
情况	客气	军阀	名称	教师	缺少	从而
好歹	乡村	佛寺	合作社	新娘	上层	跳高儿
东欧	撇开	选拔	妇女	小瓮儿	云端	头脑
决定性	温柔	诊所	疲倦	水灾	蒜瓣儿	昂然
状态	处理	临终	专家	凉快	潜移默化	

（三）朗读短文（400个音节，共30分，限时4分钟）

生命在海洋里诞生绝不是偶然的，海洋的物理和化学性质，使它成为孕育原始生命的摇篮。

我们知道，水是生物的重要组成部分，许多动物组织的含水量在百分之八十以上，而一些海洋生物的含水量高达百分之九十五。水是新陈代谢的重要媒介，没有它，体内的一系列生理和生物化学反应就无法进行，生命也就停止。因此，在短时期内动物缺水要比缺少食物更加危险。水对今天的生命是如此重要，它对脆弱的原始生命，更是举足轻重了。生命在海洋里诞生，就不会有缺水之忧。

水是一种良好的溶剂。海洋中含有许多生命所必需的无机盐，如氯化钠、氯化钾、碳酸盐、磷酸盐，还有溶解氧，原始生命可以毫不费力地从中吸取它所需要的元素。

水具有很高的热容量，加之海洋浩大，任凭夏季烈日曝晒，冬季寒风扫荡，它的温度变化却比较小。因此，巨大的海洋就像是天然的"温箱"，是孕育原始生命的温床。

阳光虽然为生命所必需，但是阳光中的紫外线却有扼杀原始生命的危险。水能有效地吸收紫外线，因而又为原始生命提供了天然的"屏障"。

这一切都是原始生命得以产生和发展的必要条件。//

（四）命题说话（请在下列话题中任选一个，共30分，限时3分钟）

1. 网络时代的生活
2. 家庭对个人成长的影响

普通话水平测试试题5

（一）读单音节字词（100个音节，共10分，限时3.5分钟）

蛇	洼	构	产	败	抿	耗	隔	软	无
册	痴	月	旁	乖	内	癣	恰	祆	香
抖	腊	许	陪	脚	题	翁	鼻	跨	诀
态	栓	气	茧	方	痕	捅	之	臀	江

砸	狱	霞	腮	自	窘	嫩	镭	反	梭
彩	珠	炒	窝	耍	坑	拟	遍	群	孔
疗	椎	堵	霖	捐	死	槐	墓	搓	扭
疮	儿	蔫	用	偶	冰	婆	邓	允	怯
捧	刘	铁	挥	吮	鸣	罪	逢	对	公
让	貂	磬	然	装	虫	摸	靠	蚕	面

（二）读多音节词语（100个音节，共20分，限时2.5分钟）

规矩	作家	核算	战略	增强	谩骂	细菌
篡改	火锅儿	履行	魅力	英雄	穷尽	飞船
动画片	丧失	钟表	衰弱	拳头	红娘	佛法
腐朽	医院	政委	确定	从此	天鹅	因而
贫困	脖颈儿	尿素	节日	有趣	爽朗	来往
认真	稳当	寻找	热爱	分裂	葡萄糖	报酬
黑暗	门口儿	拍子	不快	吹奏	典雅	大褂儿

（三）朗读短文（400个音节，共30分，限时4分钟）

一谈到读书，我的话就多了！

我自从会认字后不到几年，就开始读书。到不是四岁时读母亲教给我的商务印书馆出版的国文教科书第一册的"天、地、日、月、山、水、土、木"以后的那几册，而是七岁时开始自己读的"话说天下大势，分久必合，合久必分……"的《三国演义》。

那时我的舅父杨子敬先生每天晚饭后必给我们几个表兄妹讲一段《三国演义》，我听得津津有味，什么"宴桃园豪杰三结义，斩黄巾英雄首立功"，真是好听极了。但是他讲了半个钟头，就停下去干他的公事了。我只好带着对于故事下文的无限悬念，在母亲的催促下，含泪上床。

此后我决定咬了牙拿起一本《三国演义》来，自己一知半解地读了下去，居然越看越懂，虽然字音都读得不对，比如把"凯"念作"岂"，把"诸"念作"者"之类，因为就只学过那个字一半部分。

谈到《三国演义》，我第一次读到关羽死了，哭了一场，把书丢下了。第二次再读到诸葛亮死了，又哭了一场，又把书丢下了，最后忘了是什么时候才把全书读到"分久必合"的结局。

这时我同时还看了母亲针线笸箩里常放着的那几本《聊斋志异》，聊斋故事是短篇的，可以随时拿起放下，又是文言的，这对于我的//作文课很有帮助，因为老师曾在我的作文本上批着"柳州风骨，长吉清才"的句子，其实我那时还没有读过柳宗元和李贺的文章，只因那时的作文，都是用文言写的。

（四）命题说话（请在下列话题中任选一个，共30分，限时3分钟）

1. 谈中国传统文化
2. 对亲情（或友情、爱情的理解）

下 篇

教师口语艺术训练

第七章 教师口语基础训练

【反思与探究】

一、教学口语对响度的基本要求是什么？

1.响度要恰当适度。

2.响度要富于变化。

3.响度要注意多加观察、揣摩和训练。

二、教师口语清晰度不足的主要表现有哪些？可以着重从哪几个方面提高清晰度？

教师口语清晰度不足的主要表现有：

1.语音含混，主要是由于声音的力度和亮度不足，有时还因为韵母的主要元音发音不标准而造成。

2.咬字不清，主要是由于声母发音部位不准而造成。

3.音节黏连、界限不清，主要是由于语速过快、音量不稳而造成。

4.有鼻音，主要是由于不良发音习惯造成的。

5.有回音，主要与发音环境空旷、范围过大等有关。

6.有杂音，一是由教师感冒、生病或嗓子出现问题等引起，二是由话筒、扬声器等仪器设备的问题造成。

针对以上问题，可以着重从四个方面提高清晰度：

第一，普通话声韵调的发音要标准、到位。

第二，要掌握一些发音吐字的技巧和方法。

第三，语速一定不要太快，否则发音时间不足，必然会含糊不清。

第四，要注意教学环境、设备的配套和完善，使教师口语可以更好地发挥。

三、教师口语与环境的配合度主要体现在哪些方面？

首先，教育教学活动的环境应该面积适中、比较安静，有利于发声、交流和表达。教师身在其中，只要注意发音的响度、亮度、清晰度适合，就能够较好地完成教育教学任务。

其次，教师口语应该与大学生、中学生、小学生等不同教育教学对象的年龄、层次等相配合。

第三，教师口语还应该与多媒体教学环境相配合。一方面应熟练掌握相关的操作技术和程序，另一方面应该充分利用多媒体设备更好地进行教育教学。

四、什么是节奏？节奏主要包含哪些内容？

节奏是一种听者能够直接感知到的有声语言前后连贯的有序变化形式。

节奏主要包含声音的高低、快慢、强弱、长短等曲折变化形式，以及语调、语速、停连、重音等口语表达技巧。

五、举例说明语调的基本类型。

1.平直调：是指把一句话读得平直舒缓，没有显著的高低变化的语调形式。多用于陈述句和说明句。例如：

乡下人家总爱在屋前搭一瓜架，或种南瓜，或种丝瓜，让那些瓜藤攀上棚架，爬上屋檐。（表叙述）

赵州桥非常雄伟，全长50.82米，两端宽9.6米，中部略窄，宽约9米。（表说明）

2.弯曲调：是指把一句话读得弯弯曲曲、高高低低的曲折的语调形式。多用于疑问句和感叹句。例如：

你吃饭的速度真是快得令人惊叹，竟然两个小时还没吃完！（表反说）

难道他真的已经离我而去了吗？（表怀疑）

3.上扬调：是指把一句话读得前低后高，逐渐高昂向上的语调形式。多用于疑问句和祈使句。例如：

小同志，你的老家在哪儿？（表疑问）

中国青年，让我们一起向未来！（表号召）

4.下降调：是指把一句话读得前高后低，声音逐渐降低的语调形式。多用于感叹句和祈使句。例如：

爸爸，让我也去吧！（表请求）

圆明园的毁灭是中国文化史上不可估量的损失，也是世界文化史上不可估量的损失！（表沉重）

六、停连需要遵循哪些规律？举例说明停连的主要类型。

停连需要遵循的规律：

1.停连要考虑到"讲"本身的需要，根据所讲的教学内容和具体语句合理地安排停连，使教师口语有恰当的语气停顿和转换。

2.停连要考虑到"听"的需要，根据教学目的去设计和使用停连，给学生以恰到好处的思索余地。

3.停连不要被标点符号捆住手脚。文字作品中的标点符号主要是给人看的。口语中应该进行合理的停连安排，这样才能更好地表达。

4.停连不能孤立地使用。应该与响度、亮度、清晰度等节奏技巧相配合，共同融汇于口语当中。

停连的主要类型有三种：

1.语法停连，主要指依据语句、段落、标点等语法特征来安排的停连。例如一个词的内部不能安排停连，中补短语、量词短语、方位短语等内部一般也不能安排停连，如"北京大学、参加、活泼、甜蜜蜜、花好月圆、写得好、三次、桌子上"等。

2.逻辑停连，指在句中没有标点符号的地方，根据表达的需要而安排的停连。例如（以下"/"表停顿，"/"越多，表示停顿时间越长）：

在党中央坚强领导下，//在全国科技界和社会各界/共同努力下，//我国科技实力/正在从量的积累/迈向质的飞跃、/从点的突破/迈向系统能力提升，//科技创新/取得新的/历史性成就。///

3.心理停连，指根据复杂的感情表达以及心理反应的需要而在句中安排的停连，也叫感情停连或特殊停连。例如：

孔乙己便涨红了脸，//额上的青筋/条条绽出，//争辩道，/"窃书不能算偷……/窃书！……//读书人的事，///能算偷么？"///

孔乙己说话吞吞吐吐、犹豫胆怯，自己也觉得不可信。

七、什么是重音？安排重音必须注意的要点是什么？

重音就是指教师口语的每一句话里需要强调或突出的词或短语。

安排重音必须注意两个要点：

1.要在独立完整的一句话中确定重音。

2.一个独立完整的句子里一般只能有一个主要重音。

八、举例说明重音、节奏的主要类型。

1.重音分为语法重音和逻辑重音两种类型。

语法重音是指按照语法结构的特点必须要强调或突出的词语。例如（以下加点字为重音）：

我明白了，我已经找到了存在的答案。（定语）

首先我是一个人，跟你一样的一个人——至少我要学做一个人。（宾语）

逻辑重音是指根据说话人的本意或特殊感情需要而强调或突出的词语。例如：

我国广大科技工作者是大有作为的。（不是其他国家）

我国广大科技工作者是大有作为的。（不是少数）

我国广大科技工作者是大有作为的。（不是别的工作者）

我国广大科技工作者是大有作为的。（不是无所作为）

2.节奏有慢节奏类型和快节奏类型两大基本类型。

慢节奏类型多用于叙事、写景、抒情等语体，一般可以分为舒缓型、凝重型、低沉型三种。例如，舒缓型：《散步》《天上的街市》；凝重型：《纪念白求恩》《草地夜行》；低沉型：《天净沙·秋思》《声声慢·寻寻觅觅》。

快节奏类型多用于议论、抒情、写景等语体，一般可以分为轻快型、紧张型、高亢型三种。例如，轻快型：《济南的冬天》《从百草园到三味书屋》；紧张型：《最后一次的讲演》《回延安》；高亢型：《将进酒》《沁园春·长沙》。

九、简述体态语的含义。

体态语也叫身体语言、态势语言，是指通过自己的表情、姿势、动作等传递信息的一种交际方式。

体态语主要包括眼神的流转、表情的变化、姿态的调整、手势的运用、动作的协调等。

十、教师在运用眼睛和面部表情时应该注意什么？

教师在运用眼睛进行教育教学活动时应该注意以下三方面：

1.要能够用眼睛表达出丰富的情感。

2.要善于用眼睛"察言观色"，随时捕捉信息。

3.要使目光流转。

教师运用面部表情表情达意应该注意以下几点：（1）要灵活；（2）要真诚；（3）要明确；（4）要有度；（5）要艺术；（6）要协调。

十一、教师的姿态有哪些禁忌？

（一）教师的站姿切忌以下做法：

1.头歪身斜。

2.长时间倚靠讲台。

3.身体或身体某一处不停晃动、颠来颠去。

4.始终侧身站立。

5.频繁走动。

6.头不抬眼不望。

7.高高在上，从不下讲台。

8.背对着学生讲较长的话或讲个不停。

（二）教师的坐姿切忌以下做法：

1.一直趴在桌子上或者一直双肘支头、抱臂等。

2.不停地把玩自己手中的笔。

3.手始终藏在桌子下面，极少拿出来。

4.总是仰头靠背，离讲桌较远。

5.紧紧挨着桌子坐。

十二、举例说明手势在教师口语中的作用。

1.手势有助于教师有声语言的传达。例如："这位同学，请你回答一下老师刚才的问题！"说话时，教师一只手五指并拢且轻轻指向某位学生，一下就会让同学们明白要求回答问题的是谁。

2.手势能够引导学生视线。例如："请大家看前面。"说话时，教师用手指向前面某一处，同学们就会把视线转过去看。

3.手势可以单独传递信息。例如，当某位学生问题回答得非常精彩时，教师带头鼓掌，就是直接表达肯定和赞扬。

4.恰当自然的常规手势可以增加教师的魅力和美感。例如，教师伴随着讲课，单臂或双臂微微弯曲，并且将手向上伸开，配合讲授内容轻轻向下斜压，就显得教师放松、自然、大方。

【训练与提高】

训练目标：能够正确掌握声音、节奏、体态语的使用方法，并通过训练形成良好的发声状态和体态。

第一节　声音训练

一、响度训练

（一）下面的诗句，分别用小声、大声、超大声读出来

（小声，指身边人才能听见；大声，指教室里全班同学都听得见；超大声，指全楼或者整个操场的人都能听见）

1.天苍苍，野茫茫，风吹草低见牛羊。

2.欲穷千里目，更上一层楼。

（二）下面的诗文，分别用小声和大声朗诵

1.满江红（岳飞）

怒发冲冠，凭栏处、潇潇雨歇。抬望眼，仰天长啸，壮怀激烈。三十功名尘与土，八千里路云和月。莫等闲，白了少年头，空悲切。

靖康耻，犹未雪。臣子恨，何时灭！驾长车，踏破贺兰山缺。壮志饥餐胡虏肉，笑谈渴饮匈奴血。待从头、收拾旧山河，朝天阙。

2.过零丁洋（文天祥）

辛苦遭逢起一经，干戈寥落四周星。

山河破碎风飘絮，身世浮沉雨打萍。

惶恐滩头说惶恐，零丁洋里叹零丁。

人生自古谁无死？留取丹心照汗青。

3.闻官军收河南河北（杜甫）

剑外忽传收蓟北，初闻涕泪满衣裳。

却看妻子愁何在，漫卷诗书喜欲狂。

白日放歌须纵酒，青春作伴好还乡。

即从巴峡穿巫峡，便下襄阳向洛阳。

4.西江月·夜行黄沙道中（辛弃疾）

明月别枝惊鹊，清风半夜鸣蝉。稻花香里说丰年，听取蛙声一片。
七八个星天外，两三点雨山前。旧时茅店社林边，路转溪桥忽见。

5.竹石（郑燮）

咬定青山不放松，立根原在破岩中。
千磨万击还坚劲，任尔东西南北风。

二、亮度训练

（一）用清晰而明亮的声音朗读下面的儿歌

1.小鸟年年换新毛

人靠衣裳鸟靠毛，小鸟羽毛像外套，
能防风雨能保暖，能使小鸟模样俏。
外套常年挡风雨，天长日久会变焦，
小鸟自然有对策，年年都要换新毛。
有的一年换一次，有的一年换两遭，
换上新毛展新容，小鸟欢心叫声高。

2.动物歌

小鸡小鸡，叽叽叽，爱吃小虫和小米。
小鸭小鸭，嘎嘎嘎，扁扁嘴，大脚丫。
小青蛙，呱呱叫，专吃害虫护庄稼。
小肥猪，胖嘟嘟，吃饱饭，睡呼呼。
小松鼠，尾巴大，轻轻跳上又跳下，
我帮你，你帮我，采到松果送回家。

3.大马路，宽又宽

大马路，宽又宽，行人道，在两边。
警察叔叔中间站，指挥交通保安全。
过马路，要看灯，各种颜色要看清。
红灯亮了等一等，绿灯亮了往前行！

（二）用高亢而响亮的声音朗读下面的古诗

1.江南（汉乐府）

江南可采莲，莲叶何田田。鱼戏莲叶间。
鱼戏莲叶东，鱼戏莲叶西，鱼戏莲叶南，鱼戏莲叶北。

2.长歌行（汉乐府）

青青园中葵，朝露待日晞。

阳春布德泽，万物生光辉。
常恐秋节至，焜黄华叶衰。
百川东到海，何时复西归？
少壮不努力，老大徒伤悲！

3. **敕勒歌（北朝民歌）**
敕勒川，阴山下。天似穹庐，笼盖四野。
天苍苍，野茫茫，风吹草低见牛羊。

4. **咏鹅（骆宾王）**
鹅，鹅，鹅，曲项向天歌。
白毛浮绿水，红掌拨清波。

5. **风（李峤）**
解落三秋叶，能开二月花。
过江千尺浪，入竹万竿斜。

6. **赤壁（杜牧）**
折戟沉沙铁未销，自将磨洗认前朝。
东风不与周郎便，铜雀春深锁二乔。

7. **回乡偶书（贺知章）**
少小离家老大回，乡音无改鬓毛衰。
儿童相见不相识，笑问客从何处来。

8. **凉州词（王之涣）**
黄河远上白云间，一片孤城万仞山。
羌笛何须怨杨柳，春风不度玉门关。

9. **登鹳雀楼（王之涣）**
白日依山尽，黄河入海流。
欲穷千里目，更上一层楼。

三、清晰度训练

（一）绕口令训练：注意每一个字音都要清楚响亮
1. 陈庄城和程庄城
陈庄程庄都有城，陈庄城通程庄城。
陈庄城和程庄城，两庄城墙都有门。
陈庄城进程庄人，陈庄人进程庄城。

请问陈程两庄城，两庄城门都进人，

哪个城进陈庄人，程庄人进哪个城？

2.司小四和史小世

司小四和史小世，

四月十四日十四时四十上集市，

司小四买了四十四斤四两西红柿，

史小世买了十四斤四两细蚕丝。

司小四要拿四十四斤四两西红柿换史小世十四斤四两细蚕丝。

史小世十四斤四两细蚕丝不换司小四四十四斤四两西红柿。

司小四说我四十四斤四两西红柿可以增加营养防近视，

史小世说我十四斤四两细蚕丝可以织绸织缎又抽丝。

3.算算看

老杜和老顾，齐走富裕路。

老杜养了兔，老顾养了鹿。

老杜给老顾十只兔，两家平等同只数：

老顾给老杜十只鹿，顾家是杜家一半数。

请问老杜养了多少兔？再问老顾养了多少鹿？

4.酸枣子

山上住着三老子，山下住着三小子，山腰住着三哥三嫂子。

山下三小子，找山腰三哥三嫂子，借三斗三升酸枣子，

山腰三哥三嫂子，借给山下三小子三斗三升酸枣子。

山下三小子，又找山上三老子，借三斗三升酸枣子，

山上三老子，没有三斗三升酸枣子，

只好到山腰找三哥三嫂子，给山下三小子借了三斗三升酸枣子。

过年山下三小子打下酸枣子，

还了山腰三哥三嫂子，两个三斗三升酸枣子。

（二）吐字训练：读的时候注意速度稍快些，但每个字要读得明亮清晰

城乡发展要兼顾，农业利益要保护；

区域发展要兼顾，缩小差距共同富；

经济社会要兼顾，富裕文明生态路；

人与自然要兼顾，尊重规律细思度；

国内国外要兼顾，互利同赢共进步。

四、配合度训练（分别在室内和室外大声朗读下面材料，注意声音与环境的适配）

1.敬业与乐业（梁启超）

我这题目，是把《礼记》里头"敬业乐群"和《老子》里头"安其居乐其业"那两句话，断章取义造出来的。我所说的是否与《礼记》《老子》原意相合，不必深求；但我确信"敬业乐业"四个字，是人类生活的不二法门。

本题主眼，自然是在"敬"字、"乐"字。但必先有业，才有可敬、可乐的主体，理至易明。所以在讲演正文以前，先要说说有业之必要。

孔子说："饱食终日，无所用心，难矣哉！"又说："群居终日，言不及义，好行小慧，难矣哉！"孔子是一位教育大家，他心目中没有什么人不可教诲，独独对于这两种人便摇头叹气说道："难！难！"可见人生一切毛病都有药可医，唯有无业游民，虽大圣人碰着他，也没有办法。

唐朝有一位名僧百丈禅师，他常常用两句格言教训弟子，说道："一日不做事，一日不吃饭。"他每日除上堂说法之外，还要自己扫地、擦桌子、洗衣服，直到八十岁，日日如此。有一回，他的门生想替他服务，把他本日应做的工悄悄地都做了。这位言行相顾的老禅师，老实不客气，那一天便绝对地不肯吃饭。

我征引儒门、佛门这两段话，不外证明人人都要有正当职业，人人都要不断地劳作。倘若有人问我："百行什么为先？万恶什么为首？"我便一点不迟疑答道："百行业为先，万恶懒为首。"没有职业的懒人，简直是社会上的蛀米虫，简直是"掠夺别人勤劳结果"的盗贼。我们对于这种人，是要彻底讨伐，万不能容赦的。……今日所讲，专为现在有职业及现在正做职业上预备的人——学生——说法，告诉他们对于自己现有的职业应采何种态度。

第一要敬业。敬字为古圣贤教人做人最简易、直捷的法门，可惜被后来有些人说得太精微，倒变得不适实用了。唯有朱子解得最好，他说："主一无适便是敬。"用现在的话讲，凡做一件事，便忠于一件事，将全副精力集中到这事上头，一点不旁骛，便是敬。业有什么可敬呢？为什么该敬呢？人类一面为生活而劳动，一面也是为劳动而生活。人类既不是上帝特地制来充当消化面包的机器，自然该各人因自己的地位和才力，认定一件事去做。凡可以名为一件事的，其性质都是可敬。当大总统是一件事，拉黄包车也是一件事。事的名称，从俗人眼里看来，有高下；事的性质，从学理上解剖起来，并没有高下。只要当大总统的人，信得过我可以当大总统才去当，实实在在把总统当作一件正经事来做；拉黄包车的人，信得过我可以拉黄包车才去拉，实实在在把拉车当作一件正经事来做，便是人生合理的生活。这叫作职业的神圣。凡职业没有不是神圣的，所以凡职业没有不是可敬的。唯其如此，所以我们对于各种职业，没有什么分别拣择。总之，人生在世，是要天天劳作的。劳作便是功德，不劳作便是罪恶。至于我该做哪一种劳作，全看我的才能如何，境地如何。因自己的才能、境地，做一种劳作做到圆满，便是天地间第一等人。

怎样才能把一种劳作做到圆满呢？唯一的秘诀就是忠实，忠实从心理上发出来的便是敬。《庄子》记佝偻丈人承蜩的故事，说道："虽天地之大，万物之多，而唯吾蜩翼之知。"凡做一件事，便把这件事看作我的生命，无论别的什么好处，到底不肯牺牲我现做的事来和他交换。我信得过我当木匠的做成一张好桌子，和你们当政治家的建设成一个共和国家同一价值；我信得过我当挑粪的把马桶收拾得干净，和你们当军人的打胜一支压境的敌军同一价值。大家同是替社会做事，你不必羡慕我，我不必羡慕你。怕的是我这件事做得不妥当，便对不起这一天里头所吃的饭。所以我做这事的时候，丝毫不肯分心到事外。曾文正说："坐这山，望那山，一事无成。"……一个人对于自己的职业不敬，从学理方面说，便是亵渎职业之神圣；从事实方面说，一定把事情做糟了，结果自己害自己。所以敬业主义，于人生最为必要，又于人生最为有利。庄子说："用志不分，乃凝于神。"孔子说："素其位而行，不愿乎其外。"我说的敬业，不外这些道理。

第二要乐业。"做工好苦呀！"这种叹气的声音，无论何人都会常在口边流露出来。但我要问他："做工苦，难道不做工就不苦吗？"今日大热天气，我在这里喊破喉咙来讲，诸君扯直耳朵来听，有些人看着我们好苦；翻过来，倘若我们去赌钱去吃酒，还不是一样在淘神费力？难道又不苦？须知苦乐全在主观的心，不在客观的事。人生从出胎的那一秒钟起到咽气的那一秒钟止，除了睡觉以外，总不能把四肢、五官都搁起不用。只要一用，不是淘神，便是费力，劳苦总是免不掉的。会打算盘的人，只有从劳苦中找出快乐来。我想天下第一等苦人，莫过于无业游民，终日闲游浪荡，不知把自己的身子和心摆在哪里才好。他们的日子真难过。第二等苦人，便是厌恶自己本业的人，这件事分明不能不做，却满肚子里不愿意做。不愿意做逃得了吗？到底不能。结果还是皱着眉头、哭丧着脸去做。这不是专门自己替自己开玩笑吗？我老实告诉你一句话："凡职业都是有趣味的，只要你肯继续做下去，趣味自然会发生。"为什么呢？第一，因为凡一件职业，总有许多层累曲折，倘能身入其中，看它变化、进展的状态，最为亲切有味。第二，因为每一职业之成就，离不了奋斗；一步一步地奋斗前去，从刻苦中得快乐，快乐的分量加增。第三，职业性质，常常要和同业的人比较骈进，好像赛球一般，因竞胜而得快乐。第四，专心做一职业时，把许多游思、妄想杜绝了，省却无限闲烦恼。孔子说："知之者不如好之者，好之者不如乐之者。"人生能从自己职业中领略出趣味，生活才有价值。孔子自述生平，说道："其为人也，发愤忘食，乐以忘忧，不知老之将至云尔。"这种生活，真算得人类理想的生活了。

我生平最受用的有两句话：一是"责任心"，二是"趣味"。我自己常常力求这两句话之实现与调和，常常把这两句话向我的朋友强聒不舍。今天所讲，敬业即是责任心，乐业即是趣味。我深信人类合理的生活总该如此，我盼望诸君和我一同受用！

2.论教养（利哈乔夫）

一个有教养的人，必定从心里愿意尊重别人，也善于尊重别人。对他来说，礼貌待人不仅习以为常，轻松自然，而且能让他心情愉快。有教养的人对别人一律谦让和礼让，无论接触的人年长还是年幼，是社会贤达还是平民百姓。

有教养的人待人处世绝不会自吹自擂。有教养的人懂得珍惜别人的时间（有句谚语说得好：国王的礼貌是恪守时间）。有教养的人允诺别人的事一定尽力去做，他不会摆架子、"翘鼻子"。无论何时何地，他的行为举止都保持一致——无论是在家里、在学校、在研究所、在供职的单位，还是在商场，或者在公共汽车上，他都始终如一，稳重随和。

3.就英法联军远征中国致巴特勒上尉的信（雨果）

先生：

你征求我对远征中国的意见。你认为这次远征是体面的，出色的。多谢你对我的想法予以重视。在你看来，打着维多利亚女王和拿破仑皇帝双重旗号对中国的远征，是由法国和英国共同分享的光荣，而你很想知道，我对英法的这次胜利会给予多少赞誉。

既然你想了解我的看法，那就请往下读吧：

在世界的某个角落，有一个世界奇迹。这个奇迹叫圆明园。艺术有两个起源，一是理想，理想产生欧洲艺术；一是幻想，幻想产生东方艺术。圆明园在幻想艺术中的地位就如同巴特农神庙在理想艺术中的地位。一个几乎是超人的民族的想象力所能产生的成就尽在于此。和巴特农神庙不一样，这不是一件稀有的、独一无二的作品；这是幻想的某种规模巨大的典范，如果幻想能有一个典范的话。请你想象有一座言语无法形容的建筑，某种恍若月宫的建筑，这就是圆明园。请你用大理石，用玉石，用青铜，用瓷器建造一个梦，用雪松做它的屋架，给它上上下下缀满宝石，披上绸缎，这儿盖神殿，那儿建后宫，造城楼，里面放上神像，放上异兽，饰以琉璃，饰以珐琅，饰以黄金，施以脂粉；请同是诗人的建筑师建造《一千零一夜》的一千零一个梦，再添上一座座花园，一方方水池，一眼眼喷泉，加上成群的天鹅、朱鹭和孔雀。总而言之，请你假设人类幻想的某种令人眼花缭乱的洞府，其外观是神庙，是宫殿，那就是这座园林。为了创建圆明园，曾经耗费了两代人的长期劳动。这座大得犹如一座城市的建筑物是世世代代的结晶。为谁而建？为了各国人民。因为，岁月创造的一切都是属于人类的。过去的艺术家、诗人、哲学家都知道圆明园；伏尔泰就谈起过圆明园。人们常说：希腊有巴特农神庙，埃及有金字塔，罗马有斗兽场，巴黎有圣母院，而东方有圆明园。要是说，大家没有看见过它，但大家梦见过它。这是某种令人惊骇而不知名的杰作，在不可名状的晨曦中依稀可见，宛如在欧洲文明的地平线上瞥见的亚洲文明的剪影。

这个奇迹已经消失了。

有一天，两个来自欧洲的强盗闯进了圆明园。一个强盗洗劫财物，另一个强盗放火。似乎得胜之后，便可以动手行窃了。他们对圆明园进行了大规模的劫掠，赃物由两个胜利者均分。我们看到，这整个事件还与额尔金的名字有关，这名字又使人不能不忆起巴特农神庙。从前他们对巴特农神庙怎么干，现在对圆明园也怎么干，不同的只是干得更彻底，更漂亮，以至于荡然无存。我们把欧洲所有大教堂的财宝加在一起，也许还抵不上东方这座了不起的富丽堂皇的博物馆。那儿不仅仅有艺术珍品，还有大堆的金银制品。丰功伟绩！收获巨大！两个胜利者，一个塞满了腰包，这是看得见的，另一个装满了箱箧。他们手挽手，笑嘻嘻地回到欧洲。这就是这两个强盗的故事。

我们欧洲人是文明人，中国人在我们眼中是野蛮人。这就是文明对野蛮所干的事情。

将受到历史制裁的这两个强盗，一个叫法兰西，另一个叫英吉利。不过，我要抗议，感谢你给了我这样一个抗议的机会。治人者的罪行不是治于人者的过错；政府有时会是强盗，而人民永远也不会是强盗。

法兰西吞下了这次胜利的一半赃物，今天，帝国居然还天真地以为自己就是真正的物主，把圆明园富丽堂皇的破烂拿来展出。我希望有朝一日，解放了的干干净净的法兰西会把这份战利品归还给被掠夺的中国，那才是真正的物主。

现在，我证实，发生了一次偷窃，有两名窃贼。

先生，以上就是我对远征中国的全部赞誉。

维克多·雨果

1861年11月25日于高城居

五、音色训练

（一）朗读训练系列词语，注意发好里面的鼻音

车水马龙	生产线	人生	稳定	富翁	民本	音频
缤纷	薪金	门诊	粉尘	认真	频繁	饮品
拼音	谨慎	评定	平等	平衡	乒乓	明亮
命令	病症	冷静	精准	竞争	径庭	命名

（二）朗读下列短文，注意声音中不要有杂音或呼吸音

1. 最后一次的讲演（闻一多）

你们杀死一个李公朴，会有千百万个李公朴站起来！你们将失去千百万的人民！你们看着我们人少，没有力量？告诉你们，我们的力量大得很，强得很！看今天来的这些人，都是我们的人，都是我们的力量！此外还有广大的市民！我们有这个信心：人民的力量是要胜利的，真理是永远存在的。历史上没有一个反人民的势力不被人民毁灭的！希特勒，墨索里尼，不都在人民之前倒下去了吗？翻开历史看看，你们还站得住几天！你们完了，快完了！我们的光明就要出现了。我们看，光明就在我们眼前，而现在正是黎明之前那个最黑暗的时候。我们有力量打破这个黑暗，争到光明！我们的光明，就是反动派的末日！（热烈的鼓掌）

李先生的血不会白流的！李先生赔上了这条性命，我们要换来一个代价。"一二·一"四烈士倒下了，年青的战士们的血换来了政治协商会议的召开；现在李先生倒下了，他的血要换取政协会议的重开！（热烈的鼓掌）我们有这个信心！（鼓掌）

2. 十六年前的回忆（李星华）

1927年4月28日，我永远忘不了那一天。那是父亲的被难日，离现在已经十六年了。

那年春天，父亲每天夜里回来得很晚。每天早晨，不知道什么时候他又出去了。有时候他留在家里，埋头整理书籍和文件。我蹲在旁边，看他把书和有字的纸片投到火炉里去。

我奇怪地问他："爹，为什么要烧掉呢？怪可惜的。"

待了一会儿，父亲才回答："不要了就烧掉。你小孩子家知道什么！"

父亲一向是慈祥的，从没有骂过我们，更没打过我们。我总爱向父亲问许多幼稚可笑的问题。他不论多忙，对我的问题总是很感兴趣，总是耐心地讲给我听。这一次不知道为什么，父亲竟这样含糊地回答我。

后来听母亲说，军阀张作霖要派人来搜查。为了避免党组织被破坏，父亲只好把一些书籍和文件烧掉。才过了两天，果然出事了。工友阎振三一早上街买东西，直到夜里还不见回来。第二天，父亲才知道他被抓到警察厅里去了。我们心里都很不安，为这位

工友着急。

局势越来越严峻，父亲的工作也越来越紧张。他的朋友劝他离开北京，母亲也几次劝他。父亲坚决地对母亲说："不是常对你说吗？我是不能轻易离开北京的。你要知道现在是什么时候，这里的工作多么重要。我哪能离开呢？"母亲只好不再说什么了。

可怕的一天果然来了。4月6日的早晨，妹妹换上了新夹衣，母亲带她到儿童娱乐场去散步了。父亲在里间屋里写字，我坐在外间的长木椅上看报。短短的一段新闻还没看完，就听见啪，啪……几声尖锐的枪声，接着是一阵纷乱的喊叫。

"什么？爹！"我瞪着眼睛问父亲。

"没有什么，不要怕。星儿，跟我到外面看看去。"

父亲不慌不忙地向外走去。我紧跟在他身后，走出院子，暂时躲在一间僻静的小屋里。

一会儿，外面传来一阵沉重的皮鞋声。我的心剧烈地跳动起来，用恐怖的眼光瞅了瞅父亲。

"不要放走一个！"窗外响起粗暴的吼声。穿灰制服和长筒皮靴的宪兵，穿便衣的侦探，穿黑制服的警察，一拥而入，挤满了这间小屋。他们像一群魔鬼似的，把我们包围起来。他们每人拿着一支手枪，枪口对着父亲和我。在军警中间，我发现了前几天被捕的工友阎振三。他的胳膊上拴着绳子，被一个肥胖的便衣侦探拉着。

那个满脸横肉的便衣侦探指着父亲问阎振三："你认识他吗？"

阎振三摇了摇头。他那披散的长头发中间露出一张苍白的脸，显然是受过苦刑了。

"哼！你不认识？我可认识他。"侦探冷笑着，又吩咐他手下的那一伙，"看好，别让他自杀！"

他们仔细地把父亲全身搜了一遍。父亲保持着他那惯有的严峻态度，没有向他们讲任何道理。因为他明白，对他们是没有道理可讲的。

残暴的匪徒把父亲绑起来，拖走了。我也被他们带走了。在高高的砖墙围起来的警察厅的院子里，我看见母亲和妹妹也都被带来了。我们被关在女拘留所里。

十几天过去了，我们始终没看见父亲。有一天，我们正在啃手里的窝窝头，听见警察喊我们母女的名字，说是提审。

在法庭上，我们跟父亲见了面。父亲仍旧穿着他那件灰布旧棉袍，可是没戴眼镜。我看到了他那乱蓬蓬的长头发下面的平静而慈祥的脸。

"爹！"我忍不住喊出声来。母亲哭了，妹妹也跟着哭起来了。

"不许乱喊！"法官拿起惊堂木重重地在桌子上拍了一下。

父亲瞅了瞅我们，没有说一句话。他的神情非常安定，非常沉着。他的心被一种伟大的力量占据着。这个力量就是他平日对我们讲的——他对于革命事业的信心。

"这是我的妻子。"他指着母亲说。接着他又指了一下我和妹妹，"这是我的两个孩子。"

"她是你最大的孩子吗？"法官指着我问父亲。

"是的，我是最大的。"我怕父亲说出哥哥来，就这样抢着说了。我不知道当时哪里来的机智和勇敢。

"不要多嘴！"法官怒气冲冲的，又拿起他面前那块木板狠狠地拍了几下。

父亲立刻就会意了，接着说："她是我最大的孩子。我的妻子是个乡下人。我的孩子年纪都还小，她们什么也不懂。一切都跟她们没有关系。"父亲说完了这段话，又望了望我们。

法官命令把我们押下去。我们就这样跟父亲见了一面，匆匆分别了。想不到这竟是我们最后的一次见面。

28日黄昏，警察叫我们收拾行李出拘留所。

我们回到家里，天已经全黑了。第二天，舅老爷到街上去买报。他是哭着从街上回来的，手里无力地握着一份报。我看到报上用头号字登着"李大钊等昨已执行绞刑"，立刻感到眼前蒙了一团云雾，昏倒在床上了。母亲伤心过度，昏过去三次，每次都是刚刚叫醒又昏过去了。

过了好半天，母亲醒过来了，她低声问我："昨天是几号？记住，昨天是你爹被害的日子。"

我又哭了，从地上捡起那张报纸，咬紧牙，又勉强看了一遍。低声对母亲说："妈，昨天是4月28日。"

3.爬山虎的脚（叶圣陶）

学校操场北边墙上满是爬山虎。我家也有爬山虎，从小院的西墙爬上去，在房顶上占了一大片地方。

爬山虎刚长出来的叶子是嫩红的，不几天叶子长大，就变成嫩绿的。爬山虎的嫩叶，不大引人注意，引人注意的是长大了的叶子。那些叶子绿得那么新鲜，看着非常舒服。叶尖一顺儿朝下，在墙上铺得那么均匀，没有重叠起来的，也不留一点儿空隙。一阵风拂过，一墙的叶子就漾起波纹，好看得很。

以前我只知道这种植物叫爬山虎，可不知道它怎么能爬。今年，我注意了，原来爬山虎是有脚的。爬山虎的脚长在茎上。茎上长叶柄的地方，反面伸出枝状的六七根细丝，这些细丝很像蜗牛的触角。细丝跟新叶子一样，也是嫩红的。这就是爬山虎的脚。

第二节　节奏训练

一、语调训练：朗读下面带有对话的材料，注意用恰当的语调读出不同人物的语言和语气

1.皇帝的新装（安徒生）

"那真是理想的衣服！"皇帝心里想，"我穿了这样的衣服，就可以看出我的王国里哪些人是不称职的；我就可以辨别出哪些人是聪明人，哪些人是傻子。是的，我要叫他们马上为我织出这样的布来！"于是他付了许多现款给这两个骗子，好使他们马上开始工作。

他们摆出两架织布机，装作是在工作的样子，可是他们的织布机上连一点儿东西的影子也没有。他们急迫地请求发给他们一些最细的生丝和最好的金子。他们把这些东西都装进自己的腰包，只在那两架空织布机上忙忙碌碌，一直搞到深夜。

"我倒很想知道，他们的衣料究竟织得怎样了。"皇帝想。不过，当他想起凡是愚蠢或不称职的人就看不见这布的时候，他心里的确感到有些不大自然。他相信自己是无须害怕的。虽然如此，他仍然觉得，先派一个别的人去看看工作的进展情形比较妥当。全城的人都听说这织品有一种多么神奇的力量，所以大家也都渴望借这个机会测验一下：他们的邻人究竟有多么笨，或者有多么傻。

"我要派我诚实的老大臣到织工那儿去。"皇帝想，"他最能看出这布料是什么样子，因为他这个人很有理智，同时就称职这点来说，谁也不及他。"

这位善良的老大臣因此来到那两个骗子的屋子里去了。他们正在空织布机上忙碌地工作。

"愿上帝可怜我吧！"老大臣想，他把眼睛睁得特别大，"我什么东西也没有看见！"但是他没有敢把这句话说出口来。

那两个骗子请他走近一点儿，同时指着那两架空织布机，问他花纹是不是很美丽，色彩是不是很漂亮。可怜的老大臣眼睛越睁越大，可是他仍然看不见什么东西，因为的确没有什么东西可看。

"我的老天爷！"他想，"难道我是愚蠢的吗？我从来没有怀疑过这一点。这一点决不能让任何人知道。难道我是不称职的吗？——不成！我决不能让人知道我看不见布料。"

"哎，您一点儿意见也没有吗？"一个正在织布的骗子说。

"哎呀，美极了！真是美妙极了！"老大臣一边说，一边从他的眼镜里仔细地看，"多么美的花纹！多么美的色彩！是的，我将要呈报皇上，我对这布料非常满意。"

"嗯，我们听了非常高兴。"两个织工齐声说。于是他们就把色彩和稀有的花纹描述了一番，还加上些名词。老大臣注意地听着，以便回到皇帝那儿去的时候，可以照样背出来。事实上他也就这样做了。

这两个骗子又要了更多的钱，更多的丝和金子，他们说是为了织布的需要。他们把这些东西全装进了腰包。

2. 亡羊补牢

从前有个人，养了几只羊。一天早上，他去放羊，发现羊少了一只。原来羊圈破了个窟窿，夜里狼从窟窿钻进去，把羊叼走了。

邻居劝他说："赶紧把羊圈修一修，堵上那个窟窿吧！"

他说："羊已经丢了，还修羊圈干什么？"

第二天早上，他去放羊，发现羊又少了一只。原来狼又从窟窿钻进去，把羊叼走了。

他很后悔没有听邻居的劝告，心想，现在修还不晚。他赶快堵上那个窟窿，把羊圈修得结结实实的。从此，他的羊再也没丢过。

3. 揠苗助长

古时候有个人，他巴望自己田里的禾苗长得快些，天天到田边去看。可是，一天，两天，三天，禾苗好像一点儿也没有长高。他在田边焦急地转来转去，自言自语地说："我得想个办法帮它们长。"

一天，他终于想出了办法，就急忙跑到田里，把禾苗一棵一棵往高里拔。从中午一直忙到太阳落山，弄得筋疲力尽。

他回到家里，一边喘气一边说："今天可把我累坏了！力气总算没白费，禾苗都长高了一大截。"

他的儿子不明白是怎么回事，第二天跑到田里看，禾苗都枯死了。

二、语速训练

（一）朗诵古诗：注意语速要慢，音量要大，咬字要清晰，同时要有感情、有表现力

1.**步出夏门行·龟虽寿（曹操）**

　　神龟虽寿，犹有竟时。腾蛇乘雾，终为土灰。
　　老骥伏枥，志在千里。烈士暮年，壮心不已。
　　盈缩之期，不但在天。养怡之福，可得永年。
　　幸甚至哉，歌以咏志。

2.**短歌行（曹操）**

　　对酒当歌，人生几何！譬如朝露，去日苦多。
　　慨当以慷，忧思难忘。何以解忧？唯有杜康。
　　青青子衿，悠悠我心。但为君故，沉吟至今。
　　呦呦鹿鸣，食野之苹。我有嘉宾，鼓瑟吹笙。
　　明明如月，何时可掇？忧从中来，不可断绝。
　　越陌度阡，枉用相存。契阔谈宴，心念旧恩。
　　月明星稀，乌鹊南飞。绕树三匝，何枝可依？
　　山不厌高，海不厌深。周公吐哺，天下归心。

3.**关雎（《诗经·周南》）**

　　关关雎鸠，在河之洲。窈窕淑女，君子好逑。
　　参差荇菜，左右流之。窈窕淑女，寤寐求之。
　　求之不得，寤寐思服。悠哉悠哉，辗转反侧。
　　参差荇菜，左右采之。窈窕淑女，琴瑟友之。
　　参差荇菜，左右芼之。窈窕淑女，钟鼓乐之。

4.**相思（王维）**

　　红豆生南国，春来发几枝？
　　愿君多采撷，此物最相思。

5.**月下独酌（李白）**

　　花间一壶酒，独酌无相亲。
　　举杯邀明月，对影成三人。
　　月既不解饮，影徒随我身。

暂伴月将影，行乐须及春。
我歌月徘徊，我舞影零乱。
醒时同交欢，醉后各分散。
永结无情游，相期邈云汉。

6. 赋得古原草送别（白居易）

离离原上草，一岁一枯荣。
野火烧不尽，春风吹又生。
远芳侵古道，晴翠接荒城。
又送王孙去，萋萋满别情。

7. 望天门山（李白）

天门中断楚江开，碧水东流至此回。
两岸青山相对出，孤帆一片日边来。

8. 望庐山瀑布（李白）

日照香炉生紫烟，遥看瀑布挂前川。
飞流直下三千尺，疑是银河落九天。

9. 出塞（王昌龄）

秦时明月汉时关，万里长征人未还。
但使龙城飞将在，不教胡马度阴山。

（二）朗读下面的三句半，注意前三句要读得顺畅、稍快，最后的半句要读得慢而清晰

校园文明礼仪

我们几人走上台，响板声声敲起来，面向全校师生们，——开场！
今天上台说一说，文明礼仪首当先，大家认真听一听，——快快说！
见面主动问声好，早中晚，不能少，谢谢你，不客气，——有礼貌！
楼道教室不追跑，上下楼梯靠右走，蹦跳喧闹都不要，——安全！
走路要走人行道，交通规则要遵守，安全第一齐欢喜，——齐欢喜！
垃圾不能随便扔，手脸自己洗干净，手帕袜子自己洗，——讲卫生！
建立自信很重要，自卑只能增烦恼，自信让我更出色，——真棒！
文明礼仪伴我行，品格高尚做栋梁，我们大家齐努力，——都能行！

（三）朗读下面的课文，通过记录所用时间来把握自己的语速

1. 富饶的西沙群岛

西沙群岛位于南海的西北部，是我国海南省三沙市的一部分。那里风景优美，物产丰富，是个可爱的地方。

西沙群岛一带海水五光十色，瑰丽无比：有深蓝的，淡青的，淡绿的，杏黄的。一

块块，一条条，相互交错着。因为海底高低不平，有山崖，有峡谷，海水有深有浅，从海面看，色彩就不同了。

海底的岩石上生长着各种各样的珊瑚，有的像绽开的花朵，有的像分枝的鹿角。海参到处都是，在海底懒洋洋地蠕动。大龙虾全身披甲，划过来，划过去，样子挺威武。

鱼成群结队地在珊瑚丛中穿来穿去，好看极了。有的全部布满彩色的条纹；有的头上长着一簇红缨；有的周身像插着好些扇子，游动的时候飘飘摇摇；有的眼睛圆溜溜的，身上长满了刺，鼓起气来像皮球一样圆。各种各样的鱼多得数不清。正像人们说的那样，西沙群岛的海里一半是水，一半是鱼。

西沙群岛也是鸟的天下。岛上有一片片茂密的树林，树林里栖息着各种海鸟。遍地都是鸟蛋。树下堆积着一层厚厚的鸟粪，这是非常宝贵的肥料。

富饶的西沙群岛，是我们祖祖辈辈生活的地方。随着祖国建设事业的发展，可爱的西沙群岛，必将变得更加美丽，更加富饶。

2.画杨桃

有一次上图画课，老师把两个杨桃摆在讲桌上，要同学们画。我的座位在教室前排靠边的地方。讲桌上那两个杨桃的一端正对着我。我看到的杨桃根本不像平时看到的那样，而像是五个角的什么东西。我认认真真地看，老老实实地画，自己觉得画得很准确。

当我把这幅画交出去的时候，班里几个同学看见了，哈哈大笑起来。

"杨桃是这个样子的吗？"

"倒不如说是五角星吧！"

老师看了看这幅画，到我的座位上坐下来，审视了一下讲桌上的杨桃，然后回到讲桌前，举起我的那页画纸，问大家：

"这幅画画得像不像？"

"不像！"

"它像什么？"

"像五角星！"

老师的神情变得严肃了。半晌，他又问道："画杨桃画成了五角星，好笑吗？"

"好——笑！"有几个同学抢着答道，同时发出嘻嘻的笑声。

于是，老师请这几个同学轮流坐到我的座位上。他对第一个坐下的同学说："现在你看看那杨桃，像你平时看到的杨桃吗？"

"不……像。"

"那么，像什么呢？"

"像……五……五角星。"

"好，下一个。"

老师让这几个同学回到自己的座位上，然后和颜悦色地说："大家发现了吗？看的角度不同，杨桃的样子也就不一样。当我们看见别人把杨桃画成五角星的时候，不要忙着发笑，要看看人家是从什么角度看的。"

老师的教诲让我终生难忘。

三、停连训练

（一）用不同位置的停连和语调朗读下面的句子，体会其表达的含义

　　你，知道。我，不知道。

　　你知道，我不知道。

　　你知道？我不知道。

　　你知道我？不知道。

　　你知道我。不知道？

　　你知道我不？知道。

　　你知道我不？知道？

　　你，知道我不知道？

（二）长句朗读训练，注意句中的合理停连

　　1.中国当代文学是新中国成立后中国共产党领导的为人民服务、为社会主义事业服务的社会主义文学。

　　2.全国"三八红旗手""模范军医"吕士才的爱人潘荣文给少先队员们介绍吕士才同志生前的模范事迹。

　　3.这出戏一开始就给观众展现了草原上欣欣向荣的大好风光和牧民们为开辟草原牧场、架设桥梁而战斗的动人场面。

　　4.毛泽东同志在1949年中华人民共和国成立的时候做出的"我们将以一个具有高度文化的民族出现于世界"的科学预言必定实现。

　　5.拥有巨大市场的某电子集团，在美国发生的"9·11"恐怖袭击事件对全球经济造成的沉重打击如雪上加霜般作用于今年以来已经不景气的世界信息产业时，也不能不做出裁员的反应了。

　　6.传统的现代派绘画——由毕加索、康定斯基、马蒂斯以不同的方式发展起来的抽象艺术是以高度发达的审视技能以及对其他绘画和艺术史的熟谙程度为先决条件的。

　　7.古人类学是研究化石猿猴和现代猿猴与人类的亲缘关系、劳动在从猿到人转变中的作用、人类发展过程中体质特征的变化和规律等有关人类起源和发展问题的一个分支学科。

　　8.他是一位住在一条老闻着鱼腥味的小街底头一所老式楼房的顶上一个A字形的尖阁里的英国画家。

　　9.流星雨是流星群在与地球相遇时因受大气摩擦发出如同从一点迸发的焰火般的光亮而又状如下雨的一种自然现象。

四、重音训练：朗读下面的句子，注意加点字是重音，体会各句所表达的不同含义

（一）注意读准"让他快来吧！"句子中的重音，准确传达句意

　　让他快来吧！

　　让他快来吧！

让他快来吧！

（二）注意读好下面句子的主要重音，准确传达句意

1.自信是成功的第一秘诀。

2.业精于勤，荒于嬉；行成于思，毁于随。

3.生活就像海洋，只有意志坚强的人，才能到达彼岸。

4.一个人可失去财富，爱情，但是不可失去勇气，在人生的运动场上，失去了勇气，就等于失去了一切。

5.很多年轻人是晚上想想千条路，早上起来走原路，而中国人的创业，不是因为你有出色的想法，而是你是不是愿意为此付出一切代价，全力以赴地去做它，一直证明它是对的。

第三节　体态语训练

一、表情训练，让表情更丰富

（一）眼睛训练，让眼睛更灵动

1.眼球控制训练

（1）眼球转动，呈现出平视、斜视、仰视、俯视、蔑视等状态。

（2）利用家里的摆钟，在距离摆钟3—5米处坐定或站定，头与颈部不动，只把眼睛集中在摆心处，眼球随其左右摆动。

（3）眼球跟随下图摆动：

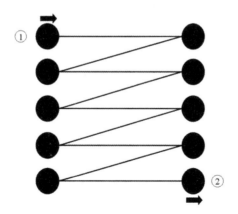

2.眼睛眨动速度训练

快——慢——中速，可以连续训练几组；也可以单独训练慢眨眼或者快眨眼。

3.眼皮开合大小训练

大开眼皮；小开眼皮；紧闭眼皮。对着镜子反复训练，体会所传达出的不同感觉。

4.模仿动物的眼神

男性的眼神要像鹰一样，表现出坚强、刚毅、深沉、锐利等感觉；女性眼神要像猫

一样，表现出温柔、和善、灵动、秀气等感觉。

5.扫视训练

（1）在室内两侧墙壁相同水平高度上（以自己眼睛的高度为宜）各取一点，并做个记号。站定在两点连线后面2—3米处，使颈部轻度左右摆动，而目光要始终分别落在墙上那两个点上，这是训练转颈扫视眼神的简易方法。

（2）眼睛像扫把一样，视线经过的路线上的东西全部都要看清楚。可以采用快速扫视，也可以采用慢慢扫视的方法。

6.不眨眼训练：坚持得越久越好

（二）面部表情训练，让表情更自然

1.每天对着镜子训练各种面部表情：高兴、愤怒、吃惊、害怕、紧张、激动、羞涩、平静、悲哀等。其中主要是四种基本表情，即喜、怒、哀、惧的揣摩和训练。

2.根据下列词语表达表情

毛骨悚然　　恼羞成怒　　垂头丧气　　春风得意　　喜上眉梢

百感交集　　心花怒放　　心旷神怡　　悲痛欲绝　　欢天喜地

二、姿势训练，让姿态和手势更得体

1.对着镜子进行站姿、坐姿、蹲姿的训练。注意姿态优美、雅致、从容，表情要自然、放松、大方，同时要配合一段话站着说、坐着说、蹲着说。

2.训练以下姿态，用心揣摩其所传达出的含义。尝试在学习、生活的恰当时机加以运用。

（1）双手叉腰，两脚分开，自然、放松地站立——能够表示自信、顽皮、松弛等心理。

（2）双手插入衣袋或裤袋站立——能够表示含蓄、警觉、内向、保守等心理。

（3）双臂交叉叠放于胸前站立或坐着——能够表示坚强、高傲、防范等心理。

（4）双手置于臀部及其附近站立——能够表示认真、自主、统率、主观、固执等心理。

（5）双手置放于胸前腰部以及附近——能够表示思考、谨慎、平衡等心理。

三、动作训练，让举止更协调、更优雅

（一）走动训练

1.进出门训练

注意过门的瞬间要有一个抬头动作，动作不要太快，幅度也不要太大，表情要随着抬头的动作逐渐绽开微笑。

2.挥手走动训练

一边走，一边挥手。动作要舒展、大方，面部表情要柔和，头部可以随机轻点几下。训练时同时要注意低头看脚下是否平坦，是否有台阶等，这也是做此类动作时常见的配合动作。

四、综合训练

（一）根据下列词语，做出自然得体的体态语

抬头挺胸　　正襟危坐　　顾盼生辉　　仪态万方　　逸态横生

英姿飒爽　　风度翩翩　　步伐轻盈　　目不转睛　　侧耳细听

坦然一笑　　热泪盈眶　　喜笑颜开　　专心致志　　和蔼可亲

（二）朗诵下列古诗词，配合做出恰当的手势和动作

1. 忆江南（白居易）

　　江南好，风景旧曾谙。日出江花红胜火，春来江水绿如蓝。能不忆江南？

2. 望岳（杜甫）

　　岱宗夫如何？齐鲁青未了。

　　造化钟神秀，阴阳割昏晓。

　　荡胸生曾云，决眦入归鸟。

　　会当凌绝顶，一览众山小。

3. 咏柳（贺知章）

　　碧玉妆成一树高，万条垂下绿丝绦。

　　不知细叶谁裁出，二月春风似剪刀。

4. 早发白帝城（李白）

　　朝辞白帝彩云间，千里江陵一日还。

　　两岸猿声啼不住，轻舟已过万重山。

5. 滁州西涧（韦应物）

　　独怜幽草涧边生，上有黄鹂深树鸣。

　　春潮带雨晚来急，野渡无人舟自横。

（三）朗诵下列句子，配合做出恰当的体态语

　　1. 大海，蓝蓝的，又宽又远。沙滩，黄黄的，又长又软。雪白雪白的浪花，哗哗地笑着，涌向沙滩，悄悄撒下小小的海螺和贝壳。

　　小娃娃嘻嘻地笑着，迎上去，捡起小小的海螺和贝壳，穿成彩色的项链，挂在胸前。快活的脚印落在沙滩上，穿成金色的项链，挂在大海胸前。

　　2. 妈妈告诉我，沿着弯弯的小路，就会走出天山。遥远的北京城，有一座雄伟的天安门，广场上的升旗仪式非常壮观。我对妈妈说，我多想去看看，我多想去看看！

　　爸爸告诉我，沿着宽宽的公路，就会走出北京。遥远的新疆，有美丽的天山，雪山上盛开着洁白的雪莲。我对爸爸说，我多想去看看，我多想去看看！

3.早晨，从山坡上，从坪坝里，从一条条开着绒球花和太阳花的小路上，走来了许多小学生，有汉族的，有傣族的，有景颇族的，还有阿昌族和德昂族的。大家穿戴不同，来到学校，都成了好朋友。那鲜艳的服装，把学校打扮得绚丽多彩。同学们向在校园里欢唱的小鸟打招呼，向敬爱的老师问好，向高高飘扬的国旗敬礼。

4.下雪啦，下雪啦！雪地里来了一群小画家。小鸡画竹叶，小狗画梅花，小鸭画枫叶，小马画月牙。不用颜料不用笔，几步就成一幅画。青蛙为什么没参加？他在洞里睡着啦。

5.那条白线很快地向我们移来，逐渐拉长，变粗，横贯江面。再近些，只见白浪翻滚，形成一堵两丈多高的水墙。浪潮越来越近，犹如千万匹白色战马齐头并进，浩浩荡荡地飞奔而来；那声音如同山崩地裂，好像大地都被震得颤动起来。

6.池塘里有一群小蝌蚪，大大的脑袋，黑灰色的身子，甩着长长的尾巴，快活地游来游去。

第八章　教学口语训练

【反思与探究】

一、教学口语一般有哪几种类型？

教学口语主要有导入语、讲授语、提问语、应变语和总结语五种类型。

二、简要说说导入语、讲授语、提问语、应变语和总结语的作用。

1.导入语的作用：（1）激发学生的学习动机；（2）明确学习方向和目标。

2.讲授语的作用：（1）传授知识，解疑释难；（2）培养学生的思维能力；（3）陶冶学生的道德情操。

3.提问语的作用：（1）训练学生思维；（2）集中学生注意力，激发学习兴趣；（3）优化课堂教学，提高课堂效率。

4.应变语的作用：（1）引起学生注意；（2）调控教学过程。

5.总结语的作用：（1）概括整理，巩固记忆；（2）启发思维，开阔视野，陶冶情操。

三、选择导入语、讲授语的原则有哪些？

1.选择导入语的原则：（1）新颖别致，具有吸引力；（2）短小精悍，用意明确；（3）内容关联，过渡自然。

2.选择讲授语的原则：（1）语言严谨、精确；（2）语言生动、活泼、形象；（3）语言深浅适度、重在点拨；（4）讲授的时间要控制。

四、请说说叙述性讲授语、解释性讲授语、分析性讲授语、评点性讲授语的使用范围。

1.叙述性讲授语：用于导入新课、叙述课堂内容、描述事件的情节、补充相关事实等教学环节。

2.解释性讲授语：用于具体的、事实的、陈述的知识教学，主要用于解释名词，讲解难点，解说知识概念，解答疑难问题等。

3.分析性讲授语：用于剖析讲授内容、分析重点、难点等。

4.评点性讲授语：用于评价学生的作业或课堂发言。

五、使用提问语的一般要求有哪些？

1.提问要讲求策略。

2.提问要难易适度。

3.提问要适时。

4.提问语要明确。

5.学生回答问题后，要及时予以评价。

六、如何使用应变语？

1.要有针对性：就是要紧紧围绕完成课堂教学任务这个中心。

2.要有分寸：不宜过分夸张、做作，也不能过分平淡，在内容和时间的处理上相机而定。

3.要自然：要过渡自然、衔接紧凑、不露痕迹，顺理成章。

七、使用总结语的要求有哪些？

1.水到渠成，自然贴切。

2.语言精练，重点突出。

3.形式多样，生动活泼。

八、总结语的类型有哪些？如何使用？

按照功能，总结语可以分为归纳式、画龙点睛式、延伸拓展式三种类型。

1.归纳式总结语是教师在课堂教学中常用的一种形式。在课堂教学结束时进行教学总结，有利于学生及时地归纳整理所学内容，促使知识系统化。

2.画龙点睛式总结语是教师用精练的语言对教学内容的一些关键之处，在课堂结束时再次进行点化。

3.延伸拓展式总结语就是教师在课堂教学结束时，向学生指出可以在课后自学延伸的相关内容。

【 训练与提高 】

训练目标：能够正确掌握导入语、讲授语、提问语、应变语、总结语的使用方法，并通过训练切实提高教学口语表达能力。

第一节　导入语训练

一、请仿照《紫藤萝瀑布》的导入语，为下列课文设计合适的导入语，不同的课文尽量用不同的方法导入。

《紫藤萝瀑布》的导入语：

（放瀑布录像）瀑布是大自然的杰作，它流淌着清澈的水，从高处跃然而下，形成美丽壮观的景象。这壮观的景象不禁让我想到了李白的著名诗句："飞流直下三千尺，疑是银河落九天。"自然界有气势磅礴的瀑布，鲜艳芬芳的花朵也可以成为"瀑布"，下面我们一起来欣赏。

（放紫藤萝录像以及紫藤萝和瀑布对照图）盛开的紫藤萝是一片辉煌的淡紫色，花朵又多又密，从空中垂下，真像一条瀑布，难怪作者说是紫藤萝瀑布。今天我们就一起学习这篇由当代女作家宗璞写的优美散文《紫藤萝瀑布》。

1.《背影》

2.《最后一次讲演》

3.《沁园春·雪》

4.《变色龙》

5.《琵琶行（并序）》

6.《纪念刘和珍君》

7.《窦娥冤》

8.《修辞是一个选择过程》

9.《我的叔叔于勒》

10.《大堰河——我的保姆》

二、朗读下面不同学科的教学片段，体会教师所用的导入语的类型及其作用。

举例：语文课《海滨仲夏夜》导入语

同学们你们见过大海吗？请见过的同学描述一下所见到的大海的景观。（生答：海水蔚蓝，浪花拍岸，海浪翻滚，还有金色的沙滩和翱翔的海鸥。）在海边，人们会感到无比愉悦和放松，让人流连忘返。然而夜幕下的海边更令人心旷神怡，尤其是夏夜，下面就请著名作家峻青带我们一起去领略大海的夏夜美景吧。

解析：以上为开门见山直接导入新课的导入语。教师先让学生们联系生活实际，对海边的景色进行描述，这样的导入既能唤起学生对大海的美好记忆，又能增加学生对即将学习的夏夜海滨美景的期待，激发出学生的学习动力，为后面进一步学习课文打下了良好的基础。

材料一：语文课《济南的冬天》导入语

一年有四季，每个季节都有自己的特色与迷人之处。今天我们不讲鸟语花香的春天、绿树成荫的夏天、硕果累累的秋天，只来说说别有趣味的冬天。自古就有不少文人墨客赞美冬天，"榆柳萧疏楼阁闲，月明直见嵩山雪""日暮诗成天又雪，与梅并作十分春"。老舍曾在济南任教，对济南一往情深，在他眼中济南的冬天尤为可爱。下面，请跟随老舍一起去发现《济南的冬天》里洋溢着的特殊美丽。看看他是怎样发现美和表现美的。

材料二：语文课《秋天》导入语

一千个人眼中就有一千个哈姆雷特。同样的事物，在不同人眼中或许是千差万别的。秋天，在不同的诗人心中就是不一样的，近代女诗人秋瑾有"秋风秋雨愁煞人"的名句，但在唐代诗人刘禹锡的眼里，秋天却是胜过春天的充满诗情画意的季节。那么在现代诗人何其芳的心中，秋天又是一个怎样的季节呢？让我们一起走进诗歌《秋天》，去领略诗人笔下的浓浓秋意。

材料三：语文课《斑羚飞渡》导入语

同学们，我们以前学过一个感人至深的蚂蚁故事：一次森林大火中，蚂蚁们迅速抱团结成一个大球体，面对熊熊燃烧的大火，最外面的蚂蚁不断地被大火吞噬、烧焦。然而，这蕴含着生命的团体仍向前滚动着，噼啪声越来越响，蚂蚁团越来越小，最后滚出火海的蚂蚁只剩下了一小团……的确，在生与死的抉择中，有谁不渴望生呢？可是，这群蚂蚁没有考虑自己个体的生命，它们想到的是整个蚂蚁家族，若没有外围蚂蚁的牺牲，或许整个蚁群就会被全部烧死。今天，我们同样要阅读一个悲壮感人的故事——《斑羚飞渡》，现在就让我们一起走进这动人的故事。

材料四：语文课《孙权劝学》导入语

我们以前学过一篇课文《伤仲永》，同学们还记得吗？（生答：记得。）这篇课文讲述的是一件什么事？（生答：仲永由一个天资非凡的神童沦为平庸无奇的普通人的故事。）这个故事告诉我们一个什么道理呢？（生答：天资固然重要，但更要注重后天的学习和教育。）是的，后天的努力学习才是个人成才的关键。今天我们认识的这位主人公就通过后天勤奋努力的学习，最终由一介武夫变成一个博学多识的大将。

材料五：语文课《爬山虎的脚》导入语

同学们，你们见过丝瓜和葡萄吗？在栽种它们的时候都需要搭架子，不然，它们就不能往高处生长。自然界中还有一种植物，它的藤也是软软的，但它却不用搭架子，也能往高处爬，爬到墙上、屋顶上、岩石上，你们知道这是什么植物吗？（生答：爬山虎。）哪些同学看见过真的爬山虎？你们平时看见的是爬山虎的什么？（生答：叶子。）爬山虎不用搭架子也能往上爬的秘密就藏在今天要学习的这篇课文中，作者叶圣陶爷爷就是一个善于观察、善于思考的人，所以才写出了这篇文章。下面我们就来一起学习他写的这篇文章。

材料六：语文课《琵琶行》导入语

老师为同学们带来了古典名曲《高山流水》，请同学们用心欣赏。《高山流水》讲的是"千古知音最难觅"的故事，当钟子期神奇地领悟俞伯牙鼓琴"志在高山"和"志在流水"时，俞伯牙怎能不万分地兴奋和感激？士为知己者死，琴为知音者弹，因此，俞伯牙会在钟子期死后摔琴。能感受琴声的人尚如此之少，若用文字把音乐的技法及感受表达出来就更难了。你知道大诗人白居易如何用生花之笔来描写美妙却无形的琵琶声吗？

材料七：语文课《故都的秋》导入语

古往今来，咏秋的名篇和佳句举不胜举，同学们可以举几个例子吗？同学们说的都很好，有的描写了秋天的肃杀和凄凉，抒发了深深的悲秋之感，如马致远的《天净沙·秋思》；而有的刻画了秋天的绚烂多彩，寄寓了浓浓的赞秋之情，如毛泽东的《沁园春·长沙》和刘禹锡的《秋词》。同是面对秋天，为什么作者选取的景物和表达的感情会有这么大的区别？今天我们还要学习一篇有关秋天的文章，让我们来看看郁达夫心中的秋天是怎样的吧！

材料八：语文课《祝福》导入语

有人说祥林嫂是个没有春天的女人，她的不幸都发生在春天。她先在春天里死了丈夫，继而在春天里死了儿子，最后又在春节的祝福声中死于寒冷的雪地。杀害祥林嫂的凶手到底是谁呢？让我们一起走进鲁迅先生的《祝福》，看看这篇小说是怎样演绎这个人间惨剧的。

材料九：历史课《战国时期的社会变化》导入语

我们都知道秦国打败了六国，建立了大一统的秦朝。但你们知道秦国是怎样变强大的吗？因为秦国实行了变法。推行变法可不是一件容易的事，秦国的变法之所以成功就在于一位伟大的改革家。在推行变法前，为了使百姓们信任他，他就在城南门竖了一根木头，如果有人把木头搬到北门，就赏十金。人们感到奇怪，只是观望，没有人去搬。这位改革家又下令把赏金增加到五十金。有人把木头搬到北门，果然获得五十金的重赏。这表明政令一旦下达，就坚持执行，这就是立木为信的典故。这个改革家就是商鞅。商鞅通过这一做法，树立了威信，取得了百姓的信任，开始推行变法。你想知道商鞅变法的经过吗？让我们一起走进第7课——《战国时期的社会变化》。

材料十：历史课《秦末农民大起义》导入语

我国历史上第一个统一的多民族的封建国家是哪个朝代？（生答：秦朝。）秦朝是哪一年建立的？（生答：公元前221年。）秦始皇为了巩固统一采取哪些措施？（生答：政治上，确立中央集权制度；文化上，统一文字；经济上，统一货币、度量衡；交通上，统一车辆和道路宽窄，开凿灵渠；军事上，北击匈奴，修筑长城。）公元前221年，秦王嬴政建立了强大的秦帝国，嬴政自称秦始皇。他妄想自己的帝国千秋万代，但是帝国却只存在了短短的15年。秦王朝为什么昙花一现，迅速走向灭亡的呢？

材料十一：历史课《近代工业的兴起》导入语

（上课前先请同学们欣赏一首影视歌曲《把感动留在人间》，这是央视曾经热播过的《大染坊》的主题曲。）故事的主人公陈寿亭，为了创办自己的印染工厂，耗尽了一生的心血。他的事业坎坎坷坷、沉沉浮浮，真的就像歌里唱的那样：这一场荣华富贵好心酸。而他的故事也恰恰映射出中国近代民族工业曲折的发展历程。那么，中国的近代化是从什么时候开始的？中国的民族工业又是如何艰难发展的？今天就让我们一起学习《近代工业的兴起》。

材料十二：历史课《收复新疆》导入语

唐朝王之涣诗云："黄河远上白云间，一片孤城万仞山。羌笛何须怨杨柳，春风不度玉门关。"而清朝杨昌浚却有诗云："大将筹边尚未还，湖湘子弟满天山。新栽杨柳三千里，引得春风度玉关。"那么，为何唐时春风不度玉门关？为何清时引得春风度玉关？其实，这是与清朝后期一位民族英雄密切相关的，那就是左宗棠。左宗棠当时是怎样收复新疆的呢？让我们一起走进今天的课《收复新疆》。

材料十三：历史课《社会主义道路的探索》导入语

（多媒体出示大跃进的宣传壁画"肥猪赛大象"）这么大的肥猪你们见过吗？（生答：没有，不可能有像大象一样大的猪，简直是吹牛。）当时社会盛行浮夸风，壁画上的"全社杀一口"这句诗，还可看出当时采用的是人民公社化制度。当时还流行很多口号，比如：人有多大胆，地有多高产；三年超英，五年赶美；一天等于二十年，跑步进入共产主义。这节课我们就来学习我国经济建设道路中经历了哪些曲折，取得了哪些成就。

材料十四：思想政治课《用发展的观点看问题》导入语

无人驾驶汽车的研发历程你们知道吗？我们先来观看一段视频，了解各国无人驾驶技术的发展历程。请同学们结合课本知识与材料，讨论探究为什么说发展无人驾驶技术是大势所趋？无人驾驶汽车的发展是一帆风顺的吗？为什么？要想深入探究这个问题就要用到我们今天这节课将学习的知识，下面让我们一起来学习《用发展的观点看问题》。

材料十五：数学课《认识10》导入语

数学王国里住着许多数字娃娃，0—9数字娃娃们喜欢在一起做排队游戏。"9"最大，他当上了队长，就骄傲起来，看不起其他数字娃娃。他看着最小的"0"，神气地说："你呀，没头没脑，表示一个物体也没有，和我比，真是太小了。""0"听了，圆圆的眼中流出了委屈的泪水。这时数字娃娃"1"看不过去了，对"9"说："如果我和0站在一起，比你还大呢！""什么，比我还大？""9"不服气。同学们，想想看"1"说得对不对？我们一起来学学看。

材料十六：数学课《最小公倍数》导入语

今天，老师遇到了一个问题，想请同学们帮我解决：从今年一月一日开始，我每5天休息一天，我爱人每6天休息一天，等我们两个人都休息的时候，我们才能一起去公园玩。那么，最早要到几日我们全家才能一起去玩？这个问题的解决，与今天所学的知识——最小公倍数有关。

材料十七：数学课《勾股定理》导入语

同学们，今天我们要分享世界上"十个最重要的数学公式"之一，一个全人类共同的遗产，它就是勾股定理。勾股定理是几何学中的明珠，充满魅力。千百年来，人们对它的证明不厌其烦，其中有著名的数学家、画家，也有业余数学爱好者，还有普通的老百姓……同学们，你们敢去论证吗？咱们先一块去探索一番好吗？①

材料十八：物理课《力的分解》导入语

在今天上课之前，我们先来一起做个小游戏。请班上力气最大的两位男生和力气最小的一位女生来讲台前。（老师拿出一根结实的绳子）下面请两位男生各拉住这根绳子的两头，用最大力气做出"拔河"姿势。（老师指导女生在绳子的中央，用一根手指头轻轻一拉，结果，两个大力气男生被拉动了）看来真应了一句话"知识就是力量"！快来一起学习本节课《力的分解》，你就明白其中的奥妙了。

———————————

① 材料十七为吉林省公主岭市秦家屯第二中学李素怀老师的课堂教学实例。

材料十九：生物课《动物的运动》导入语

上课前老师想和同学们分享我自己填写的一首词，题目是《蝶恋花·晨》。晓日初升霞万道，薄雾飘飘，玉带山腰绕。喜鹊喳喳山雀跳，小溪潺潺鱼儿闹。空气清新晨练好，飒爽英姿，奶奶剑出鞘。小狗追逐摇尾跑，爷爷遛鸟声声哨。请同学们说说这首词描写的是什么？找一找里面提到了几种动物，他们的运动方式各是怎么样的？ ①

三、请指出下列导入语的不当之处，并修改或完善。

举例：语文课《病梅馆记》导入语

清朝龚自珍写的《己亥杂诗》其实是在控诉统治者，清朝统治者为了巩固自己的统治，大力摧残知识分子，严酷禁锢他们的思想。龚自珍非常愤慨，他希望"不拘一格降人才"以扫除"万马齐喑究可哀"的局面，所以就用托物言志的手法写下了《病梅馆记》。

解析：以上导入语的不当之处有两方面。首先，语言不严谨，《己亥杂诗》是龚自珍的组诗作品，共有315首，"不拘一格降人才"出自其中第125首，应该说明白，明确是哪一首诗。其次，导入语应该与本课所要讲述的内容有关，本节课要学习的是《病梅馆记》，不应该过多介绍《己亥杂诗》，喧宾夺主。

修改：同学们，你们还记得《己亥杂诗》（其一百二十五）怎样背诵吗？这首诗的作者是龚自珍，今天我们再来学习一篇他的散文《病梅馆记》，这篇文章也同样抨击了清朝封建王朝束缚人们思想，压抑、摧残人才的罪行，下面让我们走进文章，看看作者是如何托梅花之"病"来言明自己心志的？

材料一：语文课《秋水》导入语

同学们，庄子写的这篇文章的题目是《秋水》，你们先用词典查一下"秋水"的意思。（生答：比喻人的眼睛。）（老师半开玩笑）那我的眼睛也可以说是秋水。（生答：不可以，它是多指女子的，如望穿秋水。）（老师顺水推舟）那么，这篇文章看来是写一位美丽女子在等待着什么人，站在门口或窗前，望穿秋水，看到了那人就暗送秋波吧。我们一起走进这篇文章看看庄子到底在写什么？

材料二：语文课《三峡》导入语

我们伟大的祖国，山河壮美，无数名山大川川像熠熠生辉的瑰宝，装扮着中华大地，引得一代又一代的仁人志士、文人墨客为之倾倒，为之歌唱。我国北魏时期著名的地理学家，面对祖国的大好河山，为我们写下了一篇篇脍炙人口的游记散文，《三峡》就是其中的一篇。长江三峡西起重庆市奉节县白帝城，东至湖北宜昌市南津关，全长193千米，沿途两岸奇峰陡立、峭壁对峙，自西向东依次为瞿塘峡、巫峡、西陵峡。重庆市巫山县境内，有大宁河小三峡、马渡河小小三峡。长江沿线重庆境内，有"水下碑林"白鹤梁、"东方神曲之乡"丰都鬼城、建筑风格奇特的石宝寨、"巴蜀胜境"张飞庙、蜀汉皇帝刘备的托孤堂、龙骨坡巫山文化遗址等景观。去过三峡的同学，可能会因那两岸倒江悬崖峭壁而赞叹大自然的鬼斧神工，也可能会因江面上漂浮着的白色垃圾而忧虑人类对环境的污染，还可能会因新建的三峡工程而惊叹科学技术改造大自然的伟

---

① 材料十九为河北省迁西县旧城乡初级中学王淑贤老师的课堂教学实例。

力，你也许会让思绪倒流，追溯三峡的过去，想一睹她在历史上的真容。学习了郦道元的《三峡》之后，我们将会有怎样的感受呢？现在让我们走进这篇课文。

四、依据所学知识，设计一节课的导入语，并说说为什么这样设计（科目不限）。

第二节　讲授语训练

一、仿照下面的例子，为初中语文课文设计讲授语，要求语言清晰，条理清楚，鲜明生动。

　　讲授语举例：《狼》

　　"屠惧，投以骨。一狼得骨止，一狼仍从。复投之，后狼止而前狼又至。骨已尽矣，而两狼之并驱如故。"本段写屠户惧狼，表现屠户的迁就退让和狼的凶恶贪婪，这是故事的发展。"惧"说明屠户对狼的本性缺乏认识，"投""复投"，说明他对狼抱有幻想，一再妥协退让，结果失败。"并驱如故"说明了狼的贪得无厌。情节发展到这儿更增添了紧张的气氛，屠户的性命依然存在危险。

　　请为以下课文设计讲授语：

　　1.《风筝》

　　2.《最后一课》

　　3.《老王》

　　4.《散步》

　　5.《邓稼先》

　　6.《闻一多先生的说和做》

　　7.《纪念白求恩》

　　8.《藤野先生》

　　9.《回忆我的母亲》

　　10.《三峡》

　　11.《苏州园林》

　　12.《白杨礼赞》

　　13.《桃花源记》

　　14.《壶口瀑布》

　　15.《乡愁》

　　16.《故乡》

　　17.《智取生辰纲》

　　18.《敬业与乐业》

　　19.《海燕》

　　20.《祖国啊，我亲爱的祖国》

　　21.《谈读书》

二、下面是几位语文教师的教学片段，指出它们属于哪种讲授语，并说明其好处。

举例:《闻一多先生的说和做》讲授语

闻一多，著名的诗人、学者、爱国民主战士。1899年11月24日出生于湖北省浠水县一个书香门第。五四运动时在清华大学读书并参加学生运动。1928年后，致力于古典文学研究;1937年全面抗日战争开始，他就留了一把胡子，发誓不取得抗战胜利就不剃去。"一二·一"惨案后，他英勇地投身到爱国民主运动中，遭到特务分子的暗杀，把一腔热血洒在了为民主而战斗的前线，用生命谱写了一首最壮丽的诗篇。

解析:以上材料属于叙述性讲授语，简要讲述了闻一多一生中经历的大事。正是因为这些事件，让闻一多成为一名坚定的爱国民主战士。学生在了解了他的生平后，可以更好地理解课文中闻一多先生的言与行，体会他的伟大精神和品质。

材料一:《风筝》讲授语

"我"的"悲哀"源于长大后自己的觉醒，意识到小时候自己对弟弟那样管束，无异于"精神的虐杀"。当年，"我"和弟弟彼此都不认为那种管束有什么错。现在"我"有了觉悟，想要补偿弟弟，但他却已经全然不记得了，这就让"我"没有机会道歉和悔过了。课文一再强调"我"的沉重和悲哀，不仅表现个人的悔恨，更是对这种普遍的精神麻木状态的忧虑和痛惜。在今天，我们仍然可以从中得到极大的教育意义。

材料二:《清平乐·村居》讲授语

你们看，这家里的每一个人都在做着自己喜欢做的事，干自己喜欢干的活，真是各得其乐。辛弃疾看到了这么美好的生活场景，非常羡慕和喜欢。你们向往这样的生活吗?词中说"醉里吴音相媚好"，仅仅是"翁"和"媪"醉了吗?还有谁醉了?（生答:诗人、我们。）你醉了，我醉了，大家都醉了。让我们也在这词中醉一回吧!（放音乐，配乐朗读）同学们读得真好!听了你们的吟诵，老师仿佛看到了一幅幸福、温馨、自由自在的田园农家画，仿佛听到了一个娓娓道来的故事。

材料三:《"诺曼底号"遇难记》讲授语

同学们，语言是有温度的。品读哈尔威船长的语言，我们感受到了船长冷峻的外表下隐藏着一颗炽热的心，威严的声音中隐含着对每一个人真诚的爱。他把每件事和每个人都考虑到了，唯独没有考虑的是谁?（生答:他自己。）二十分钟到了，轮船沉没了，最悲壮的一幕出现了。哈尔威船长一个手势也没有做，一句话也没有说，他的生命就这样结束了。他一个手势也不做，一句话也不说是因为?（生答:作为船长，他该做的都已经做了，没有什么需要交代了。）船长选择与船同沉是因为?（生答:因为当时时间已经来不及了，作为船长他必须最后一个离开岗位。）这样的一位船长，作者怎能不高度评价他?我们怎能不由衷赞叹他?哈尔威船长就是一位真正的英雄!

材料四:《一路花香》讲授语

（老师点评学生的回答时说）世界上每一件东西、每一个人都不是十全十美的，但是所有的事物都有其自身存在的价值。我们既不要狂妄自大，也不要自怨自艾。尺有所短，寸有所长。要看到自己的长处，充分发挥作用，同样能给人带来美的享受。你觉得别人高，是因为自己跪着。站起来吧，你会觉得自己并不比别人矮。

材料五：《咏柳》讲授语

　　贺知章是怎样来描写柳树的？柳树长得又高又绿，无数的柳条从树上垂下来，叶子细细的，多么好看！你喜欢诗人写的柳树吗？那我们应该怎样来读这首诗呢？（生答：赞美、喜爱。）让我们来一起读。诗人是怎么把柳树写得这么美呢？诗人用了三个比喻句：用碧玉来比喻柳树，写出了它的颜色美；用丝绦来比喻柳枝，写出了它的形态美；最后发挥想象，由柳树想到二月春风，勾勒出一幅生机勃勃的春景图。接下来请大家闭上眼睛，边听配乐朗诵边想象一下这首诗的意境。听完后请同学们把你们想到的意境描绘出来。

材料六：《识字课》讲授语

　　现在我们来学习生字"饱"。请你用"饱"组个词。（生答：饱满。）饱满是什么意思呢？我们看图片：成熟的豆荚和不熟的豆荚。成熟的豆荚鼓鼓的，我们就可以用饱满来形容它。"饱满"这个词不仅可以形容花生、豆子之类的农作物，还可以来形容什么？这个小朋友腰坐得直直的，眼睛紧紧地盯着老师，老师表扬他："精神饱满。"你想表扬谁精神饱满？除了上课的时候精神饱满，还有什么时候可以用"精神饱满"来形容？（出示图片：学生做操时，解放军接受检阅时）谁能用"精神饱满"说一句话？

材料七：《沁园春·雪》的讲授语

　　（老师介绍写作背景）该词写于1936年。当时毛泽东同志率领长征部队到达陕北，日本帝国主义加强对中国的侵略，而国民党反动派奉行不抵抗主义，中国处在生死存亡的危急关头。1936年2月，毛泽东率领抗日先锋队准备东渡黄河，开赴抗日战争最前线。渡河前，适逢大雪，毛泽东于雪后攀登到海拔千米、白雪覆盖的塬上观察地形，面对祖国的大好河山，他满怀战胜敌人的坚强信念，豪情激荡地写下了这首气吞山河的壮丽诗篇。

材料八：《匆匆》的讲授语

　　"燕子去了，有再来的时候；杨柳枯了，有再青的时候；桃花谢了，有再开的时候。"作者用对比的手法写出这个排比句，把"燕子去了还来，杨柳枯了还青，桃花谢了还开"与时间流逝进行比较，写出了时间一去不复返的特点。该段最后四个反问句，表达了作者对时光逝去而无法挽留的无奈。作者这四个问句是在问谁呢？可能是在问我们所有的人，也可能是作者在用问句表达心里的疑惑。他并不想让谁回答，而是想以发问的方式提醒大家：时间对谁都是公平的，都是一去不复返的，每个人都应该好好珍惜。

三、《钢铁是怎样炼成的》是世界著名的长篇小说。请用3分钟左右的时间简要讲述这部作品的艺术特色。

四、请仿照下面的例子讲解成语。要求：既要讲清楚这一成语的字面意思和句法结构，又要讲清楚成语的思想内容。

成语"卧薪尝胆"讲授举例：

　　字面意思是睡觉睡在柴草上，吃饭睡觉都尝一尝苦胆。句法结构是联合式，在句子中可以做谓语、定语、状语，是褒义词。这个成语的出处是，春秋时期越国被吴国打败，越王勾践立志报仇。据说他睡觉睡在柴草上头，吃饭、睡觉前都要尝一尝苦胆，策励自己不忘耻辱。经过长期准备，终于打败了吴国。(《史记·越王勾践世家》只有尝胆事，苏轼《拟孙权答曹操书》才有"卧薪尝胆"的话。)形容人刻苦自励，立志雪耻图强。

1. 破釜沉舟
2. 望梅止渴
3. 草船借箭
4. 完璧归赵
5. 门庭若市
6. 毛遂自荐
7. 劳苦功高
8. 舍生取义
9. 不入虎穴，焉得虎子
10. 不积跬步，无以至千里

五、《登高》是一首脍炙人口的佳作。请综合运用多种方法讲授这首古诗。

登高

唐·杜甫

风急天高猿啸哀，渚清沙白鸟飞回。

无边落木萧萧下，不尽长江滚滚来。

万里悲秋常作客，百年多病独登台。

艰难苦恨繁霜鬓，潦倒新停浊酒杯。

第三节　提问语训练

一、提问语要讲求策略，要适时、适度。试指出下面第一句提问语的不当之处，并说明理由。

一名教士问他的上司："我在祈祷的时候可以抽烟吗？"这个请求遭到了断然拒绝。另一名教士也去问这位上司："我在抽烟的时候可以祈祷吗？"这次抽烟的请求得到了满足。

二、同一个教学内容，可以有不同的提问方式和内容。比较下列几个对《春》的问题设计，说说哪几个更好，为什么。

1. "花下成千成百的蜜蜂嗡嗡地闹着，大小的蝴蝶飞来飞去。"这句话的前后都描写花，为什么中间夹一句动物的描写？
2. "人家屋顶上全笼着一层薄烟。"为什么要这样写春雨？
3. "有的是工夫，有的是希望。"应该怎样理解？
4. 文章的结尾为什么选用"刚落地的娃娃""小姑娘""健壮的青年"来比喻"春

天"？

5.为什么要连用两个"盼望着"，用一个不也同样可以表达作者期盼的心情吗？

6.为什么只是春天的脚步近了，而不直接写春天到了，或者春天快到了？

7.一句很朴实很平凡的语言，为什么我们能体会出这么多的东西呢？

8.为什么作者在描绘春草图中要穿插这些小孩的画面呢？

9.假如现在你手中还握着一架摄像机，按照课文的描写，你将如何进行拍摄？

10.作者写春风的基本思路是怎样的？

11.请同学朗读8—10段。说说这三段赞颂了春天的什么特点。

12.文章的开头写得很好，体会体会好在什么地方。

13.指名朗读课文第2段。提问：这段写的什么？

14.朗读这篇课文，仔细看看作者一共描绘了几幅春景图。

15.齐读"春草图"。提问：春天来了，草从土地里生长出来，作者为什么要用"偷偷""钻"来描写呢？

16.默读课文第4段，分析"春花图"。作者抓住哪些景物有顺序地描绘这幅春花图的？绘景时哪些词用得精确，哪些句子写得生动、形象？作者是怎样通过对春花的描绘表现出早春的季节特征的？

三、特级教师钱梦龙老师在教《愚公移山》时，讲到"邻人京城氏之孀妻有遗男，始龀，跳往助之"一句，有这样一段精彩的提问，请说说这个提问好在哪里？

师：那么，那个遗男有几岁了？

生：七八岁。

师：你又是怎么知道的呢？

生：从"龀"字知道。

师：噢，龀。这个字很难写，你上黑板写写看。（学生板书）写得很对。"龀"是什么意思呢？

生：换牙。换牙时，约七八岁。

师：对，换牙。你看是什么偏旁？（生答："齿"字旁。）孩子七八岁时开始换牙。同学们不但看得很仔细，而且都记住了。那么，这个年纪小小的孩子跟老愚公一起去移山，他爸爸肯让他去吗？

生：（一时不能答，稍一思索，七嘴八舌地）他没有爸爸！

师：你们怎么知道？

生：他是寡妇的儿子。孀妻就是寡妇。……①

四、请指出下面的提问语属于哪种类型。

1.复习历史课《科举制的创立》时提问：请你说出科举制的优点和缺点。

2.讲语文课《盘古开天辟地》时提问：请你发挥想象力，盘古倒下后身体的什么部

① 韦志成：《语文教学艺术论》，广西教育出版社1993年，第201页。

位还会变成什么?

3.讲语文课《月光曲》时提问:贝多芬的《月光曲》是怎样被创作出来的? 他是为谁而创作的? 又为什么为他而创作呢?

4.讲语文课《声声慢》时提问:酒在古诗词里出现代表忧愁。为何李清照在这里写"淡酒",是她的愁很淡吗?

5.讲语文课《燕子专列》时提问:风雨交加,成千上万只可爱的燕子又冷又饿又累,它们在风雪中拼命地飞呀飞呀,可是怎么也飞不起来,它们面临着死亡的威胁。此时此刻,你会想些什么? 做些什么?

第四节 应变语训练

一、下面列举了一些课堂教学过程中可能会发生的情况,请你想想应该怎么应对。请有针对性地设计出应变语。

1.当你在课堂上一不小心讲错一个地方,学生当面提出并责怪你,你该怎么说?

2.上课时教室里突然飞进一只蝴蝶,学生的注意力都被蝴蝶吸引,你该怎么说才能将学生的吸引力再次拉回到你的课堂中?

3.假如你正在上课,突然有一名迟到的学生匆匆忙忙地跑进来,不小心撞到了桌子,发出了很大的声音,而且受伤了,这个时候你应该怎么应对?

4.学生做课堂练习时,有人传纸条,这时你该怎么办?

5.在你的课堂上,学生因为一个问题,讨论得特别激烈,场面有些不可控制了,这时你应该怎么办?

6.上课讲到一半时,你发现忘了带教具,这时应该怎么办?

7.你的一名学生因为成绩下滑而情绪失控,在教室里面大喊大叫,骂老师、同学和家长,你该怎么办?

8.上课前,有学生恶作剧,将黑板擦放到了较高的地方,你够不着,这时你该怎么办?

二、分析下面案例,说说属于哪种类型的应变语,并对里面教师使用的应变语做出评价。

举例:

一位小学语文教师在上《小壁虎借尾巴》一课时,天上突然飞过一架飞机,孩子们便兴奋地看向窗外,看得手舞足蹈,嘴里还发出"轰轰"的叫声。这位教师没有阻止学生看飞机,也和大家一起看。等飞机过去后,孩子们都把目光转向她时,她才说:"这飞机真棒! 你们知不知道解放前我们国家连汽车都造不出来,更不要说飞机了。明天,我就给大家讲造飞机的故事。现在,我们继续帮助小壁虎借尾巴……"

解析:以上属于处理偶发事件时的应变语。该教师在课堂上处理偶发事件时沉着冷静,照顾到小学生的心理,尊重了孩子的好奇心。先让孩子们看完飞机,等飞机过后才继续讲课。教师的应变语时机把握正好，言语得当，把孩子们的注意力从窗外及时拉回到课堂上来，效果良好。

材料一：

一位教师正生动地讲述着课文内容，教室里突然响起了打呼噜的声音，影响到了同学听课。教师灵机一动，说："为了描写形象，我们通常会用拟声词，绘声绘色地描写事物的声音等状态。比如，睡觉的酣态，就可以用现在的声音来描摹。请你们注意倾听。"教师做出倾听的姿势，同学们都笑了起来，那睡觉的同学也被笑声惊醒了。教师又说下去："那么你们现在的笑声又该怎么描摹呢？"

材料二：

于漪老师教《木兰诗》时，有位学生提出疑问，他认为诗中"同行十二年，不知木兰是女郎"是不可能的。学生说："十二年，这么长时间共同生活打仗，怎么会认不出是女的呢？不说别的，一双小脚在洗脚时就会露出来的。"于老师说："南北朝时妇女还不缠脚。"学生又问："那么中国妇女什么时候开始裹脚呢？"这下可把于老师给卡住了，她想了想说："课后我们大伙儿都去查资料，大家一起来回答这个问题，好不好？"

材料三：

教师在分析《画蛋》一文时，指导学生观察国画，有位同学提问："为什么达·芬奇和他的老师都留着长头发，而我们却不能留？"老师答："每个民族都有自己的风俗习惯，我们的一些习惯跟他们就不一样。我们要学习他们的是什么呢？是他们专心学习的精神。"老师巧妙地转移了话题。那个学生不久又问："老师，您有达·芬奇的本事吗？"回答"有"吧，不符合实际；回答"没有"吧，学生会对老师感到失望。只听这个老师说："达·芬奇本事真大。他为什么能有这么大的本事呢？就因为他学习刻苦。谁要想有本事，谁就得刻苦学习。"一句话，又把话题转移到课文的主题上来，摆脱了困境。

材料四：

一次上课，教师走上讲台面带笑容地说："这节课，我们一起学习老舍的《小麻雀》。"边说边习惯性地打开粉笔盒，伸手拿粉笔准备板书。呀，一只毛茸茸的东西吓得她出了一身冷汗，学生却咯咯咯地笑开了。原来，粉笔盒里关着一只羽毛未丰的小麻雀。教师冷静片刻后说："好有心的同学，找来了一只活标本。大家看看，小麻雀的眼睛是不是像老舍描写的那样，小黑豆似的。"于是，小麻雀在大家手中传开了。

材料五：

一位教师走向教室，刚刚推开虚掩着的教室门，忽然一只笤帚掉了下来，不偏不倚，正好打在教师的讲义夹上，课堂上一片哗然。这分明是学生干的恶作剧，可这位教师并没有大发雷霆，而是轻轻地捡起掉在地上的讲义夹和笤帚，自我解嘲地笑着说："看来我工作中的问题不少啊，连不会说话的笤帚也走上门框，向我表示不满了。同学们，你们天天与我一起相处，对我有更多的了解，希望你们课后也给我提提意见，帮助我改进工作，好吗？"课堂上一阵窃窃私语后，很快地安静下来了。①

---

① 材料二、三、四、五选自李芳《谈课堂教学中的五种有效应变方法》，《文教资料》2010年第14期，第141—142页。

材料六：

秦老师走进某"乱班"，见拼成的"摊子"还没有拆，学生围坐一圈正吆喝着打扑克，玩得难分难解。看到老师才恋恋不舍地停止游戏，若无其事地看着老师不吱声。秦老师微笑着望了望全班同学，说："同学们，作为新来的班主任，我发现你们对学习54号文件的积极性很高，其实我在这方面也是很有研究的。"面对学生略为放松、又感到诧异的神情，她接着说："你们知道为什么一副牌由54张组成吗？为什么要分成4种花色，每种花色只有13张？KQJ等人物形象又分别代表谁呢？"面对学生脸上热切求知的表情，秦老师简单地介绍了扑克牌的由来、4种花色的英文名称、象征意义以及KQJ等人物的有关知识。学生们一时都听得入了迷，秦老师话锋一转不失时机地说："你们想想，小小的一副扑克牌就蕴藏着这么多的知识，可见知识在任何地方都会有用武之地，你们说是吗？那么大家是否愿意从今天起，跟着我一起去遨游知识的海洋呢？"秦老师的这番话让大家耳目一新，回应她的是一片热烈的掌声。

材料七：

在一次语文观摩课上，教师走进教室的瞬间，踩在了门口下方的一大滩水中。同学们见此情景都哈哈大笑起来。丰富的教学经验使这位教师很快意识到，这是某位同学的恶作剧。此时，教室后面的领导、教师也都在观察着，想要看看他怎样应对。他定了定神，沉稳地走上讲台，拢了拢头发，然后笑着说："同学们看到了，今天我们是在'戒备森严'中上课的！门口都拉了一道'电网'！"教室内立刻响起了一阵笑声，紧张的气氛一下子得到了缓解。

材料八：

某教师去上课，刚迈进教室，只听"嗖"的一声，一只纸折的"火箭"飞到了讲台上。学生们看着老师，等待着老师的反应。这位教师没有发火，也没有训斥学生，而是面带微笑地说："宇宙飞船上天，是为了征服太空；这只'火箭'在上课之前射向讲台，它的发射者一定是为渴求知识而来。快让我看看这位渴求知识的发射者在哪里？"教室内响起了一阵笑声，那个玩纸折"火箭"的学生也不好意思地低下了头。①

材料九：

有一位老师在教《东方之珠》一课时，突然从校外传来一阵热烈的爆竹声，"噼噼啪啪"的声响此起彼伏，时断时续，学生的注意力全被爆竹声吸引住了。这声音一时还停不了，接下去的课怎么上呢？老师眉头一皱，计上心来，故意说："什么声音这么闹啊？"学生抢着告诉老师。老师让学生们仔细听，让他们说说听见了什么。老师又问："不知道有什么事呀？"学生很快跟上了老师的思维，展开想象，各抒己见。学生们抢着表达完他们的猜测后，老师适时地出示了修改后的课后习题4：请同学们仿照课文第五自然段的写法，围绕"街上响起了爆竹声，好热闹呀！"写一段话。

材料十：

一位老师在教一年级识字课。她出示"鸟"字后问："哪位小朋友认识它？"老师话音未落，一位小男孩已站了起来："老师，它是'一匹马'的'马'。"听课席上发出

---

① 材料六、七、八选自林秀丽《教师运用教育应变语的技巧》，《长春教育学院学报》2015年第4期，第108页。

一阵善意的笑声。小男孩似乎有所察觉，红着脸低下了头。老师微笑着说："你真棒！起码'鸟'和'马'这两个字你都有点认识！"小男孩抬起头，奇怪地看着老师。老师继续亲切地说："你把'鸟'认成了'马'，肯定有原因，你愿意告诉大家吗？"小男孩点点头，吞吞吐吐地说："这两个字长得太像了，它们都有'竖折折钩'和一'横'。"老师高兴地说："你说得多好啊，把'鸟'和'马'这两个字的相同点告诉了大家。现在请你再仔细看看这两个字，你一定会发现它们还有不同之处呢！请你来当小老师，教大家认这两个字，好吗？"小男孩高兴地走上了讲台教大家。①

第五节　总结语训练

一、按照总结语的基本要求，仿照下面给出的例子设计总结语。

总结语举例（《沁园春·长沙》）：

这首词上片写景，描绘了一幅多姿多彩、生机勃勃的湘江寒秋图，并借景抒情，提出了苍茫大地应该由谁来主宰的问题。下片忆事，回忆了往昔峥嵘岁月，表现了诗人和战友改造旧中国的英勇无畏的革命精神和壮志豪情，形象含蓄地给出了"谁主沉浮"的答案：主宰国家命运的，是以天下为己任，蔑视反动统治者，改造旧世界的革命青年。

1.《登高》

2.《劝学》

3.《我与地坛》

4.《雷雨》

5.《祝福》

6.《阿房宫赋》

7.《出师表》

8.《荷花淀》

9.《屈原列传》

10.《氓》

11.《陈情表》

二、用延伸拓展的方式给《项链》这一课做总结语。

三、请为下面的总结语归类。

材料一:《人生寓言》总结语

著名儿童文学家严文井曾说："寓言是一个魔袋，袋子很小，却能从魔袋中取出比袋子还要大得多的东西。寓言又是一座奇特的桥梁，通过它，可以从复杂走向简单，又可以从单纯走向丰富。在这座桥梁上来回走几遍，我们既看到五光十色的生活现象，又

---

① 材料九、十选自张艳《小学语文教师课堂语言应变五法》，《神州》2013年第2期，第21页。

发现了生活的内在意义。寓言还是一把钥匙，这把钥匙可以打开心灵之门，启迪智慧，让思想活跃。"如果你想知道魔袋里还有哪些神奇的东西，想感受这座桥梁是何等地奇特，想知道那把钥匙是怎样地巧妙，那么请大家课后去阅读周国平的另三则充满了人生智慧的寓言《孪生兄弟》《执迷者悟》和《抉择》吧，去读更多的寓言故事吧。

材料二：《变色龙》总结语

教师先用折线板书，简洁地表现出奥楚蔑洛夫对狗的态度五次大起大落的变化，再归纳出这一人物的形象意义及本课的主题思想。通过警官奥楚蔑洛夫在处理街头巷尾极为平常的狗咬人的小事中的前后矛盾、丑态百出的自我表演、自我暴露，塑造了一个见风使舵、欺下媚上的沙皇专制统治下的忠实走狗形象，巧妙地揭露了沙俄警察制度的反动、腐朽和虚伪。

材料三：《孔乙己》总结语

老师问："孔乙己有脚吗？"学生不假思索地答道："有啊！"老师又问："他在离开我们的时候用的是脚吗？"学生肃然答道："用手。"老师顺势用低沉缓慢的语调说："孔乙己就是这样用一双满是泥污的手走了，走了，走出了生活的舞台……"老师一边说一边随手把黑板上的"孔乙己"三个字擦掉了，留下了一片空白。[1]

材料四：《桃花源记》总结语

文章虚拟了一个宁静祥和的世外桃源，表达了作者对黑暗、动乱社会的厌恶和对和平幸福生活的向往。世外桃源是陶渊明笔下的理想社会。现在，我们正在为建设和谐社会而努力。你理想中的家乡是怎样的呢？请你用笔描述一下吧。

材料五：《我的信念》总结语

读一篇好的文章，就如同与伟人进行了对话。学习了这篇课文，我们被居里夫人的人格魅力所深深打动。如果说我们过去一味贪图享受，现在我们学会了艰苦奋斗；如果说过去我们意志薄弱，现在我们拥有了坚定信念；如果说我们过去只想向他人索取，现在我们懂得了无私奉献。让我们向居里夫人学习，为人类进步的伟大事业也贡献出自己的力量吧。

材料六：《人生寓言》(《白兔和月亮》《落难的王子》)总结语

同学们，我们今天学习的两篇寓言故事从不同的方面告诉我们：不要计较一时的得失，只在乎曾经拥有，不在乎天长地久，做一个理智的人。我还要告诉你们，"塞翁失马，焉知非福""祸兮福所倚，福兮祸所伏"。愿同学们在今后的人生道路上能远离欲望，健全人格。唯有这样，我们才能把握人生的航船，驶向成功的彼岸。

材料七：《生命生命》总结语

冰心曾说过："宇宙是一个大的生命，江流入海，落叶归根，我们是宇宙中的一息，我们是大生命中的一分子。不是每一道江流都能流入大海，不是每一粒种子都能成熟发芽，生命中不是永远快乐，也不是永远痛苦，快乐与痛苦是相辅相成的。在快乐中，我们要感谢生命；在痛苦中，我们也要感谢生命。因为快乐、兴奋、痛苦又何尝不是美丽呢？"相信同学们学了这篇课文后，对生命会有更深刻的理解。

---

[1] 材料三选自葛乃宏《语文教学的结课艺术》，《语文教学通讯》2003年第11期，第18—19页。

材料八:《望月》总结语

大作家罗丹曾经说过一句话：美是到处都有的，对我们的眼睛来说缺少的不是美，而是发现。比如月亮吧，"今人不见古时月，今月曾照古时人"，从古至今都是这一个月亮，但是那么多作家、诗人笔下的月亮却各具风格。今天的作业就是：在能看清月亮的晚上，同学们观察一下月亮，再观察一下周围的景物，山、树、房屋都是什么样。你仔细观察，用心幻想，你的笔下一定会有一篇篇优美的文章诞生，老师期待着！

材料九:《地下森林断想》总结语

今天我们一起学完了《地下森林断想》，老师感慨万千：地下森林在如此恶劣的环境下没有屈服于命运，历经磨难，终于发出"我是森林"的豪迈宣言。亲爱的同学们，你们即将开启人生的新征途，在启程之际，老师希望你们勇敢地上路，相信终有一天，你们也会发出"我是森林"的豪迈宣言！

材料十:《钱学森》总结语

"两弹一星"元勋钱学森有着不平凡的人生经历，我们被他强烈的爱国主义精神所感染。他是一位多才多艺的科学家和工程师，具有卓越的创新能力和领导才能；他还是一位杰出的教育家，为培养后代科学家和工程师做出了重大贡献。世界上还有许许多多像钱学森一样具有伟大人格魅力的科学家，课下请同学们阅读诺贝尔物理学奖获得者——华裔学者丁肇中的故事。

材料十一:《散步》总结语

《散步》这篇优美的散文，只选取了一个普通的三代同堂家庭一次散步的小事来写，却展现了一个大主题——中华民族尊老爱幼的传统美德。因此，同学们要仔细观察生活中的小事，用心去感受，才能写出有真情实感的好文章。其实，在我们的平凡日子里，也蕴含着许多令人感动的故事，我们要向作者学习，抓住那些转瞬即逝的一幕幕画面，将其变成永恒，留在我们心底，久久回味。

材料十二:《城南旧事》总结语

童年是人生中最纯真、最美好、最无忧无虑的时光。童年时我们可以天马行空地去想象，去尽情地探索这个世界，拥有无限的快乐和喜悦。学了这篇文章，你们一定也回忆起了小时候的某些事或人吧。下课后请同学们写一段自己的童年中最有趣的事情。同时老师也推荐大家阅读小说《城南旧事》。

四、假设你现在给学生讲完了《狼牙山五壮士》一文，下节课将要讲授《开国大典》。请你给《狼牙山五壮士》做总结语，并巧妙地将两篇课文联系起来，引出下文。

第九章　教育口语训练

【反思与探究】

一、教育口语的类型有哪些？使用范围是什么？

教育口语按照谈话的内容可分为：谈话语、指导语、评价语等。

三类教育口语的使用范围是：

谈话语主要针对学生心理方面的问题，通过与学生谈话，了解学生心理，解决学生的心理困惑。

指导语主要针对学生学习上的问题，通过教师的指导，提高学生学习能力或帮助学生解决学习上的疑难问题。

评价语主要是一种综合性语言，学生生活、心理、学习上出现的问题，教师均可以评价，通过评价使学生认识自己，提高自己。

二、谈话语的使用原则有哪些？

谈话语应该遵循如下原则。

1.主题性原则：即始终围绕主题进行，摆事实、讲道理，找准问题，对症下药。

2.平等性原则：谈话应该是师生双方在平等、和谐的气氛中进行双向交流。

3.适时性原则：捕捉谈话时机，把握谈话火候，谈话效果将事半功倍。时间的选择要根据工作安排情况及学生思想状况与情绪表现决定。

4.诱导性原则：教师通过巧妙的谈话引导，把偏离了主题的交谈内容重新引回正题。

三、谈话语有哪些类型？各种类型的使用范围是什么？

根据谈话对象的多少，可将谈话分为集体谈话和个别谈话两种。

1.集体谈话是教师面向全体学生的谈话。可分为漫谈式、问答式、讨论式三种类型。

漫谈式谈话，适用于对学生进行理想教育、爱国主义教育、集体主义教育等方面。

问答式谈话，适用于指点学生思想上的困惑、行动上的迷惘，以及师生之间的沟通理解。

讨论式谈话，适用于对社会上某些问题存在模糊看法，或者某些讨论尚未定论，是非尚难分辨的问题上。

2.个别谈话是教师与个别学生的对话。可分为和风式、诱导式、警戒式、直接式四种类型。

和风式谈话，适用于期望、激励、鼓励学生好学上进，也适用于性格内向、感情细腻脆弱、心理承受力低的学生。

诱导式谈话，适用于染有坏习惯，自觉性、自控力较差的学生。

警戒式谈话，适用于胆大老练、屡教不改，或大错不犯、小错不断的学生，敲响警钟，施以严厉的态度是很有必要的。

直接式谈话，适用于一些性格外向、开朗直爽的学生。

四、如何使用诱导式指导语？

使用诱导式指导语时，教师不直接说出答案，而是一步步引导学生寻求问题的答案。因为涉及的问题一般难度较高或者较为复杂，学生通过自己思考难以解决，所以需要学生在教师的指导下一步步去解决。

五、评价语有哪些类型？使用批评语的注意事项是什么？

按照评价的结果，评价语分为批评、表扬、鼓励三种类型。

批评语是指在教育活动中，对学生群体或个体所表现出来的错误思想和不良行为的否定，使被批评者改正，避免再次出现类似问题的一种教育语言。批评是把双刃剑，恰当的批评语可以让学生准确地认识到自己的错误并且加以改正。但是如果批评方法不得当，会伤害到学生的心灵，在教师与学生之间形成隔阂，不利于良好师生关系的形成。因此在使用批评语时应注意以下几点。

1.深入了解。教师在使用批评语之前一定要对事情的来龙去脉进行深入的调查，如果教师不分青红皂白便对学生进行批评，学生的内心是抗拒并且不服气的。

2.委婉含蓄。批评学生时可以多运用含蓄、委婉的方式，如通过聊天、讲故事、讲笑话、讲趣闻等方式达到批评的目的。这种方法一般用于比较内向的学生，这样的暗示往往容易接受。

3.先肯定再批评。教师的教育语言即使是批评语也要重情理，要善于发现学生的优点，通过肯定学生的优点，给学生自信，之后再谈他的缺点，这样学生容易接受。

4.公平公正。在同一件事情中，教师应该公平对待每一位同学，不可以因为某位同学平时表现优秀，或者某位同学平时经常犯错误，产生厚此薄彼的情况，不然会使学生心里产生不平衡的感觉。

六、使用鼓励语的原则有哪些？

鼓励语主要有以下三个原则。

1.及时性。当学生信心不足，害怕失败，不敢大胆向前时，老师的鼓励就显得至关重要。在这种时刻，教师恰当的鼓励语可以使学生突破困境，勇敢前进。

2.情感性。鼓励语应该带有教师真诚、饱满的情感。鼓励语是教师为鼓励学生勇敢向前的充满力量的话语。只有发自内心、情感充沛的鼓励语才能调动学生的积极性。

3.启发性。启发性的鼓励语是一种能够得到比较好的教育效果的教育方式，也是一种教育原则，更是一种素质教育的理念。适用于容易有骄傲自满心理的学生，这样的鼓励语既让学生得到鼓励，也使学生看到努力的方向。

鼓励语重在激励。鼓励语一般不单独使用，而是常常与别的教育语言结合使用，在表扬、批评、启迪后，用鼓励语激发学生的信心，指出努力的方向。

【训练与提高】

训练目标：能够正确掌握谈话语、指导语、评价语的使用方法，并通过训练切实提高教育口语表达能力。

第一节　谈话语训练

一、下面的谈话采用了什么样的原则？请根据所学知识做出评价。

材料一：

小豪平时不太自信，老师决定针对这个问题与小豪聊一聊。

老师：小豪，在今天的作文课上，我看到你写的作文构思非常巧妙，写得真不错！

小豪：谢谢老师，其实我是参照了优秀作文的构思，我自己是想不出来的。

老师：善于向优秀作文学习并能够学以致用，这是一个优点。你觉得你还有什么别的优点吗？

小豪：老师，我觉得我没有什么优点。

老师：小豪，我不同意你这个说法。你今天准时到办公室来找我，守时守约，这不就是一个优点吗？

小豪：老师，这也算优点吗？

老师：当然算了！不仅如此，你平时很有礼貌、乐于助人，老师、同学们都很喜欢你。这都是你的优点呀！

小豪：老师，我还会弹吉他，但是水平一般，这也算是一个优点吗？

老师：算，当然算。你看，你有很多优点。还能再说出来一个吗？

小豪：老师，我平时比较细心，能发现许多别人没有注意到的细节。

老师：这点简直太棒了！老师也要向你学习，成为一个细心的人。

材料二：

江苏海门东州小学仇汉江老师班上有一位学生特别喜欢下象棋，但英语成绩却一直不如人意。他多次和仇老师较量棋艺，但从未赢过。有一次，仇老师故意输给他，他信心倍增，说他还能赢。仇老师说："你能下出这样的好棋，就一定能学好英语。等你的英语成绩上来了，我再和你下。"他表现出畏难情绪，仇老师又鼓励他说："一个能下好棋的人，就一定是聪明人，而一个聪明人就一定能学好英语。以前你是没有把学英语当成一回事，所以你没有学好。现在你把学下象棋的劲用到学英语上去，还有学不好的道理吗？"后来他果真把对下象棋的自信心迁移到学习英语上去，英语成绩有了很大的提高。①

材料三：

临近期末考试，班主任王老师发现小林同学这两天上课经常打瞌睡，而之前小林听讲是非常认真的，这让王老师不禁纳闷起来。下了课，王老师请小林来到了办公室，问："小林，你坐到我旁边的凳子上，这样舒服一些。最近我发现你在课堂上有时候会打盹，你之前听课都是很认真的，出现这种情况是因为睡眠不好吗？还是有别的原因呢？"小林把头低了下去，支支吾吾不想回答。王老师说："没事的小林，你学习态度一直很端正，老师和同学们也都很喜欢你，有什么问题都可以告诉老师，我们一起解决。"听到王老师的话，小林开口说："我妈妈告诉我，如果这次期末考试有进步的话，就带我去游乐场玩。我妈妈平时工作很忙，很少陪我，我真的很期待妈妈能陪我去游乐场，所以我就想着在家晚点睡觉，多学习一会儿，多努努力，可能就会取得进步了。"王老师说："小林，你本来成绩就不错，你想更加努力，老师也感到非常欣慰，但是学习是讲究方法的。老师问你，你觉得课堂上的时间宝贵吗？"小林点头说："宝贵，课堂上老师讲的知识都是非常重要的。"王老师说："对的，课堂时间非常宝贵，如果错过了课堂上讲的知识，那你就需要花费更多的时间去补上了。"小林点头表示赞同。王老师接着说："那你觉得你晚上睡得很晚，导致课堂时间打瞌睡，这样的学习方法可取吗？"小林说："老师，我知道了，我如果一直在课堂上打瞌睡，那我可能还会退步呢！"王老师说："对！你一直是个聪明的孩子，晚上可以多学习一会，但是也要保证充足的睡眠，这样白天才有足够的精力去听讲。加油！老师看好你。"小林说："老师，我知道应该怎么做了，谢谢您！"

材料四：

针对班里学生无人选择差宿舍的情况，教师教育道：选择最差的宿舍，我有两个目的，一是培养大家吃苦耐劳的精神，二是养成先人后己的美好品德。有了这两种美德，就能成就一番事业，得到别人和社会的尊重。请问，你们哪一位不愿得到这两件"宝"呢？②

材料五：

张老师在检查作业时，发现小明的作业总是不能按时完成，有很多次都是随便写写，敷衍了事。下课时间，张老师请小明来到办公室，问："小明，你上课听讲非常认真，也积极回答问题和老师互动，这一点做得很好。但是老师发现，你的作业完成情况不太好，你在写作业这一方面有什么问题吗？"小明说："老师，我觉得那些作业都没有意义，我课堂上都已经学会了，为什么还要再花那么多时间去写作业呢？这不是浪费时间吗！"张老师听到小明的话，并没有生气，而是找出数学课本中的一道题目对他说："小明，你看一下这道题，会做吗？"小明说："当然会做了，我记得这道题您在课堂上讲过，我3分钟就能做完。"小明一开始在笔记本上写得很快，但是写着写着，就

---

① 程培元主编：《教师口语教程》，高等教育出版社2004年，第201—202页。
② 张先亮主编：《交际文化学》，上海文艺出版社2003年，第222页。

在某个步骤上遇到了困难。张老师注意到了这个情况，随即说："小明，你看这是课堂上讲过的题目，上课时你听懂了，但是现在再做是不是有所遗忘。"小明听到老师的话，看着题目点了点头。张老师接着说："老师当然看到你在课堂上学习得很认真，但是课堂上的知识需要通过课下的作业来进行巩固，这样才能更加牢固地记住知识点。这个道理你明白了吗？"小明说："嗯嗯，老师我知道了，我以后一定认真完成每次作业。"

材料六：

小兰是一名转学生，对新的学习环境还不太适应，尤其是在与同学交流方面。课间，小兰找到班主任老师说："老师，下节的活动课我可以请假吗？"老师问："小兰，你是身体不舒服吗？"小兰沉默了一会儿，摇了摇头，小声地说："老师，我和班里的同学不太熟悉，在活动课上我一定会很尴尬。"班主任说："小兰，不要担心，活动课的老师就是我，课上我会安排好活动的内容和分组情况。你觉得你的同桌是不是一个很可爱的女孩子呢？"小兰说："嗯嗯，她经常帮助我，和她做同桌我很开心！"老师说："你们两个就是一个组的，不要紧张。老师知道现在班级里有很多同学你还不太熟悉，但认识新朋友也是需要时间和机会的，对不对？"小兰点了点头。老师接着说："在活动课上同学们都会活跃起来，大家有问题也会相互沟通交流，那这是不是一个认识新朋友的好机会呢？如果这一次活动课你逃避了，那下一次呢？总不能一直逃避吧！我们要勇敢地迈出这一步，才会有收获。"小兰说："老师，你说得对，我不能一直逃避，其实同学们对我都很友好，我要更勇敢地去和他们交流。"老师说："太棒了，小兰！你真是个聪明又勇敢的孩子！"

材料七：

阿明是班里的班长，成绩一直名列前茅，但是这次考试生物成绩出现了明显的退步。张老师找到阿明，在走廊里和他聊了一下这个问题。张老师问："阿明，这次考试你感觉怎么样？"阿明说："老师，我知道你想对我说什么，我的生物考得不好，我自己都清楚。"老师说："哈哈哈，不愧是我们的班长，分析得很到位！是在生物学习方面遇到了困难吗？"阿明说："嗯嗯，有点吧。"老师说："有点，那这一点具体是什么呢？可以给老师说一说吗？"阿明小声地说："我不喜欢现在的生物老师。"老师说："因为什么呢？有什么不愉快的事情吗？"小明说："生物老师在课上批评过我。"老师说："阿明，我也批评过你，你讨厌我吗？"阿明摇了摇头说："老师您批评我的时候都是单独和我说的，我也知道是我自己做得不好，老师您教会了我很多道理。但是生物老师在全班同学面前批评我。"老师说："嗯嗯，我明白了，你是班长，这样确实挺没面子的，如果我是你的话，当时也会很伤心的。可能生物老师有做得不恰当的地方，但是老师内心都是为了你们好。你不能拿自己的成绩开玩笑，对吗？"阿明说："嗯嗯，其实我当时做得也不好，打乱了生物老师上课的节奏。"老师说："你是个懂事的孩子，老师果然没有看错你！"

材料八：

下午第三节课，三个女生（小A、小B、小C）来到心理辅导室。她们似乎是鼓足勇气，酝酿了很久。三人互相看看，小A走到我跟前说："老师，我们想帮同学（小D）咨询。"我示意她们坐下，我们四人形成一个不规则的弧度，交谈起来。

"老师，她（小A）是她（小D）同桌，我们两个坐她们后面，我们四个是好朋友。

可是，我们一致觉得小D和我们很不一样。"小C说。"她很喜欢哭，一天要哭好几次。我们问她为什么哭，她又不说。"小B接着说。

"能不能说件具体的事情呢？"

"嗯，事情是这样的。小D身体一向不太好，上体育课经常需要请假。今天她写了请假条给体育老师，可是体育老师说没有班主任的签字就不能准假。然后她就不上体育课，一个人跑到学校山坡上哭。"小C说。

"我们几个体育课都没上好，不知道她发生了什么事情。后来，才知道是这么点小事情，真是狂晕啊。"小A说。

"你们刚才说她身体不太好，具体指哪方面呢？"

"听她说是神经容易紧张，心律不齐。"

"嗯，可能这对她也有些影响，生理也会影响心理的。如果是你们碰到刚才这个情境，你们会怎么处理呢？"

小A："凑合着去上体育课啊，不就是跑800米嘛，慢点跑就是啦。"

小B："我会去找班主任签好字，然后再把请假条交给体育老师。"

小C："我也会凑合着上课，但跑的时候可以不跑。如果不上课，也没什么好哭的。"

"所以你们觉得她实在是太爱哭了。"

"对啊，而且她这人特敏感。比如我和小C说什么，她一定要问个清楚，如果我们不告诉她，她就以为我们在说她坏话。"小A说。

"还有她很喜欢自言自语。放学回家，我们一起走，她骑电瓶车一直在叽叽咕咕。我问她说什么，她说她和自己说话。"小C说。

"她很单纯，单纯得近乎幼稚。她喜欢看动画片，喜欢为一个很小的问题打破砂锅问到底，有时候被她烦死了。"小B说。

"你们主要说了她的四个问题：爱哭、自言自语、敏感、幼稚。你们能说服她到我这儿来吗？"

"她肯定不会来的。"小C说。

"你们去试试看，也许她会来的。"

这是一个参与人数比较多的个案，我在思考着，如果下次她们都来了就好了，多了团体动力的帮助，也许问题更容易处理。

第四节课的时候，小A、小B、小C、小D一起来了。

小D看上去是那种很文静、乖巧的女生，穿着白色的毛茸茸的休闲外套。

"很高兴认识你，小D。"小D回应了一个微笑。

"上一节课小A、小B和小C来找我说了一些关于你的事情。你们四个是好朋友，对吧？"

"嗯，我们关系很好。"小D和小A相视而笑。

"她们说你很爱哭，你觉得呢？"

"我……没觉得啊。"她有点儿害羞，也有点儿紧张，两只手绞在一起。

"还不是啊？平均一天两次。"小C说。

"小D，那你是怎么看待哭的呢？"我说。

"不知道，就是很自然，不知道眼泪怎么就掉下来了。"小D说。

"哭一般是因为很难过或很开心，一般是因为某件事情触动了人的内心深处。你的哭是这样的吗？"

"好像不是，好像没什么特别的原因。"小D说。

"你是不是觉得哭完之后心里很舒服呢？"

"没感觉。"小D说。

"呵呵，她的哭就像吃饭一样，自然，平常。"小B说。

"我一直就很喜欢哭的，我觉得这不是问题啊。"小D说。

"得了吧，你倒没什么，把我们几个急死了。"小A说。

"是啊，你有没有想过，你哭的时候好朋友会很担心呢？可能她们的心情也会受到影响呢？"

小D沉默一会儿，似乎有些歉意，但没说话。

"哭是人表达情绪的一种方式。小孩子的哭和成年人的哭是不一样的。小孩子会用哭来表达饥饿、紧张、害怕、不满等，并且小孩子也脆弱一些，所以小孩子更容易哭。大人就要哭得少一些，因为他们坚强一些，他们可以用语言、行动来表达，一般是非常深刻的、用别的方式不能表达的情绪才用哭来表达。所以我想，你可能在用哭表达一些你的同伴认为用语言或者行动就能表达的东西，也就是说你虽然已经高二了，可是你表现得像个小学生一样。"

她若有所思。

"嗯，是这样的。她自言自语时很像小孩子在过家家的时候自己和自己说话。"小B说。

"你能说说你自言自语的内容吗？"我问小D。

"嗯——想不起来啊。"小D说。

"放学回家的路上——"小C引导小D。

"哦，其实没什么啊。我对自己说今天妈妈会烧什么好吃的菜，或者评价一下路上的广告牌，或者对自己说晚上要做什么作业之类的。"小D说。

"在家吃饭的时候我也喜欢自言自语，我觉得自己和自己说话很好啊。"小D接着说。

"你自言自语其实是在和自己交流，一方面帮助自己理清学习和生活的思路，一方面好像是在寻找乐趣一样，对吗？"我问道。

"嗯。"小D说，似乎觉得很满意。

辅导进行到这里，我大概得出她的问题的症结所在了。要到下课时间了，我总结了这次辅导的内容，并和小D约了下次辅导的时间。

过了几天，小D如约来到心理辅导室。

"这几天你想过上次做心理辅导的事情吗？"我开门见山地问。

"想过，我觉得自己哭的时候可能没太考虑她们的感受。"小D说。

"你身体不太好，能具体说说吗？"这几天我一直在想，她这种敏感的性格应该是与生理状况有很大关系的。"就是神经容易紧张。我去医院做检查的时候，全身都绷得很紧，医生说我神经容易紧张。还有一次，我也忘记是什么事情了，我爸说了我，然后我就全身抽搐，他们都很害怕。我心脏也不太好，心跳有些快。"

"嗯，这些可能与你容易哭、比较敏感有一些关系。你和父母的关系呢？"

"还好，他们一般不会说我，因为我身体不太好，他们尽量迁就我。"

"你怎么看待成长？"我问。

她不出声。

"你觉得长大的感觉好吗？"我改变了一种问话方式。

"不好，我觉得长大不好。"她低着头，似乎是有所触动。

"长大要面临一些变化，是吗？"

"嗯，小孩子多好，什么都不用想、不用管，想哭就哭，想到什么就说什么，别人也不会介意。长大之后，麻烦多了很多。"她说。

"你说说看，多了哪些麻烦呢？"

"反正就是很多。"她有些不好意思。

我当然知道会有哪些麻烦，青春期的学生生理上有一些变化，而心理上的发展又滞后于生理的变化，于是出现落差，一些学生便用退行的方式来逃避成长的阵痛。我接着给她介绍了一些青春期的生理、心理知识，并告诉她大部分处于这个年龄阶段的同学都是这样的，我们应该学着接受成长。

"我想也许我可以让自己少哭。"

"当你想哭的时候，可以想想是不是有比哭更好的解决方法。"

"我会努力试试！"她认真地看了看我。

这次辅导就在这里结束了，她离开辅导室的时候我告诉她，如果以后遇到什么问题再来找我。

其实，对有些问题而言，时间是最好的钥匙。大概一个月后，在校门口我看到她们四个结伴而行，笑声弥漫了周围的空气。①

二、下面两位老师的谈话方式哪个更为合理？为什么？

在一次语文早读上，王老师发现小涛座位上空空的，便去询问小涛的同桌："你今天早上看见小涛了吗？"小涛同桌回答："老师，我今天早上没有看到他。"王老师心想，那八成是迟到了。早读已经开始5分钟了，小涛还是没有到学校。王老师便找到班主任于老师，尝试与小涛的家长取得联系，询问一下小涛的具体情况。但是小涛家长的电话一直无法接通，王老师与于老师非常着急。过了一会儿，小涛背着书包急匆匆地跑到了教室。早读结束之后，王老师走到小涛身边对他说："小涛，你跟我出来一下。"小涛跟着王老师来到了办公室。王老师问："小涛，你知道每天的早读几点开始吗？"小涛说："8点。"王老师说："每天的早读8点开始，你想想今天，都几点了，早读都过去了一半了，你才刚刚到教室。语文是你的弱势科目，你需要重视起来！"小涛点了点头，没敢说话。这时于老师走过来说："小涛，王老师也是为你着急。你能告诉我们今天迟到是什么原因吗？"小涛说："爸爸妈妈今天有事情，没有办法送我上学，我自己坐公交车来的。"于老师说："是因为平时都是爸爸妈妈送你，这次自己坐公交车，没有估算好到学校需要的时间，是吗？"小涛说："是的，老师，公交车太慢了。"于老师

---

① 谢伟:《不想长大——青春期自我意识辅导》,《新课程·中学》2007年9月8日，第5版。

说:"对呀,小涛,坐公交车需要更长的时间才能到达学校。刚才王老师也说了,你的语文需要重视起来,迟到会影响你学习的。老师们希望你吸取今天的教训,合理安排出行时间,下次不要再迟到了,好吗?"小涛说:"嗯嗯,老师,我以后会安排好时间,一定按时到校!"

三、你认为小强会接受体育老师的建议吗? 为什么?

小强是一个军事迷,对军事很感兴趣。在体育课的自由活动中,小强不知道从哪里拿出来了一把玩具枪,引得同学们纷纷围观讨论。体育老师发现之后,马上跑到小强身边,对小强说:"你的这把玩具枪看起来不错,可以借我看一下吗?"小强把玩具枪递给了老师。老师仔细看了一下,发现这虽然是把玩具枪,但是里面有小钢珠子弹,这在学校里面是非常危险的。老师问:"小强,这把玩具枪是从哪里得来的?"小强说:"这是我过生日的时候,表哥送给我的生日礼物,我可喜欢它了!"老师说:"小强,老师知道你喜欢军事,尊敬军人。但是你知道在学校里面是不允许带玩具枪的吗?"小强眼睛紧紧地盯着玩具枪,低着头不说话。老师见状说:"不要紧张,老师并不是要把你的玩具枪没收掉。放学你妈妈来接你的时候,我就把玩具枪交给你妈妈。只是以后不能再带到学校里来了。"小强抬起头说:"老师,我只是想把玩具枪拿来给同学们看看。"老师说:"老师知道你并没有恶意,同学们都很佩服你在军事方面的知识,你也很乐意与大家交流。但是交流展示有很多种方法,把玩具枪带来学校有一定的危险性。我们可以举办军事主题的班会,到时候请你为大家讲解展示,怎么样?"

四、假如你是材料中的老师,你会采取什么样的谈话方式?

材料一:

小文的爸爸告诉王老师,小文偷拿了家里的钱,让王老师好好教育教育小文。王老师详细询问了情况,了解到小文之前骗爸爸说要钱去买课外书,结果爸爸发现小文拿了钱去游戏厅打游戏,所以爸爸断定小文这次又去打游戏了。课后王老师走到小文桌子旁,决定叫小文出来谈一谈,却看到小文桌子上放着一本崭新的百科全书,上面还写了小文的名字。

材料二:

一位同学在体育课上积极性不高,体育老师带领大家做集体活动的时候,她总是闷闷不乐。老师走到她身边询问了一下具体情况,她说:"我感觉自己肢体不协调,运动起来很丑。"

五、说一说下面这位老师与学生谈话的特点。

阿乐课桌上摆放了很多课外书,但阿乐只是把书放在桌子上,从来没有打开读过。陈老师说:"阿乐,老师对你课桌上的课外书很感兴趣,你可以给老师介绍一下这些书吗?"阿乐说:"没问题,老师,我的课外书可不少,有《月亮与六便士》《巴黎圣母院》《平凡的世界》,好多本呢!"陈老师说:"这些书都是名著,看来你是个有品位的同学。老师最近也在读《平凡的世界》,我们可以一起讨论里面的内容。"小乐低着头说:"老师,我虽然把书都买来了,但是从来没有读过,还不太清楚书里面的内容。"陈老师说:"束之高阁,不可取呀!书中有很多精彩的情节,深刻的道理,如果不认真读,是无法体会的。老师希望你认真地读一读,不要只是把它放起来。"小乐说:"老师您说得对!书籍是人类进步的阶梯,我这就去好好品读。"

第二节　指导语训练

一、给下列的指导语分类,并说明它们的好处。

材料一:

一位教师上完《闻一多先生的说和做》一课,学生问:"闻一多先生是怎样的一个人呢?"老师朗诵了闻一多先生的《红烛·序诗》中的句子:"请将你的脂膏,不息地流向人间,培出慰藉的花儿,结成快乐的果子。"并说:"这就是闻一多先生的写照,闻一多先生就是一支红烛。"接着他联系闻一多先生的事迹对诗句做了简要的解释。这种回答具有迂回曲折的效果,十分耐人寻味。[1]

材料二:

学生:老师,《鸿门宴》中曹无伤与项伯两人的形象有什么异同?

老师:相同点是二人都背叛了自己的阵营。不同点是曹无伤是告密者,是典型的小人;项伯是泄密者,是求小义失大义,因私害公,是眼界浅狭的庸人。

材料三:

学完《咏雪》之后,有一位同学问:"老师,除了《咏雪》之外,还有别的关于雪的诗词吗?"老师回答:"有很多古诗词是与雪有关的,如柳宗元的《江雪》:'千山鸟飞绝,万径人踪灭。孤舟蓑笠翁,独钓寒江雪。'郑燮的《山中雪后》:'晨起开门雪满山,雪晴云淡日光寒。檐流未滴梅花冻,一种清孤不等闲。'"

材料四:

学生问《愚公移山》的"且"的意思时,教师没有直接回答,而是反问:"愚公九十几岁?"学生稍感疑惑之余,顿悟"且"为"将近"意,愚公还没到九十岁,只是"将近九十"。

材料五:

一位学生问:"老师,在读《最后一课》中的'韩麦尔先生站起来,脸色惨白,我觉得他从来没有这么高大。"我的朋友们啊,"他说,"我——我——",但是他哽住了,他说不下去了。'这句话时,要用什么样的语气呢?"老师说:"在这句话中,韩麦尔先生有一处哽咽了,这表明韩麦尔先生的心情是非常悲痛的,所以我们在读这句话时应该用悲伤、深沉的语气。"

---

[1]　王向阳著:《一堂课的灵魂:教师的语言艺术》,东北师范大学出版社2010年,第118页。

二、下面的指导语使用了哪些原则？

材料一：

"边读边想"是怎么读呢？它应该是带着问题去读，可以停下来思考，可以回头读，可以抓住关键词品味读。

材料二：

老师在指导学生学会听、读和思时是这样指导的。

听：你很会听。同学们，大家都要像他这样，聚精会神地听别人讲话。

读：大家想要读得生动具体，就要把课文中的情节、细节记住。只有内化为自己的东西，才能更好地运用。

思：这位同学很会思考。他在读书时会从全篇考虑，联系上下文理解。这种方法值得我们学习。

材料三：

你的心理素质很好，不急不慢，不慌不忙，课文也读得很通顺。但读课文若能抑扬顿挫，该快的时候快，该慢的时候慢，投入充足的情感，那才叫读好了课文。

材料四：

你能抓住课文中的语段谈感受，很好。如果能再抓住其中的关键词，那就会更好。

材料五：

数学老师看到小群在办公室门口晃来晃去，便走过去说："小群，怎么了，是想找哪位老师吗？"小群说："老师，我想找您。"老师说："好，有什么想和老师说的吗？"小群低下了头，看着老师手里的试卷不说话。老师说："让老师来猜一猜，你是想和我聊一聊这次数学考试的事情，对吗？"他说："嗯嗯，老师您觉得这次题难吗？我的试卷都没有做完。"老师拿出小群的试卷对他说："我们来看一下，你最后两道大题是空白的。你现在仔细看一下，这两道题你会做吗？"小群说："老师，我会做，这两道题对我来说不难。"老师说："我看了一下你的试卷，你是在做倒数第三道题目的时候遇到了困难吗？"小群说："就是这道题，我用了好多时间，但是一直没做出来。"老师说："小群，其实这次数学考试题目难度一般，但是你在这道题上花费了太多时间，导致你后面的题目没有做完。就像走路一样，遇到一个坑我们可以绕过去。同样，考试的时候，遇到实在做不出来的题目，我们也可以先绕过去，继续去做后面的题目，这样才能更好地展现出自己的实力。"

三、下面的指导语设计得好吗？试用所学知识做出评价。

材料一：

以"惜时"为话题的考场作文，有这样一段指导语：

我们的生命皆由时间组成，片刻时间的浪费，便是虚掷了一部分的生命。请以"惜时"为话题写一篇文章，可以记述经历、体验、感受或表达看法，也可以编写故事、童话、寓言等。

材料二：

老师在班里说："同学们，今天我们需要去给学校花坛做一次大扫除。花坛里的垃圾不是特别好清理，大家要注意……"还没有等老师讲完，班里的几个小朋友，已经拿着卫生工具冲出教室，在走廊里发出不小的动静。老师赶紧走出教室说："快回来，自己不能跑出教室。"小朋友们回到教室问："老师，是你让我们去打扫花坛的呀！为什么又让我们回来呢？"老师说："同学们，在劳动的过程中，安全是十分重要的。想象一下，如果你们在没有听完老师讲的注意事项、组织分工、清扫区域的情况下，就自己跑出教室，那我们会不会出现组织混乱、效率低下的情况呢？"同学们若有所思。老师继续说："我们班级是一个集体。大家要听清楚具体的要求与安排，统一开始行动，才能有序并且高效地完成任务。"

材料三：

学习了《白杨礼赞》这篇课文之后，有一位同学找到语文老师问："老师，《白杨礼赞》里面通过白杨树来象征英勇坚韧的农民、哨兵，那我们还可以用别的事物来象征他们吗？难道只能用白杨树吗？"老师回答："当然可以用别的事物来象征他们了，白杨树有坚忍不拔的品质，除此之外，竹子、松柏也可以用来表达他们的优秀品质。比如《竹石》中写道：'咬定青山不放松，立根原在破岩中。千磨万击还坚劲，任尔东西南北风。'可以看出，竹子也是顽强刚毅的。"这位同学接着说："老师，我也想试一试运用象征的手法来写文章，可是我觉得好难呀！"老师说："不要怕，其实没有你想象的那么困难。老师给你找一些运用象征手法写作的文章，你可以多读一读。灵感来自生活，写文章也是如此，处处留心生活中的事物，善于观察，善于思考，老师相信你一定能写出优秀的文章。"

材料四：

在刘老师给同学们布置的课下作业中，有一项是预习下节课要学的一首古诗。有一个同学问："老师，在课堂上您会详细地给我们讲解古诗的内容，为什么还要我们自己在课下预习一遍呢？"刘老师说："我知道你擅长跑步，那我想问你，你每次跑步之前需要做准备活动吗？"同学说："需要的，我每次跑步之前都会先做一下热身活动，像弓步、压腿和一些伸展运动。"刘老师说："对的，如果跑步之前不做好热身动作，在跑步的时候可能会出现抽筋、扭伤等意外情况。同样，课前预习就像是跑步前的热身，是不可忽略的一个重要环节。做好课前预习，可以熟悉教材，发现自己不懂、不理解的知识点，带着问题去听课，这样在课堂上更有目的性和针对性，学习效果自然更好了。"

材料五：

一位同学问："老师，陶渊明为什么要在《桃花源记》中虚构出一个世外桃源呢？"老师说："一看你就没认真听课，大家都理解了，为什么你还问这种问题？陶渊明写人人都向往的世外桃源，是为了表达自己对美好生活的向往，以及对黑暗社会的批判。我这样说，你明白了吧！下次好好听课，不要再问这种简单的问题了。"

材料六：

有一位学生问："老师，文天祥是一个怎么样的人呢？"教师有感情地读出《过零丁洋》中的句子："人生自古谁无死？留取丹心照汗青。"读完之后，教师结合当时的写作背景，对诗人文天祥进行了分析："当时文天祥在广东海丰北五坡岭兵败被俘，被押到船上，次年过零丁洋时写作此诗。身陷敌手，但他并没有屈服，而是选择了抗争到底。我认为文天祥是一个为了国家可以献出生命，具有强烈民族气节的人。"

四、如果你面临以下情况，会说出怎么样的指导语？

材料一：

作文课结束之后，一位同学拿着自己写的作文问："老师，在作文题目中我用了自己创造的一个成语，同桌笑我无中生有、胡编乱造。我这样做真的是错的吗？"

材料二：

班级里一位成绩比较好的同学对老师说："老师，下课的时候我的同桌会请教我一些问题，我会的题目我都会给他讲解，但是有的问题我自己也不会。这时候他就会说我不愿意帮助他，我们两个的关系变得越来越差了。老师我应该怎么办呢？"

材料三：

一位同学对老师说："老师，我很喜欢《再别康桥》这首诗，也看过相关的朗诵视频。我认为朗诵是要有情感的，那我们在朗诵《再别康桥》这首诗的时候，应该带着什么样的感情呢？"

第三节　评价语训练

一、下面这几位教师做得对吗？请用你所学的知识做出评判。

材料一：

有些教师不管学生做了大事还是小事，都一概给予表扬，而且经常是"你太伟大了""你真了不起"这样夸张的语句。

材料二：

一位教师指导学生朗读段落：在一幅巨大的壁画上，池水清清，鲜花朵朵，围绕着金碧辉煌的亭台楼阁。（试图读出池水的"清"，让几位学生练读）之后，这位教师给学生的评价是这样的：第一次评价，读得还可以；第二次评价，读得很棒；第三次评价，读得很不错。

材料三：

语文老师让同学们就刚学完的课文《台阶》写了一篇读后感。在交上来的语文作业中，老师发现平时比较沉默的小刚读后感写得非常精彩。老师找到小刚对他说："小刚，你的这篇文章写得非常精彩，我可以把它作为优秀范文让同学们学习吗？"小刚说："谢谢老师，可以的。"老师接着说："小刚，老师觉得你是一个内心世界非常丰富的同学，情感也很细腻。写文章是表达自己的一种方式，其实你也可以将自己的想法说出来。比如对于课堂上老师提出的问题，你如果有自己的看法，要勇敢地发言，老师期待着你的精彩回答。"

材料四：

在课堂上，数学老师针对上一节课所学的内容提问："同学们，你们还记得我们上节课学习的三角形的定义吗？"晓君举手回答："由不在同一直线上的三条线段首尾顺次连接所组成的封闭图形叫作三角形。"老师评价道："太棒了！回答得非常准确，看来你对三角形的定义概念掌握得很好。"接着又问："三角形分为哪几种类型呢？让我来找位同学回答一下。"老师话音刚落,晓君快速地站起来回答:"分为直角三角形、钝角三角形和锐角三角形。"后面,晓君也频繁举手,但是数学老师却一直没有再让她回答。

课下老师对晓君说:"晓君你这节课表现得并不好。第二个问题我没有说让你来回答,你就站起来了。课堂的时间是有限的,如果所有的问题都由你来回答,那还给不给别的同学回答的机会了?"晓君听到老师的评价,默默低下了头。

材料五:

数学老师刚刚讲完一道题,听到有同学小声地说:"我的解题方法好像更简单呢!"老师慢慢走到这位同学的身边说:"同学们,除了我说的这一种解题方法,你们还有别的方法吗?"老师看到这位同学低着头不敢说话,对他说:"老师一直觉得你的思维很敏捷,你如果有不同的解题方法,一定要勇敢地说出来,可以和我分享一下。"这位同学说出了自己的解题方法,和老师讲的不同,但也是正确的思路与答案。老师说:"真是巧思妙解啊!我都没有想到这个方法。老师也要多和你们交流,向你们学习啊!"

材料六:

在一节公开课上,李老师对同学们说:"听说我们班里的同学都聪明好学,那谁能用他的聪明才智,回答下面这个问题呢?请问杜牧是哪个朝代的诗人呢?"有一位同学回答:"杜牧是唐代诗人。"李老师评价道:"回答正确,你们班果然名不虚传啊!"

材料七:

一位教师在带领同学们学习《春》这篇课文时,采取了以下评价方式。

师:同学们,《春》这篇文章是非常优美的,哪位同学可以说一下,你最喜欢文章中的哪一句?以及为什么喜欢这一句呢?

生1:我最喜欢的一句是:"小草偷偷地从土里钻出来,嫩嫩的,绿绿的。"因为这一句是个拟人句,把小草比拟成人,写得非常生动形象。

师:哦,好的,说得不错。

生2:我喜欢"坐着,躺着,打两个滚,踢几脚球,赛几趟跑,捉几回迷藏,风轻悄悄的,草软绵绵的"这一句,这个句子里有很多动词,为我们描绘出了孩子们欢快玩耍的场景。

师:你喜欢的是这一句,不错。

生3:"一切都像刚睡醒的样子,欣欣然张开了眼。山朗润起来了,水涨起来了,太阳的脸红起来了。"这是我最喜欢的一句,因为这句话让我感受到万物复苏,生机勃勃。

师:嗯嗯,说得很好。

材料八:

在一次物理课上,教师在黑板上出了一道极其简单的题让全班同学做,并请一位同学在黑板上做。这位同学做对了,黑板右侧的屏幕上"咔"的一声出现了"你真棒"三个大字,教师同时竖起大拇指夸张地说:"太棒了!太棒了!我们班出了个爱因斯坦!"话音刚落,全场哄堂大笑。

材料九:

数学试卷上最后一道题目,全班只有两个人做对了,分别是小玲与小华。小玲的成绩在班里一直很好,尤其是数学成绩名列前茅。小华平时成绩一般,但是学习态度非常认真。数学老师课下对小华说:"小华,这次数学成绩不错,小玲也帮助了你不少吧?

尤其是最后一道题，只有你们两个人做对了呢！以后也要多和小玲交流啊！"小华说："老师，最后一道题是我自己做出来的，我之前做过这类题。"

材料十：

张老师批改作业时，发现有一位同学没有交作业。张老师找到他问："你为什么没有交作业呢？"同学说："老师，我的作业都按照要求写完了，但是放到家里，忘了带到学校了。"张老师说："拜托，我们的作业下节课就要评讲了，你没带作业，到时候怎么听课？天天丢三落四，这种坏习惯怎么就是改不了呢！"

二、请根据所学知识，给下面的评价语分类。

材料一：

在一次教学联谊活动中，有一位老师让学生板书课题。学生非常用心地写，字写得很端正，可惜他不知怎么的，把题目写成两行，"海滩上的"为一行，"小姑娘"另起一行，而且，"海滩上的"写得很大气，而"小姑娘"却后继乏力，写得很小气，缩成一团。老师不由得乐呵呵地说："你写字就像画画，还讲究一个意境呢！一看到你写的题目，我们就可马上联想到一个'小小'的小姑娘在那一片'大大'的海滩上的情景。接下来，请大家快速读课文，想一想，这小姑娘是不是真的只是一个'小小'的小姑娘？"老师这么一说，学生们的读书热情马上就被激发出来了，后来通过讨论，大家一致认为这个海滩上的小姑娘的表现证明她是一个具有美好心灵的人，人虽小，可心眼儿却不小。最后，老师又请那位学生上来把写小了的"小姑娘"写大，还她以本来面目，让大家牢记小姑娘的高大形象。①

材料二：

师：你能尝试着概括"吴楚东南坼，乾坤日夜浮"这句诗描绘了一幅怎样的画面吗？

生：非常壮阔的画面。

师：概括得很准确，那具体的景色是怎样的呢？

生：浩瀚的湖水把吴楚两地撕裂，似乎明月星辰都漂浮在水中。

师：你的描述真好！老师感觉波澜壮阔的洞庭湖就在眼前。

材料三：

老师在上《五彩池》一课时，要求学生用朗读来表现对"漫山遍野的水池"的理解。第一个学生读得不够好，她说："你读得这么响，我却只看见十几个池呢。"第二个读得有进步了，她就说："哦，你让我看到几百个了。"第三个情感到位了，她评道："呀，这下真看到三千多个池啦！"在这种形象、生动的语言点拨下，每个学生都读得趣味盎然，参与热情十分高涨。②

材料四：

有一天，李健手扶着脑袋，用嘴吹语文作业簿。一吹，上面的一张纸便掀了起来；用劲大一点，第二、三张也跟着动。一次，两次……于老师走到跟前，他才发现于老

① 叶存洪主编：《班级与课堂管理》，江西高校出版社2010年，第117—118页。
② 徐世贵著：《新课程实施难点与教学对策》，开明出版社2003年，第168页。

师。作业簿上写着这样几个字："造句：即使……也……"。于老师说："你是一面吹，一面想怎样造句，对吗？"他脸红了，不好意思地看了于老师一眼。"即使你半天想不出来，也不去问老师，是吗？"他一高兴，一会儿便造出这样一个句子："遇到难题，我即使半天想不出来，也不去问别人。""再加一句：我相信自己。"于老师建议。于是他又写上了"我相信自己"的话。①

材料五：

一位同学代表班级参加校园演讲比赛时，由于太过紧张，出现了忘词、卡顿的情况。比赛结束之后，班主任对他说："从你的神情中，我能感觉出你很想做好这次演讲，为班级赢得荣誉；你为这次演讲比赛也做了很多准备。这一次的失误是因为紧张，但是不要紧，平时多进行演讲锻炼，下次一定能做得更好！"

材料六：

在学习《我要的是葫芦》时，教师请学生想象看到叶子上的蚜虫时，种葫芦的人会想些什么。有个学生回答："我想种葫芦的人在想：葫芦叶真是伟大呀，把自己献给饥饿的蚜虫。"教师说："你读书真仔细，有与众不同的见解。"

材料七：

老师问大家："你们长大之后想从事什么职业呢？"大家纷纷发言，有人说想成为一名消防员，保护千家万户的安全；有人说想成为一名科学家，从事发明创造；也有人说要做一名医生，救死扶伤。这时小元说："老师，我想成为一名马戏团的小丑演员。"说完，班里其他同学开始哈哈大笑，议论纷纷，小元低下头，满脸通红。老师说："同学们不要笑了，听老师说。小丑演员可以给大家带来很多的欢乐，让人们的心情更加轻松愉悦，对整个社会来说是非常重要的一个职业，值得我们每个人的尊敬。小元，老师相信你，你一定可以带给大家更多的快乐，温暖到更多的人！"

材料八：

在《游山西村》的学习过程中，教师问："同学们，可以把'莫笑农家腊酒浑，丰年留客足鸡豚'中的'足'换成'有'吗？"下面有一位学生笑着说："这两个字意思差不多，用哪个字不都一样吗？换来换去真是麻烦。"教师听到这位同学的话，说："这位同学说的也不是没有道理，这两个字意思相近。但是我们来仔细分析一下，'足'的意思是充足、丰盛，是不是更能体现出山民们的热情淳朴和对客人的重视呢？"

三、下面这几则评价语遵循什么原则？

材料一：

同学们在老师的带领下制作出了美丽的纸花。看着小朋友手里都拿着小花开心的样子，教师说："有的同学之前做过，非常熟练，不一会儿就做出了漂亮的纸花；有的同学非常仔细认真，速度虽然不快，但成品一样很漂亮。我们班都是心灵手巧的小朋友，让我们为自己鼓掌。大家可以把小花送给家人或者朋友，我相信他们看到这么漂亮的花，也会为你们鼓掌的。"

---

① 于永正著:《教海漫记（增订版）》，中国矿业大学出版社2005年，第73—74页。

材料二：

一位语文教师在上《天上的街市》这节课时，问同学们："我们大家都知道，在民间故事中，牛郎织女需要承受分别之苦；但是在这首诗歌中，牛郎织女的生活却是如此幸福美满。作者为什么要这样描写呢？"同学们听了老师的提问，都陷入了沉思，迟迟没有人想要举手回答。教师说："看来这个问题难倒大家了。老师先为大家介绍一下当时诗歌的创作背景。当时中国正处于反动派统治之下，人民生活十分痛苦，同学们可以结合时代背景来思考一下老师刚才提出的问题。"这时有一位同学举手回答："作者通过对天上牛郎织女美满幸福生活的描写，来表现自己对于现实生活的不满与对美好生活的向往憧憬。"教师评价道："这位同学非常准确地体会到了诗人想要表达的情感，最重要的是他能够很好地结合诗歌的创作背景，设身处地地去理解体会，才能回答得如此精准。"

材料三：

期中考试结束之后，老师在班级里说："同学们，这次考试我们班级整体进步很大，这是同学们共同努力的结果。尤其是小乐同学，进步非常明显，不仅体现在这次考试成绩上，也体现在平时的课堂表现与作业完成情况中。"

材料四：

语文老师在批改同学们的作文时，发现有一位男同学的作文内容构思很精巧，但是字写得不好，有的字甚至需要仔细辨认。老师便找来这位同学说："你是一位帅气的小伙子，你写的字什么时候也可以像你一样帅气呢！"

四、如果你面临以下情况，会说出怎样的评价语？

材料一：

一位同学在做老师布置的作业时，完成的速度比较快，但是有很多道题目都出现了错误。老师对他做错的题目进行了仔细分析，发现大多数错题都是因为不够细心。

材料二：

数学老师最近发现阿铭上课的状态不如以前，有时候会出现走神、低着头不看黑板的情况。但是在课间休息的时候，老师看到别的同学在休息聊天，阿铭却在拿着书本低头学习，不时眉头紧皱。老师走到阿铭桌边，仔细一看才发现，阿铭在看数学课上刚刚讲过的例题。

材料三：

一位同学比较活跃，不仅在课堂上积极发言，与老师交流互动，在课间更是无比活泼。他常常在教室、走廊跑来跑去，与同学嬉笑打闹。一次课间，他在走廊跑着撞到了老师，老师手里的教学资料散落一地。

材料四：

班级有一位同学对物理特别感兴趣，平时喜欢做一些物理小实验，物理成绩也非常优秀。但是在英语方面的学习比较吃力，英语课上经常会走神，英语作业有时也无法按时完成。

五、读完材料，请说一说张老师的做法对我们运用评价语有什么启发。

材料一：

张老师是五年级三班的班主任，班里有不少多才多艺的同学，在学校组织的才艺比赛中获得过很多荣誉。小江的街舞跳得特别好，自身学习成绩也不错。在课间休息的时候，教室外面的空地上围了很多同学，都在看小江跳舞，不时发出鼓掌欢呼声。上课铃声响了，同学们纷纷进屋，只有小江还沉浸在自己的舞蹈之中，迟迟不愿进教室上课。张老师到小江旁边说："小江，街舞跳得好是你的一大优点，欣赏你的舞蹈是一件幸福的事。但是老师不希望你多出一个不按时上课的缺点。上课铃声已经响了，你应该在教室里了。"

材料二：

班里每年都会组织元旦晚会。元旦前几天，张老师问同学们："元旦快要到了，你们对今年元旦晚会的组织有什么好建议，或者有什么想表演的节目吗？我们趁这个时间一起来讨论一下。"张老师话音刚落，大家便开始热烈讨论起来。小诗说："老师，我和小婷想一起表演蒙古舞，我们两个都已经准备好久了。"张老师说："太棒了！蒙古舞热情洒脱，老师现在就已经开始期待你们的舞蹈了。"小峰说："老师，我喜欢在手机上看吃播视频，那我在元旦晚会上为大家表演吃东西吧！"张老师说："你这个想法倒是新颖！我相信咱们班也有不少同学喜欢看美食视频。不过，如果真的要表演吃东西的话，你在舞台上吃得津津有味，你亲爱的同学们只能眼巴巴在下面看着，这个场面可不太美好哦！不如我们元旦晚会留出一段时间来分享美食，大家同意吗？"大家纷纷点头。张老师说："感谢小峰给我们提供的灵感，元旦晚会变得更有意思了！"

六、请为以下两种情景各设计一段表扬语。

材料一：

新学期开始了，来了一批新的教材需要发放。老师说："同学们，大家这个学期的教材来了，数量比较多，我需要几位同学帮我把新教材搬到教室里面。"老师话音刚落，班里几位平时比较调皮的男同学马上站起来说："老师，让我们来帮你吧，人多力量大。"

材料二：

放学路上，刘老师看到两个同学正在推着自行车走，问他们："你们两个为什么不骑着自行车，而是推着呢？"一位同学说："老师，她的自行车轮胎坏了，没法骑了。"刘老师接着问："那你的自行车还好吗？"这位同学说："老师，我的自行车没事，但我们是好朋友，应该彼此陪伴，当然也包括这个时候。我们两个人的家都比较近，马上就快到了，老师不用担心。"

第十章　其他口语训练

一、一般口语交际有什么特点？

（1）互动性；（2）实用性；（3）全面性。

二、朗读的要求是什么？

（1）准确地理解和感受作品；（2）运用标准自然的普通话；（3）恰当运用各种朗读技巧；（4）通过二次创作升华作品。

三、演讲前，都需要做好哪些准备工作？

（1）主题的确定；（2）标题的选择；（3）材料的收集；（4）讲稿的起草；（5）讲稿的修辞。

四、演讲中，如何运用好体态表达深化演讲效果？

体态表达是语音表达的重要补充，对语音表达起着辅助和加强的作用，对于演讲的传神达意具有重要作用。一般来讲，演讲中的体态表达主要有四个方面，即：眼神、表情、手势和站姿。演讲者要学会用眼睛说话，用面部表情的变化来表达情感思想，并恰当运用手势和站姿。要把握好分寸，自然生动、真情流露，而不能矫揉造作、过于夸张或生硬呆板。

五、即席发言应该把握好哪些原则？

（1）冷静；（2）准确；（3）精练；（4）含情。

六、主持人的语言有什么样的特点？

（1）口语化；（2）规范化；（3）个性化；（4）鲜明性；（6）审美性。

【训练与提高】

训练目标：能够正确掌握朗读、演讲、发言、主持的特点和方法，并通过训练切实提高朗读、演讲、发言、主持的能力。

第一节　朗读训练

一、朗读训练的目标

朗读是教师教学的基本手段之一。朗读有助于提高说讲水平，加强说讲效果，可以加深学生对教学内容的理解，使学生受到感染、教育。

朗读训练的目标就是要从分析作品内容和思想感情入手确定朗读基调，掌握不同体裁文学作品的朗读技巧。

领会作品的思想内容，首先要了解作者的写作意图，包括写作背景、作者身世、作者经历等知识，把作者的思想感情化作朗读者自己的思想感情；其次，要了解和掌握作品的主题思想，它如一首歌曲的主旋律，决定着朗读语言的感情基调；最后，还要了解作品的结构，明确作品的重点内容和过渡陪衬内容。

作品的思想主题确定后，还要选择恰当的朗读技巧。常用的朗读技巧主要包括停连、重音、语气、节奏等四个方面。在朗读训练前，可以在朗读材料上适当标注一些符号，以便朗读时引起注意。以方志敏《清贫》为例，播音员齐越是这样标注的：

我从事革命斗争，已经十余年了。在这长期的奋斗中，我一向是过着朴素的生活，从没有奢侈过。经手的款项，总在数百万元；但为革命而筹集的金钱，是一点一滴都｜用之于革命事业的。∧这在国方的伟人们看来，颇似奇迹，或认为夸张；而矜持不苟，舍己为公，∧却是每个共产党员具备的美德。∧所以，如果有人问｜我身边有没有一些积蓄，那我可以告诉你｜一桩趣事。

朗读符号没有统一规定，参照齐越同志的标示，归纳如下：

｜用于句子中没有标点的地方，表示把词或词组分开，停顿时间很短，不换气；

∧用于有标点的地方，表示比原标点符号停顿时间再长一些，有时换气，有时不换气，看具体情况而定。

⌒用于有标点的地方的连音号，表示缩短停顿的时间，或者不停顿，连起来读，不换气。

．表示重音；→表示平调；↗表示升调；↘表示降调；∨表示换气；＜表示渐强；＞表示渐弱；—表示保持音（饱满有力）；～～表示波音（颤音）。[①]

凡没有标出停顿号、连接号的地方，朗读时一般按照标点符号处理，即句号、问号、感叹号＞分号、冒号＞逗号＞顿号，但停顿时间长短并不固定。

---

① 熊伟、林志雄主编：《普通话口语教程》，同济大学出版社2007年，第152页。

再来通过朱自清的《荷塘月色》（节选）来体会一下停连、重音、语气、节奏等朗读技巧的综合运用。

沿着荷塘，是一条曲折的小煤屑路。＼这是一条幽僻的路；＼白天也少人走，夜晚更加寂寞。＼荷塘四面，长着许多树，蓊蓊郁郁的。＼路的一旁，是些杨柳，和一些不知道名字的树。＼没有月光的晚上，这路上阴森森的，有些怕人。↗今晚却很好，虽然月光也还是淡淡的。

…………

曲曲折折的荷塘上面，弥望的是田田的叶子。＼叶子出水很高，像亭亭的舞女的裙。↗层层的叶子中间，零星地点缀着些白花，有袅娜地开着的，有羞涩地打着朵儿的；正如一粒粒的明珠，又如碧天里的星星，又如刚出浴的美人。↗微风过处，送来缕缕清香，仿佛远处高楼上渺茫的歌声似的。＼这时候叶子与花也有一丝的颤动，像闪电般，霎时传过荷塘的那边去了。＼叶子本是肩并肩密密地挨着，这便宛然有了一道凝碧的波痕。↗叶子底下是脉脉的流水，遮住了，｜不能见一些颜色；＼而叶子｜却更见风致了。＼

这篇文章集中在荷塘月色的描摹上。作者从平视到俯视，从细察到鸟瞰，由远及近，从上到下，从里及外地描绘了荷塘月色的风光，层次里复有层次，整个画面有立体渗透感；同时又把动静、虚实、浓淡、疏密巧妙地结合在一起，使整个画面色彩均匀悦目，氤氲了浓郁的诗意。朗读时，要仔细体味，敏锐感受，发挥联想，出现内心视象，用浓郁的语感，抒情地读出那一幅幅幽远宁静、声色俱全、可感可触的艺术画轴。

二、不同体裁作品的朗读训练

我们通过了解以下不同体裁作品的内容，来体会作者的情感和写作意图，从而把握作品的思想主题，定好朗读基调，结合朗读目标，运用朗读技巧来提高朗读效果。

以下是不同文体作品的朗诵实例，请反复朗诵几遍，朗诵时认真体会，反复推敲，注意把握不同文体作品的朗诵技巧。

（一）诗歌

送孟浩然之广陵

李白

故人西辞黄鹤楼，烟花三月下扬州。

孤帆远影碧空尽，唯见长江天际流。

这是一首七言绝句，我们先从其思想主题开始分析。这是一首送别诗，思想内容是表达作者李白对老友孟浩然依依不舍的深情。因此，朗诵这首诗，节奏宜舒缓，以体现诗中所蕴含的惜别之情。朗诵者只有理解诗作内容、把握作品主题，才能通过朗读赋予诗中的人物、事物、情景以鲜活的生命力，才能确定恰当的语调，找出突出目的的重音。

诗的前两句是叙事，朗读时音调宜稍低。"西辞"点明了老友的去向，"三月"点明了辞去的时间，所以"西""三"要读得略重。可是"西辞""三月"又各在句子中腹，一般说来，句子中腹的词语要比其前后成分读得稍轻，以轻重交错来表现格律诗的音乐美。"辞""月"二字应稍延长，以突出"黄鹤楼""扬州"两个地名，鲜明地表现作者对老友远去千里之外的深深不舍之情。后两句是写景，要从空阔宏大的景色描述中渲染出作者真切浓重的感情。"孤"和"远"二字表现了故人独自远行的情景和诗人惆怅寂寞的内心，可用重读进行强调。"碧空尽"要读成升调，以衔接下句，使这两句所描绘的画面浑然一体。最后一句"唯见长江天际流"语速应渐慢，音量也渐弱，显示行舟渐远渐小，慢慢地消失在水天相接的地方。"天际流"三字要读得轻柔舒展，如静静的流水、绵绵的情意，声止而情不尽。

秋晚的江上

刘大白

归巢的鸟儿，

尽管是倦了，

还驮着斜阳回去。

双翅一翻，

把斜阳掉在江上；

头白的芦苇，

也妆成一瞬的红颜了。

这首诗从整体框架上采用了当时流行的小诗体，小幅的描写，简洁的勾勒，散文的句式，即兴的抒发，描绘出了一个江边秋天黄昏时的景象。朗读时感受诗人笔下那一股悲哀的美，正是这一种美，叫人留恋，也叫人感伤。留恋的是老去的斜阳，感伤的是斜阳的老去。美总是短暂而叫人惋惜的。

（二）散文

陋室铭

刘禹锡

山不在高，有仙则名。水不在深，有龙则灵。斯是陋室，惟吾德馨。苔痕上阶绿，草色入帘青。谈笑有鸿儒，往来无白丁。可以调素琴，阅金经。无丝竹之乱耳，无案牍之劳形。南阳诸葛庐，西蜀子云亭。孔子云：何陋之有？

文言文的朗读，首先要打好文言文的基础，能够准确解释"之、乎、者、也、矣、焉、哉"和"夫、故、谓、其、云、尔、乃"等词语的词义，疏通文章脉络结构，进而掌握文言文的抑扬顿挫，用现代人的理解诠释文言文，用现代的风格读出文言文的韵味。《陋室铭》是唐代进步思想家、诗人刘禹锡为勉励自己而作的铭文，表现了作者洁身自好、孤芳自赏、不与权贵世俗同流合污的耿傲秉性。所以，朗诵时要站在作者的角度，既清高又儒雅；自我夸赞，自我满足，对世俗权贵不屑一顾的语气始终贯穿着。还要注意拖音、停顿的技巧须在充分理解词义的基础上发挥，尤其结尾用夸张的语势强调"何陋之有"，甚至可以傲然大笑来结束。

听潮的故事

鲁彦

一年夏天，趁着刚离开厌烦的军队的职务，我和妻坐着海轮，到了一个有名的岛上。

这里是佛国，全岛周围三十里中，除了七八家店铺以外，全是寺院。为了要完全隔绝红尘的凡缘，几千个出了俗的和尚绝对地拒绝了出家的尼姑在这里修道，连开店铺的人也被禁止了带女眷在这里居住，荤菜是不准上岸的，开店的人也受这拘束。

…………

"现在这海——这海完全是我们的了！"当天晚上，我们靠着凉台的栏杆，赏玩海景的时候，妻又高兴地叫着说。

大海上一片静寂。在我们的脚下，波浪轻轻地吻着岩石，睡眠了似的。在平静的深暗的海面上，月光辟了一条狭而且长的明亮的路，闪闪地颤动着，银鳞一般。远处灯塔上的红光镶在黑暗的空间，像是一个宝玉。它和那海面银光在我们面前揭开了海的神秘——那不是狂暴的不测的可怕的神秘，那是幽静的和平的愉悦的神秘。我们的脚下仿佛轻松起来，平静地，宽怀地，带着欣幸与希望，走上了那银光的道路，朝着宝玉般的红光走了去。

"岂止成佛呵！"妻低声的说着，偏过脸来偎着我的脸。她心中的喜悦正和我的一样。

海在我们脚下沉吟着，诗人一般。那声音像是朦胧的月光和玫瑰花间的晨雾那样的温柔，像是情人的蜜语那样的甜美。低低地，轻轻地，像微风拂过琴弦，像落花飘到水上。

海睡熟了。

大小的岛屿拥抱着，偎依着，也静静地朦胧地入了睡乡。

星星在头上也眨着疲倦的眼，也将睡了。

许久许久，我们也像入了睡似的，停止了一切的思念和情绪。

不晓得过了多少时候，远处一个寺院里的钟声突然惊醒了海的沉睡。它现在激起了海水的兴奋，渐渐向我们脚下的岩石推了过来，发出哺哺的声音，仿佛谁在海里吐着气。海面的银光跟着翻动起来，银龙似的。接着我们脚下的岩石里就像铃子，铙钹，钟鼓在响着，愈响愈大了。

没有风。海自己醒了，动着。它转侧着，打着呵欠，伸着腰和脚，抹着眼睛。因为岛屿挡住了它的转动，它在用脚踢着，用手拍着，用牙咬着。它一刻比一刻兴奋，一刻比一刻用力。岩石渐渐起了战栗，发出抵抗的叫声，打碎了海的鳞片。

海受了创伤，愤怒了。

它叫吼着，猛烈地往岸边袭击了过来，冲进了岩石的每一个罅隙里，扰乱岩石的后方，接着又来了正面的攻击，刺打着岩石的壁垒。

声音越来越大了。战鼓声，金锣声，枪炮声，呐喊声，叫号声，哭泣声，马蹄声，车轮声，飞机的机翼声，火车的汽笛声，都掺杂在一起，千军万马混战了起来。

银光消失了。海水疯狂地汹涌着，吞没了远近的岛屿。它从我们的脚下浮了起来，雷似地怒吼着，一阵阵地将满带着血腥的浪花泼溅在我们的身上。

"可怕的海！"妻战栗地叫着说，"这里会塌哩！"

"哪里的话！"

"至少这声音是可怕得够了！"

"伟大的声音！海的美就在这里了！"我说。

"你看那红光！"妻指着远处越发明亮的灯塔上的红灯说，"它镶在黑暗的空间，像是血！可怕的血！"

"倘若是血，就愈显得海的伟大哩！"

妻不复做声了，她像感觉到我的话的残忍似的，静默而又恐怖地走进了房里。

现在她开始起了回家的念头。她不再说那海是我们的话了。每次潮来的时候，她便忧郁地坐在房里，把窗子也关了起来。

"向来是这样的，你看！"退潮的时候，我指着海边对她说。"一来一去，是故事！来的时候凶猛，去的时候多么平静呵！一样的美！"

然而她不承认我的话。她总觉得那是使她恐惧，使她厌憎的。倘使我的感觉和她的一样，她愿意立刻就离开这里。但为了我，她愿意再留半个月。我喜欢海，尤其是潮来的时候。因此即使是和妻一道关在房子里，从闭着的窗户里听着外面模糊的潮音，也觉得很满意，再留半个月，尽够欣幸了。

散文是作者通过对生活片段的观察和描写来抒发思想感情的一种文学体裁。可以抒情、叙事、议论三者结合。具有篇幅短小、形式自由的特点。朗读鲁彦的这篇散文，也必须深刻理解作者的创作意图，紧紧把握住"形散而神聚"的命脉。无论作者如何海阔天空地谈古论今，如何挥洒自如地铺陈收放，朗读者都必须牢牢把握住主题思想这一主线。全文通过对海潮涨落绘声绘色的描述，表达了作者对大海真挚的爱慕之情。作者笔下大海的平静、温柔，或凶猛、雄壮，都是为实现主题思想服务的。我们朗读它，是对大海的伟大力量的歌颂。朗读时，只要紧紧把握这条统领全文的主线，就能做到脉络分明，语势顺畅。

《听潮的故事》由"静寂""涌动""咆哮"三部分组成。第一部分从"大海上一片静寂"开始，到"停止了一切的思念和情绪"，作者用比喻、拟人等修辞手法，描绘了大海的温柔静谧。"波浪轻轻地吻着岩石"中的"吻"，"海在我们脚下沉吟着"中的"沉吟"以及下面句子中的"温柔""芳醇""琴弦""拥抱""偎依""梦乡""慵懒""停止"等逻辑重音，都表现了落潮时刻的宁静。因此，朗读这一部分时，感情应是平静、温柔的，气息应是舒展缓慢的，声音应是柔和低细的。逻辑重音可用延长、轻读、前后稍顿等表达方式处理，以求和段落目的保持统一。

第二部分，从"不晓得过了多少时候"，到"打碎了海的鳞片"。描写了大海涨潮初起涌动的景象。"惊醒""掀""晃动""醒""喘着气""转侧着，打着哈欠，伸着腰和脚，抹着眼睛""踢着"等一系列的动词和动词短语都生动逼真地再现了由静到动海潮初起涌动的情景。朗读时，感情应是急躁、火辣的，气息应是磅礴、冲撞的，声音应是响亮、有力的，只有这样，才能表达出大海发怒的情态，表露大海的性格。

第三部分，从"海受了创伤，愤怒了"到"一阵阵地将满带着着血腥的浪花泼溅在我们的身上"。描写的是涨潮达到高峰，大海愤怒、咆哮的景象。"战鼓声、金锣声……千军万马混战了起来。"这一节是全文的高潮，也是表达大海雄壮美的重点段落。朗读时，感情应是炽热的，气息应是粗犷的，声音应是奔放的。朗读这段既要节奏鲜明，又要快速有力，一气呵成。着意重锤"混战"一词，并在此处戛然而止，不拖泥带水，以更好地体现歌颂大海伟大力量这一中心主题。

（三）小说

在柏林
［美］奥莱尔

　　一列火车缓慢地驶出柏林，车厢里尽是妇女和孩子，几乎看不到一个健壮的男子。在一节车厢里，坐着一位头发灰白的战时后备役老兵，坐在他身旁的是个身体虚弱而多病的老妇人。显然她在独自沉思，旅客们听到她在数着："一，二，三"，声音盖过了车轮的咔嚓咔嚓声。停顿了一会儿，她又重复起来。两个小姑娘看到这奇特的举动，指手画脚，不假思索地嗤笑起来。一个老头狠狠扫了她们一眼，随即车厢里平静了。

　　"一，二，三"，这个神志不清的老妇人又重复数着。两个小姑娘再次傻笑起来。这时，那位灰白头发的后备役老兵挺了挺身板，开口了。

　　"小姐，"他说，"当我告诉你们这位可怜夫人就是我的妻子时，你们大概不会再笑了。我们刚刚失去了三个儿子，他们是在战争中死去的。现在轮到我上前线了。走之前，我总得把他们的母亲送进疯人院啊。"

　　车厢里一片寂静，静得可怕。

　　小说朗诵要做到语气自然生动、表情准确从容、交代情景清晰、人物刻画鲜明。朗诵《在柏林》时，尤其应该注意转换好情绪，定好总基调，做到表情准确从容。因此，朗诵者必须在读懂小说、知晓故事后才能去朗诵，只有了解了小说的结构和中心思想，才能定出小说基调，把握好虚实结构的主副线关系，转换情绪，层层递进。小说的总基调是控诉法西斯发动的侵略战争，主线是被战争伤害的疯老婆子，在大声地数数；副线是老兵和小女孩，情绪转换由第一次瞪了一眼小女孩发展到挺了挺身板开口，到最后情绪落到冰点，所有人都在哀伤和思考。注意描述老太婆数"一，二，三"的痛苦号叫。老兵最后的话充满了无奈、悲凉："我总得"是控诉的情绪，"院"字须抖出哭腔为宜。

第二节　演讲训练

一、命题演讲训练

　　演讲的分类很多，但与演讲技能训练有直接关系的是命题演讲。命题演讲因为有较充分的准备，无论是材料的选择，主题的确立，讲稿的设计，还是登台演讲，都具有严谨性和针对性。内容也具有稳定性，所受时境的限制较少。同时，命题演讲要求做到以理服人、以情取胜。这些特点是我们在演讲训练时应重点把握的。

　　命题演讲训练主要从两个环节进行训练：演讲稿写作训练和登台试讲训练。首先，演讲稿的写作要做到开头引人入胜，结尾余音绕梁，正文脉络清晰、跌宕起伏。

（一）开头要引人入胜

"良好的开端是成功的一半。"开场成功，能吸引听众的注意力，为全篇演讲定下基调。常见的开头方式有：开宗明义式、叙事导入式、设问开篇式、名言引用式、悬念设置式、道具示意式等。来看几个示例。

开宗明义式。毛泽东《改造我们的学习》的开头："我主张将我们全党的学习方法和学习制度改造一下。其理由……"。

设问开篇式。李大钊著名讲演《庶民的胜利》的开场白："我们这几天庆祝战胜，实在是热闹得很，可是战胜的，究竟是哪一个？我们庆祝，究竟是为哪庆祝？我老老实实地讲一句话……"。

名言引用式。一篇《走自己的路》的演讲开头："'路漫漫其修远兮，吾将上下而求索。'今天，对于在座的每一位同学来说，都会是难忘的一天，因为从今天开始，我们都将结束校园生活，踏入社会这个更大的课堂。站在新的人生起点，面对未来，我们将何去何从？从屈原的这句名言我们可以得到很多的启示……"。

无论哪种开头，都必须能够吸引听众，引出正文。切忌平淡乏味，废话连篇。

（二）结尾要余音绕梁

常见结尾方式，除了教材提到的总结式、呼吁式、警句式、照应式，还有展望式、祝愿式等。来看几个示例。

总结式结尾。邓小平在演讲《军队要整顿》时的结尾："今天就同大家见个面。军队究竟怎么搞法，这个问题以后还要再议。但是我想，刚才说的军队要整顿，要安定团结，要落实政策，这些原则问题是不会错的。为了做到这些，我们要增强党性，消除派性，加强纪律性，提高工作效率。希望我们总参谋部所有干部，本着这样的精神团结起来，把工作做好。"

展望式结尾。毛泽东在中共七大上所致的闭幕词的结尾："我们坚决相信，中国人民将要在中国共产党领导之下，在中国共产党第七次大会的路线的领导之下，得到完全的胜利，而国民党的反革命路线必然要失败。"

祝愿式结尾。尼克松在答谢宴会上的祝酒词的结尾："我请大家站起来和我一起举杯，为毛主席，为周总理，为我们两国人民，为我们孩子们的希望——即我们这一代能给他们留下和平与和睦的遗产，干杯！"

结尾的方式应根据演讲内容的不同来选择，切忌拖泥带水，言不由衷，敷衍了事。

（三）正文要脉络清晰、跌宕起伏

这部分写得如何决定着演讲稿全篇的质量。这部分写作要做到：

1.紧扣主题，语不离宗。紧接开头提出的问题和观点，围绕主题层层深入地展开论述，把蕴含深邃思想和丰富感情、能充分体现演讲中心和目的的情节、段落，集中力量讲深论透。

2.描述得法，严谨论证。描述好事物的声、色、形、味和人们的喜、怒、哀、乐，可以激发听众情感。通过深入分析、逻辑推理来解剖具体事例，同样可以激发人心。

3.虚实并举，情理相生。一篇演讲稿，既要有深刻的道理，又要有生动的事例；既要晓之以理，又要动之以情。虚实并举，情理相生，才会有较强的说服力和感染力。

4.多种艺术手法综合并用。可以综合运用幽默法、蒙太奇手法等增强演讲稿艺术感染力。

二、登台试讲训练

这一环节的训练主要包括演讲前的准备、演讲时的语言技巧。

演讲前的准备主要是熟记和驾驭演讲稿。要提高演讲效果，就必须认真理解、记忆和驾驭演讲稿。要从意义上熟记演讲稿的中心，从结构上记忆演讲稿的脉络和层次，从形象上熟记稿中的典型事例，从理解上牢记稿中的名言警句，最后从感情上进入演讲规定的角色。另外，也包括着装、情绪等因素。着装要求适应演讲时的环境，大方、得体；情绪上要自信，可采用心境调节、语言暗示、分散注意等方法克服怯场的心理，从容淡定，自然表述。

演讲时的语言技巧包括语言表述的训练和表情、手势等态势语言的训练。语言表述的训练主要为注重停连、重音、节奏和句调等基本语音技巧。表情、眼神、站姿、手势等态势语言的有效运用对演讲能起到深化语意、加强语势的作用。训练时需予以重视。

训练一：

用下列题目做演讲稿写作训练，注意前面所讲的演讲稿开头、正文、结尾的写法，成稿前选择最好的模式结构全篇。

1.当我第一次走上讲台时
2.相信自己
3.人生的意义
4.我们班级的热门话题
5.做时间的主人
6.让青春无悔
7.我的理想
8.真诚无价
9.笑对生活
10.培养责任心

训练二：

试讲训练。熟读下面几段演讲内容，注意把握演讲主题，综合运用语言技巧和态势语，先进行单独演练，然后公开试讲。

1.鲁迅先生1927年2月16日在香港青年会上的演讲《无声的中国》

将文章当作古董，以不能使人认识，使人懂得为好，也许是有趣的事罢。但是，结果怎样呢？是我们已经不能将我们想说的话说出来，我们受了损害，受了侮辱，总是不能说出些应说的话。拿最近的事情来说，如中日战争，拳匪事件，民元革命这些大事件，一直到现在，我们可有一部像样的著作？民国以来，也还是谁也不做声。反而在外国，倒常有说起中国的，但那都不是中国人自己的声音，是别人的声音。

…………

中国人的性情是总喜欢调和，折中的。譬如你说，这屋子太暗，须在这里开一个窗，大家一定不允许的。但如果你主张拆掉屋顶，他们就会来调和，愿意开窗了。没有更激烈的主张，他们总连平和的改革也不肯行。那时白话文之得以通行，就因为有废掉中国字而用罗马字母的议论的缘故。

其实，文言和白话的优劣的讨论，本该早已过去了，但中国是总不肯早早解决的，到现在还有许多无谓的议论。例如，有的说：古文各省人都能懂，白话就各处不同，反而不能互相了解了。殊不知这只要教育普及和交通发达就好，那时就人人都能懂较为易解的白话文；至于古文，何尝各省人都能懂，便是一省里，也没有许多人懂得的。有的说：如果都用白话文，人们便不能看古书，中国的文化就灭亡了，其实呢，现在的人们大可以不必看古书，即使古书里真有好东西，也可以用白话来译出的，用不着那么心惊胆战。他们又有人说，外国尚且译中国书，足见其好，我们自己倒不看么？殊不知埃及的古书，外国人也译，非洲黑人的神话，外国人也译，他们别有用意，即使译出，也算不了怎样光荣的事的。

…………

青年们先可以将中国变成一个有声的中国。大胆地说话，勇敢地进行，忘掉了一切利害，推开了古人，将自己的真心的话发表出来。——真，自然是不容易的。譬如态度，就不容易真，讲演时候就不是我的真态度，因为我对朋友，孩子说话时候的态度是不这样的。——但总可以说些较真的话，发些较真的声音。只有真的声音，才能感动中国的人和世界的人；必须有了真的声音，才能和世界的人同在世界上生活。

我们试想现在没有声音的民族是哪几种民族。我们可听到埃及人的声音？可听到安南，朝鲜的声音？印度除了泰戈尔，别的声音可还有？

我们此后实在只有两条路：一是抱着古文而死掉，一是舍掉古文而生存。

2. 鲁迅先生1923年12月26日在北京女子高等师范学校文艺会上的演讲《娜拉走后怎样》

我今天要讲的是"娜拉走后怎样？"

伊孛生是十九世纪后半的瑙威的一个文人。他的著作，除了几十首诗之外，其余都是剧本。这些剧本里面，有一时期是大抵含有社会问题的，世间也称作"社会剧"，其中有一篇就是《娜拉》。

《娜拉》一名 Ein Puppenheim，中国译作《傀儡家庭》。但 Puppe 不单是牵线的傀儡，孩子抱着玩的人形也是；引申开去，别人怎么指挥，他便怎么做的人也是。娜拉当初是满足地生活在所谓幸福的家庭里的，但是她竟觉悟了：自己是丈夫的傀儡，孩子们又是她的傀儡。她于是走了，只听得关门声，接着就是闭幕。这想来大家都知道，不必细说了。

…………

但娜拉毕竟是走了的。走了以后怎样？伊孛生并无解答：而且他已经死了。即使不死，他也不负解答的责任。因为伊孛生是在做诗，不是为社会提出问题来而且代为解答。就如黄莺一样，因为它自己要歌唱，所以它歌唱，不是要唱给人们听得有趣，有益。伊孛生是很不通世故的，相传在许多妇女们一同招待他的筵宴上，代表者起来致谢他作了《傀儡家庭》，将女性的自觉，解放这些事，给人心以新的启示的时候，他却答道，"我写那篇却并不是这意思，我不过是做诗。"

…………

人生最苦痛的是梦醒了无路可以走。做梦的人是幸福的；倘没有看出可走的路，最要紧的是不要去惊醒他。你看，唐朝的诗人李贺不是困顿了一世的么？而他临死的时候，却对他的母亲说，"阿妈，上帝造成了白玉楼，叫我做文章落成去了。"这岂非明明是一个谎，一个梦？然而一个小的和一个老的，一个死的和一个活的，死的高兴地死去，活的放心地活着。说谎和做梦，在这些时候便见得伟大。所以我想，假使寻不出路，我们所要的倒是梦。

但是，万不可做将来的梦。阿尔志跋绥夫曾经借了他所做的小说，质问过梦想将来的黄金世界的理想家，因为要造那世界，先唤起许多人们来受苦。他说，"你们将黄金世界预约给他们的子孙了，可是有什么给他们自己呢？"有是有的，就是将来的希望。但代价也太大了，为了这希望，要使人练敏了感觉来更深切地感到自己的苦痛，叫起灵魂来目睹他自己的腐烂的尸骸。惟有说谎和做梦，这些时候便见得伟大。所以我想，假使寻不出路，我们所要的就是梦；但不要将来的梦，只要目前的梦。

然而娜拉既然醒了，是很不容易回到梦境的，因此只得走：可是走以后，有时却也免不掉堕落或回来。否则，就得问：她除了觉醒的心以外，还带了什么去？倘只有一条像诸君一样的紫红的绒绳的围巾，那可是无论宽到二尺或三尺，也完全是不中用。她还须更富有，提包里有准备，直白地说，就是要有钱。

…………

只是这牺牲的适意是属于自己的，与志士们之所谓为社会者无涉。群众，——尤其是中国的，——永远是戏剧的看客。牺牲上场，如果显得慷慨，他们就看了悲壮剧；如果显得觳觫，他们就看了滑稽剧。北京的羊肉铺前常有几个人张着嘴看剥羊，仿佛颇愉快，人的牺牲能给与他们的益处，也不过如此。而况事后走不几步，他们并这一点愉快也就忘却了。

对于这样的群众没有法，只好使他们无戏可看倒是疗救，正无需乎震骇一时的牺牲，不如深沉的韧性的战斗。

可惜中国太难改变了，即使搬动一张桌子，改装一个火炉，几乎也要血；而且即使有了血，也未必一定能搬动，能改装。不是很大的鞭子打在背上，中国自己是不肯动弹的。我想这鞭子总要来，好坏是别一问题，然而总要打到的。但是从哪里来，怎么地来，我也是不能确切地知道。

我这讲演也就此完结了。

第三节　发言训练

发言一般是在会议、晚会或聚会上的讲话。发言不乏有文稿准备的发言，但与发言训练有直接关系的是即席发言训练。因为其没有事先准备，所以具有较大的难度。发言要取得良好的效果，不仅要求发言者具有渊博的知识、良好的心理素质，还要具有即席（即兴）发言的技巧，这都是即席发言训练需要侧重的方面。

一、即席发言的要领

（一）调整心态，树立信心

在会场上，一旦觉得需要讲话或被邀请无法不讲的时候，应该马上排除杂念，克服怯场心理，树立信心，进入构思状态。

（二）快速选题，明确中心

首先要根据会议主旨、会议氛围和参加人员等基本情境迅速确定要讲什么，表达一种什么意思或情感。其方法有这么几种：一是力争从最新颖的角度谈；二是谈自己感受最深，又最易把握的话题；三是主题要集中，果断地选准一点，坚决地抓住一点，以便从这点引申、展开，迅速形成讲话的体系。

（三）快速取材，组织语言

"巧妇难为无米之炊"，在确定了中心主题后，要快速搜集材料。基本原则是就近就便，取易舍难。这样做，一来可以避开不能从容搜集资料的局限，二可以使讲话更具有感染力。取材的途径有：从现场人、事、物中取材；从自己的生活背景和生活经验中取材；用联想法从其他方面调用可靠材料。然后，迅速对素材进行整理，考虑先讲哪句，后讲哪句，在大脑中对语言进行组织。

（四）快速结构，构建框架

即席发言一般说来都比较短小、简洁，因而它的结构有着独特的特点。大体来讲，即席发言有一事一理结构、正反对比结构、递进式结构和辐射式结构。一事一理结构即突出一个主题，运用一个典型事例，阐述一个道理；正反对比结构即从正反两个方面对比说明事理，突出主题；递进式结构即采用层层推进式的论述方法，由表及里，层层深入，把即兴发言的中心思想阐述清楚、明白；辐射式结构即多角度、多层次地论证事理。

二、即席发言思维训练

即席发言需要在极短的时间内迅速展开思维，汇集材料，并按照题旨的要求进行选择和组合，形成较完整的腹稿。有时在特定的场合，甚至没有打腹稿的时间，要求思维敏捷，构思与语言同步，因此必须在思维训练上下功夫。下面介绍几种训练方法。

（一）速接法

速接法即话语的快速递接，主要是促进人的思维运转，培养人迅速捕捉信息、及时反馈的能力。举例来说，训练者按一定顺序排列，第一人说"岁岁年年人不同"，第二人以第一人的末尾字为自己的开头字，如"同是天涯沦落人"；第三人又以第二人的末尾字开头，如"人间处处有真情"；其他人依此类推，循环往复。

训练一：

成语接龙，以下面每个成语的最后一个字为首字说出新成语，依此类推。

胸有成竹；灰飞烟灭；通宵达旦；尽善尽美；流星赶月。

参考：竹报平安 → 安富尊荣 → 荣华富贵；

月下老人 → 人杰地灵 → 灵机一动。

（二）应对法

这是一种快速答话的方法，即在接对的瞬间，迅速地根据不同的语境和发问方式将对答的内容、角度和形式做机敏的调整。一是顺承转接，先顺应对方观点然后灵活变通地转入对自己见解的表达。如，有人讲"听说你发表了一篇短篇小说，很有点轰动效应，但这可能会使你飘飘然起来"，你如何顺接？参考答案：这种情绪或许会潜滋暗长的，不过我不会忘记箱子里成捆的退稿。二是逆向应对。当遇到突发性的有意诘难时，有时以"顺贬"为特征的反诘不失为一种有效的方法。如，一个已婚者问一个大龄青年："我不明白，你长得不丑，怎么就是不结婚呢？"你如何回答呢？参考答案：这也许是因为我挑得比你仔细吧。三是机敏曲对。面对让人非常难堪的刁钻诘难，可以突破问句的限制，有意将问句语义分离曲解，这也是权宜之计。如某单位评优，有人选甲，乙就冲着甲说风凉话："一个满身缺点的人也想当先进？"该如何回答？参考答案：甲可以就"满身缺点"分离曲解进行回应——我身上确实有许多缺点，肚脐眼就是身上的一个缺点嘛。

（三）连缀法

运用敏锐的观察力，把会议现场的众多因素与发言主题巧妙自然地联系起来。这些因素可以是会场、人员、陈设，也可以是天气及会议前后有趣的事甚至是会议讲话中的某些词。举个例子。1927年的一天，向井冈山进军的红军战士忙着给"老俵"家挑水。当时部队刚遭受挫折，战士们议论纷纷。这时毛泽东同志来到战士中间，大家都热情地围上来请他讲话，他当即分析了遭受挫折的原因和革命形势。他指着院里的大水缸说："现在蒋介石好比一只大'水缸'，我们红军好比一块小'石头'，'水缸'样子挺大，但经不起石头一击。我们这块小'石头'一定能砸烂蒋介石这只大'水缸'。"毛泽东同志巧妙地结合当时现场，选了"水缸"和"石头"这两个物体，形象地比喻为"蒋介石"和"红军"，同时又通过"水缸"和"石头"之间的关系来比喻当时的革命形势，深入浅出，通俗易懂，丝毫没有说教的意味。

训练二：

上海市新闻工作者协会王维同志出席上海市企业报记协成立大会。大会是在上海第三钢铁厂新建的宽敞的俱乐部会议大厅召开的。而且会议现场摆放着盛开的杜鹃花，煞是喜庆美丽。假如邀请他即席发言，他根据会场、人员和鲜花这些因素进行连缀，会如何讲呢？

参考：我来参加会议，没想到有这么好的会场，这个会场不要说是上海市企业报记者协会成立大会，就是上海市记协成立大会也可以在这里召开。没有想到有这么多的企业报记者参加这个大会，它说明企业报的同仁是热爱自己的组织，支持这个组织的。没有想到，今天摆在主席台上的杜鹃花这么美丽。鲜花盛开这标志着企业报记者协会也会像杜鹃花一样兴旺、发达……

训练三：

《书讯报》主编赍伟受邀在上海市"钻石表杯"业余书评授奖大会上作即席发言。假如你是他，请你结合会议宗旨、会议名称等因素，做一个即席发言。

参考：今天，我来参加"钻石表杯"业余书评授奖会，我想说的一句话是：钻石代表坚韧，手表意味时间，时间显示效率。坚韧与效率的结合，这是一个人读书的成功所在，一个人的希望所在。谢谢大家。

训练四：

运用连缀法，以"校友会""咖啡"和"遭遇"三个词为因素，进行即席发言。

参考：一次校友会后，几个老同学在某同学家里碰头，主人问我喝什么饮料，我说，来杯咖啡吧。咖啡，加点方糖，甜中有苦，苦中有甜，二者混杂在一起，有一股令人难忘的味道。我想，它正好与我们这一代人的遭遇相似，与我们对人生的回味相同。

（四）扩句法

扩句法即"立片言以居要"。发言时，开门见山地提出自己的见解或主张，适当做几句阐发后，接着从正面、反面发表议论；或从"为什么""怎么做"发表议论，并以适当的实例、名言为佐证，形成较好的即兴发言。

举例来说，将"长江大学10多名大学生手拉手扑进江中舍己救人"扩句成篇。

参考：长江大学10多名大学生手拉手扑进江中舍己救人，救起了一代人的精神。对于90后的"新新人类"，我们总是拿"自私、性早熟、物欲强烈、无病呻吟"作为口实，慨叹"一代不如一代"，我们自己何尝真正脱离了偏见和狭隘。

的确，00后会说，"责任是父母的事，作为新一代，我们的责任就是放弃责任，活出轻松"；00后会想，"白毛女为何不嫁黄世仁？"00后不屑经典、拒绝偶像，我要写我的"火星文"，我不介意被叫"脑残"，我偏要爱我的"非主流"。

每个时代都有这个时代的"小顽疾"。80后、90后，也曾被唤作"愤青""垮掉的一代"。没有点小性子，哪有真少年。唯有不苟且、驱怯懦，才能惟豪壮、故冒险。

三、发言综合技能训练

发言综合技能训练的注意点，主要有以下三方面：

1.要注意以积极的姿态对待即兴发言，要充满自信，克服怯场心理。

2.要善于捕捉灵感，注意培养即兴意识，这样才能言人所未言，讲人所未讲。

3.平时要注意知识的积累，注意思维能力、语言表达能力和应变能力的培养。

训练五：

请根据下面的题目和素材，构思一段即兴发言。

题目：如何面对失败

素材：

1.人生最大的失败；

2.失败是一种财富；

3.不倒翁；

4.必修功课。

参考：**如何面对失败**

不愿意面对失败与不愿意承认失败同样不可取，人生最大的失败就是永不言败和永不敢败。

失败是一种财富。每当你开始做一件事的时候，失败可能随时伴随着你。如果你害怕失败，那么你就将一事无成。每一个做父母的都知道，孩子不摔几跤是学不会走和跑的，而当父母看到孩子在摔跤中学会了走和跑的时候，他们的心情是激动的。

听说过这样一个故事：有一个步行的人，因为路不平而摔了跤，他爬起来，可是没走几步，一不小心又摔了一跤，于是他便趴在地上不再起来了。有人问他："你怎么不爬起来继续走呢？"那人说："既然爬起来还会跌倒，我干吗还要起来？不如就这样趴着，就不会再摔倒了。"这样的人，你一定认为他非常可笑，因为摔怕了，所以不敢再起来继续往前走，那么他也就永远无法到达他的目的地。你肯定见过一种叫作"不倒翁"的玩具。"不倒翁"的重心在下面，所以无论你怎么推它，捅它，只要一松手，它立刻又会直立起来，因此，它永远都不会趴下。人生正是这样，由于不断地经受磨难，人才能变得更坚强。你从失败中学到的东西，远比你从成功的经验中学到的东西要多得多。

所以说，不愿意面对失败与不愿意承认失败同样不可取，人生最大的失败，就是永不言败和永不敢败。其实，如果你能够把失败当成人生必修的功课之一，那么你就会发现，几乎所有的失败和经历，都会给你带来一些意想不到的益处。把失败当作你人生成功的基础，这是你最好的选择。

第四节　主持训练

信息时代下，广播、电视等媒介深入家家户户，对人们的生活产生了很大的影响，主持成为人们喜闻乐见的艺术形式。本节重点从基本能力和主持言语两个方面进行主持训练。

一、主持基本能力训练

（一）丰富的知识储备

主持词是鱼，知识是水，有了丰富的知识才可能有精巧的构思，才可能有精到的言语，才可能有机智巧妙的应对，主持才可能游刃有余。因此，要加强学习，广泛涉猎，注意平时的知识积累，厚积而薄发。

（二）敏锐的观察力

主持人要有一双敏锐的眼睛，在主持会议、活动过程中，面对各种复杂情况，随时能准确地观察并迅速地做出判断，掌握主持活动的主动权。因此，主持人要在生活中，在日常交际中有意识地培养自己的观察力、洞察力，及时准确地捕捉信息和热点。

（三）机智的应变力

能够快速地思考、准确地进行综合与判断，巧妙地根据所在场合的群众情绪、气氛和突发的新情况调整语言，并做出处置，是主持人的一项重要能力。要达到这一要求，就得具备良好的心态，遇到紧急情况不慌乱，从容淡定，而且要进行不懈的快速思维方面的锻炼。

（四）强烈的亲和力

当一名主持人站在台前时，他就不再是自己，而是一种精神、一种思想、一种风度、一种形象，风格与个性要让观众接受、信服。

（五）深刻的表现力

一个成功的节目离不开成功的节目主持人。主持人是通过深刻的表现力实现其自身价值的，表现力是个性与共性的完美结合。这种表现力来自丰富的文化知识积累以及主持人明快的语言、得体的态势等。

训练一：
看一看下面的主持人都表现了他们哪方面的能力？

1.一位主持人上台时不慎被话筒线绊倒了，当时台下观众发出了一片唏嘘声，气氛降到了冰点。这位主持人爬起来，不慌不忙地拿起话筒，微笑着对观众说："朋友们，我确实为大家的热情倾倒了。谢谢！"顿时，全场响起了热烈的掌声。

2.节目主持人杨澜在广州主持的一次文艺晚会上，中途谢幕退场时，不小心踩空台阶，滚到台下，台下的观众一片哗然。杨澜迅速站起，面带笑容，镇定地对观众说："真是人有失足，马有失蹄，我刚才的狮子滚绣球滚得不够熟练吧？看来这次演出的台阶还不那么好下呢。但是台上的节目会很精彩，不信，大家瞧他们。"

训练二：
下面这段话是中央电视台节目《一丹话题》中《教师随想——教师流失》一期的结尾。它采用类比、引用、设问等方式发表议论，强化了谈话的主题，起到了振聋发聩的作用。体会一下主持人的知识水平、联想能力与语言深刻的表现力对于主持的作用。

在这里说了半天"流失"，我想起小时候，第一次听到"流失"这个词，是在一部科技片里。记得那部科技片是讲泥石流的，伴随着泥石流暴发的可怕画面，我第一次听到了"流失"这个词。从此听到"流失"这个词似乎就有一种不祥之兆。

现在眼前的教师在"流失"，对教育来说，恐怕也不是个好兆头。土壤流失了，秧苗怎么办呢？教师流失了，教育怎么办呢？今天教育搞不好，明天我们的经济会怎么样呢？冰心老人曾经痛心疾首地说："我们不能坐视堂堂一个中华民族在21世纪变成文化沙漠。"绿洲一点一点流失，于是就变成了沙漠。从这个意义上说，眼前的教师流失是不是我们应当关注的信号呢？

二、主持言语训练

（一）开场

无论是会议开场还是活动开场，关键都是要先声夺人、引人入胜，牢牢吸引住听众。我们来看一下一次同学毕业20年聚会时的开场：

女：仿佛在梦中，仿佛是在昨天。当年没说再见，我们匆匆走散。20年，20年的别离，我们相聚在今天。

男：看一看陌生而又成熟的脸，这是岁月年轮的点染。曾是单纯而幼稚的脸庞，变得成熟而又干练。

女：20年同学相见，心里是不是有些慌乱？过去的岁月，留下多少遗憾？终于握住的手，再不愿松开。

男：同学们，这里的酒已斟满，杯中洒满幸福的欢颜。让我们举起酒杯相互祝愿，愿同学们幸福平安！

女：斗转星移，日月如梭，青春的时光就要度过。让蓝天白云为我们起舞，让青山绿水为我们作赋。

男：同学们，昨天已经过去，把握住今天，我们的明天会更加灿烂。

女：同学万岁！愿我们的友谊天长地久！

合：愿我们的友谊天长地久！

这个开场白，以情入境，把同学们之间蕴含的深厚情感一下子激发出来，产生了强烈的共鸣效应。再加上使用了诗一样的语言，将同学久别重逢的激动心情恰到好处地表达出来。

我们再来体会一下下面的开场：

1.我国古代禅师青原惟信说，人生旅途有三个拐弯：首先是见山是山，见水是水；而后是见山不是山，见水不是水；最后是见山依旧是山，见水依旧是水。下面有请徐贞教授为我们做报告，报告的题目是《写作的真谛》。

2.传说佛祖临终之际，留给弟子的遗言是："自以为灯，自以为靠。"如果你内心正经历着浓厚的黑暗，那么就点亮自己的心灯，用自己的信念和智慧之光，驱散眼前的黑暗，照亮自己脚下的路。让我们以热烈的掌声欢迎王教授为我们做讲座，题目是《完成一次独立的行走》。

这种开场白先不点明主旨，而采用委婉的方式，曲径通幽，逐渐引起人们的注意，最后，逐渐显露真谛，一语道破，真相大白。例1中，主持人先引用禅师关于人生的富含哲理的阐述，然后再引出报告的题目。例2中主持人由佛祖对弟子的临终遗言讲起，指出要点亮自己的心灯，然后引出青年人要不等不靠、自强自立的话题。

（二）推进

主持人有时是一个引导者，他要不断为节目做铺垫，在节目中搭桥，在推进中烘托渲染气氛，体现整体风格。

2004年全国朗诵艺术大赛颁奖晚会，主持人在介绍朗诵人和作品时，是这样推进的：

男：台湾诗人余光中先生的《乡愁》，在大陆广为流传。因为自古以来大陆和台湾就是同祖同宗、同根同源，血脉相同、语言相同、文字相同。

女：今天，我们非常高兴颁奖晚会的现场请到了76岁高龄的余光中先生。虽然这首《乡愁》我们都非常熟悉了，但是在这个现场听听他的朗诵，相信会带给您全新的感受。

当进行完中国作品的"华彩乐章"之后，下面要推出外国文学作品的朗诵，主持人是这样推进的：

男：亲爱的观众朋友，外国优秀的文学作品传入我国，对我国文学的发展和创作起到了重要的促进作用。

女：是的，这些优秀的文学作品影响了我国一代或几代人。

男：好，下面请让我们进入本届颁奖晚会的第三篇章"蓝色风铃"。请欣赏《海燕》。

……

女：观众朋友，提起匈牙利诗人裴多菲，我们会联想起他的诗"生命诚可贵，爱情价更高。若为自由故，二者皆可抛"。其实，他表达的崇高的爱情，也贯穿在他的另一篇作品《我愿意是急流》中。请欣赏《我愿意是急流》。

总之，主持人要把一个个节目内容串联起来，过渡照应，承上启下，层层推进，使之成为一个有机的整体。

（三）结束

结束语作为一次会议或活动的尾声，对深化活动主题，总结活动意义非常重要。好的主持词应该新颖脱俗，言简意赅，意味深长，使活动显得更加圆满成功，或使活动的主题更加鲜明。

我们来看一下"心连心"艺术团第40场慰问演出结尾的主持词，体会结束语的妙处。

张政：朋友们，在激情的红土地上，我们正创造着一种神奇。

周涛：在祖国版图中部，我们把历史、今天、未来，紧紧联系在一起。

瞿弦和：四千二百万英雄的江西人民，在蔚蓝色的天空中放飞着理想。

文清：四千二百万英雄的江西人民，正以大开放的姿态走向新世纪。

张政：让我们紧密团结在党中央的周围。

周涛：万众一心，奋发图强。

瞿弦和：把中国特色社会主义事业不断推向前进。

文清：共同创造，我们的幸福生活和美好未来。

张政：江西的明天，一定会更加美好，祖国的明天，一定会——

合：更加美好！

（歌舞：《中国永远收获着希望》，结束）

训练三：

下面是一次朗诵会的几段推进串联词，它们承上启下，使节目衔接自然、紧凑，可谓天衣无缝。丰富的形象，深刻的哲理，激荡的情思，涌动在字里行间；句式齐整而富有韵律，词语典雅又富有生气，如诗如歌，与节目交相辉映，使受众沉浸在浓郁的诗情画意之中。思考、学习两个问题：一是几段串联词是怎样发挥推进作用的；二是言语能力与主持的关系。请学习并吸取以下几段主持词的语言营养。

新春伊始，万象更新，一场白雪，一串脚印，一鞭新柳，一苞蓓蕾，一声燕啼，一缕清风，一片白云，大千世界，芸芸众生，每每触动我们敏感的神经，我们都命之为诗。于是你写，我写，他写，在座的各位都想写。可是我们为什么要写诗呢？问你，问他，问我？不，我们还是问一问××同学："你为什么要写诗？"

（朗诵《我为什么要写诗》）

哦，要写诗，写人生的美，写人生的丑，写男儿伤口渗出的血，写少女笑涡里溢出的酒，给软弱者以脊梁，给怯懦者以刀枪，给黑暗以光明，给痛苦以欢畅，我歌，我哭，我癫，我狂，这也是生活呀！不信，你问她——

（朗诵《这也是生活》）

生活，没有固定的轨道，自然，也没有永恒的春光；万物处处给人以启迪，雪原也蕴含着精湛的诗行——

（朗诵《雪盼》）

雪，覆盖了山，覆盖了地；淹没了河流，淹没了道路。它以严酷的寒冷冻结了显赫，却以温柔的心潮，孕育着希望。看，沃野上微微蠕动的新笋不正是白雪创作的诗行？

（朗诵《春笋》）

春笋给我们以启迪，春笋给我们以希望。尽管现在还是严冬，但我们似乎已看到了春光；尽管现在还是黄昏，但我们似乎已看到东方冉冉升起的太阳——

（朗诵《日出》）

日出东方照千古，千古风流应属谁？望京楼耸数百载，今有××同学（朗诵者）论功罪。

（朗诵《望京楼》）

训练四：

下面是江西某校一次报告会的结束语，报告人是全国示范性重点建设学校——宁波高专的忻副校长，题目是《高职高专的办学思想与高校评估》。这种会议的结束语，一般要对报告人表示感谢，对开会的情况、报告的内容和意义进行概括和评价，对如何学习贯彻报告的精神提出意见，但这个结束语却与众不同。想想主持人为什么要这样设计？

一场报告，两个小时，同志们听得聚精会神，会场上掌声一阵盖过一阵。这是对忻校长报告的最好评价。我原先是想就忻校长的报告多讲几句的，现在觉得不需要讲了，也不能再讲什么了。我只提议，用我们诚挚的心，用我们热烈的掌声，对忻校长千里送宝的这份情谊，对忻校长这个精彩的报告，表示衷心的感谢！（热烈掌声）

报告会之前，忻校长对我说，他们那里是七点半上班，我们这里是八点钟上班。原来，我们在宁波的正西方，我们的太阳是从宁波那边升起来的，现在，宁波高专是如日中天啊，而我们学院这轮通红的太阳也在冉冉上升，急起直追了！我们一定要把忻校长传授的宝贵经验学到手，以宁波高专为榜样，把我们的教育教学工作搞得更好，争取在不长的时间内，赶上或接近宁波高专的水平！我想，这也一定是忻校长千里送宝的初衷。（鼓掌）

忻校长今天凌晨赶到萍乡，因公务繁忙，明天就要赶回宁波去，一没休息好，二没玩好，真是对不起得很。让我们以热烈的掌声，祝忻校长一路平安！（热烈掌声）

训练五：

一次，凌峰主持春节晚会《给您拜个年》节目。在录制节目时，他演唱歌曲《春天里》，歌词大意是：在美好的春季里，一位男子遇见一位漂亮的姑娘……当唱到这里，凌峰突然停下，面对前排的妻子，朝向周围观众说了下面一段主持词。分析一下这段主持词有什么特点，并做一下模仿训练。

许多人也许不知，我和太太都是青岛人，是一样的水土，但现在为什么会养出两样的品种？（指着妻子）这是属于"红富士"，（指着自己）这是属于"莱阳梨"。这大概是与胎教有关。她母亲怀孕时是处在社会主义的浩瀚时期，而我母亲怀孕时正是抗日战争最后一年，所以长得非常艰难，充满着苦难！（在场观众忍俊不禁地报以热烈的掌声）

本书训练材料录音请扫描以下二维码使用
（见"普通话与教师口语艺术"课程图谱网站）

.•训练材料

后　记

新中国成立以来，党和国家高度重视语言文字工作。2000年《中华人民共和国国家通用语言文字法》出台，标志着语言文字工作走上法治化轨道。党的十八大以来，在以习近平同志为核心的党中央坚强领导下，语言文字工作承前启后、继往开来，取得了历史性发展和进步。2020年召开新中国成立以来的第四次全国语言文字会议，描绘了当前和今后一个时期语言文字工作的宏伟蓝图，开启了新时代语言文字事业发展的新征程。2021年国务院办公厅印发《关于全面加强新时代语言文字工作的意见》，为全面加强新时代语言文字工作做出了系统部署，并指出："坚持以人民为中心的发展思想，以推广普及和规范使用国家通用语言文字为重点，加强语言文字法治建设，推进语言文字规范化、标准化、信息化建设，科学保护各民族语言文字，构建和谐健康语言生活，传承弘扬中华优秀语言文化，提升国家文化软实力，为铸牢中华民族共同体意识、建设社会主义现代化强国贡献力量。"

为了更好地跟进新时代中国特色社会主义建设，加快培养与综合国力和发展需求相适应的国家通用语言能力人才，更好地服务国家发展大局，我们策划和编写了本手册。

本手册是在我们2018年10月于商务印书馆出版的《普通话与教师口语艺术》教材基础上编写的。该教材是姜岚教授首批国家一流课程"教师口语艺术"线上慕课的配套教材。"教师口语艺术"课程自2016年9月上线以来，已有全国383所高校，合计23.65万多人修读完成并获得学分，在线互动达227.9万次，2022年11月入选"学习强国"全国平台。《普通话与教师口语艺术》教材出版后，获得社会各界良好反响，2021年被评为首批山东省一流教材。本手册既是对《普通话与教师口语艺术》教材的补充和完善，也是为学习和提升普通话的人员提供更多专门的训练教材。

本手册由姜岚担任主编，负责制定编写原则、思路、方法及要求，并对全书进行审核和统稿。各章节具体分工：上编，孙玮敏执笔第一章、第二章，李润瑶执笔第三章、第四章，姜圣雪执笔第五章，姜岚执笔第六章；下编，姜岚执笔第七章，冯笑获执笔第八章，郑艳蕊执笔第九章，刘莹执笔第十章。

本手册得到山东省本科高校教学改革研究重点项目"以国家一流课程为依托的师范

专业教师口语课程改革与实践研究"（编号 Z2022303）以及鲁东大学"声速输入法"基金语言文字研究课题专用项目支持，衷心感谢。

因为我们水平有限，本手册仍存在诸多不足，敬请各位读者批评指正。

编者

2024 年 8 月 15 日